Zu diesem Buch:
Kinder sind heute „anders" als früher. Aber schon unsere Vorfahren wollten es so haben. "Es soll dir einmal besser gehen als uns!" war eine der häufigsten Aussagen. Warum klagen dann viele Eltern und Erzieher über die „schwierigeren" und „frecheren" Kinder? Ist das Experiment „Erziehung" nach hinten losgegangen?

In den vergangenen 50 Jahren haben sich viele Eltern mehr und mehr aus der Erziehung der Kinder zurückgezogen, weil ihnen die „richtigen" Mittel fehlten. Wussten unsere Großeltern noch ihre Kinder im einfachsten Fall mit einem „Klapps auf den Po" oder mit „leichten Schlägen auf den Hinterkopf" zu erziehen, wurde die körperliche Gewalt der Erwachsenen (glücklicherweise) weitgehend unrechtmäßig. Die Elterngeneration versuchte die Erziehung mit Fernsehverbot oder Taschengeldentzug, Hausarrest oder Liebesentzug. Aber auch diese Erziehungsmaßnahmen wurden wegen der seelischen Folgen geächtet.

Der Gesetzgeber reagierte im Jahre 2000 und ächtete die Gewalt in der Erziehung durch den § 1631 Abs. 2 BGB: „Kinder haben ein Recht auf gewaltfreie Erziehung. Körperliche Bestrafungen, seelische Verletzungen und andere entwürdigende Maßnahmen sind unzulässig."

So reagieren die heutigen Eltern verunsichert und wollen alles besser machen als die eigenen Eltern. Sie wollen ihren Kindern nichts verbieten, nichts vorschreiben und sie möchten, dass sich die Kinder „entwickeln" können.

Viele Kinder lernen in der Vorschulzeit keine oder nur wenige Grenzen kennen und kommen „unerzogen" (im doppelten Wortsinn) in die Schule.

Dort sollen die „Fachleute für Erziehung", die in der Ausbildung und im privaten Umfeld selten mit schwierigen Kindern zu tun haben, neben dem Unterricht im Lesen, Schreiben, Rechnen … die Kinder auf ihr Leben vorbereiten und ihnen Grenzen beibringen.

Das Material für dieses Buch stammt aus 35 Jahren Tätigkeit als Klassenlehrer, in denen Verantwortung für die Zukunft der anvertrauten Kinder übernommen wurde. Alle in diesem Buch geschilderten Maßnahmen wurden im Unterricht eingesetzt. Lehrkräfte bekommen praxisnahe Ideen, die es ihnen ermöglichen, ihren Unterricht auch mit schwierigen Kindern durchzuführen.

Anregungen und Kritik schicken Sie bitte per E-Mail an hp@boyken.de und Sie erhalten schnellstmöglich meine Antwort.

Für jeden in diesem Buch entdeckten Fehler (= HELFER) oder konkrete Vorschläge zur Ergänzung sende ich ihnen eine kleine Überraschung.

Sie können als Käufer des Buches auch Hilfe im Umgang mit schwierigen Schülerinnen und Schülern von mir erhalten, wenn Sie mir eine Kopie des auf der beiliegenden CD gespeicherten „66 Beobachtungsbogen II" ausgefüllt zusenden.

Halb- oder ganztägige Fortbildungskurse mit Materialausstellung und Videosequenzen aus meinem Unterricht bei Ihnen vor Ort können Sie unter der o. a. Adresse buchen.

Heinz-Peter Boyken

Tobias stört

Vom richtigen Umgang mit schwierigen Schülern

Eine Auswahl
erprobter Regeln, Übungen und Konsequenzen
zum Verhaltenstraining in der Grundschule

Academic Transfer, Hamburg

Autor:
© Heinz-Peter Boyken, ☎ 04451 / 4655, E-Mail: hp@boyken.de

Umschlagentwurf:
Ole Boyken

Korrektorat und Lektorat (1. Auflage)**:**
Stefanie Wülfing, ☎ 040 / 355 63 651, E-Mail: stefanie.wuelfing@web.de

Herausgeber:
Academic Transfer, Eichenstraße 89, 20255 Hamburg
www.academic-transfer.de

ISBN 978-3-938198-05-6
9. Auflage Oktober 2014

Printed in Germany

Ich versuche, Urheberrechte und andere Rechte zu achten.
Sollte sich jemand durch Teile in diesem Buch in seinen Rechten beeinträchtigt sehen, bitte ich um eine kurze, begründete Nachricht (am liebsten per Mail) mit möglichst präzisen Hinweisen auf die beanstandeten Punkte.
Ich werde möglichst schnell darauf reagieren und versuchen, Abhilfe zu schaffen.
Von direkten Abmahnungen bitte ich dringend Abstand zu nehmen.
Ich erwarte, dass sich Vieles auch ohne anwaltliche Hilfe im direkten Kontakt klären lässt.
Der Inhalt wurde sorgfältig recherchiert, bleibt aber ohne Gewähr für die Richtigkeit und Vollständigkeit. Weder der Verlag noch der Autor übernehmen für fehlerhafte Angaben oder deren Folgen die Haftung. Ansprüche auf Schadensersatz sind ausgeschlossen.

Alle Rechte, insbesondere das Recht der Vervielfältigung sowie der Übersetzung, sind vorbehalten. Kein Teil darf in irgendeiner Form ohne schriftliche Genehmigung des Autors reproduziert werden.

Mit dem Kauf dieses Buches dürfen Sie die Materialien auf der beiliegenden CD in der eigenen Klasse einsetzen. **Bitte seien Sie so fair, dass Sie diese Materialien nur persönlich verwenden.** Das Kopieren der CD oder einzelner Dateien sollte mit mir abgesprochen werden.

Inhaltsverzeichnis

Anleitung zum Gebrauch des Buches bei konkreten Störungen 7

Vorbemerkungen 9

Veränderungen 12

Meine Erfahrungen 15

Kinder brauchen Regeln 16
Schülerbefragung zu unangenehmen Situationen 17
Entwicklung „wichtiger" Regeln für die Schule 18
Lernzielkatalog „Arbeits- und Sozialverhalten" 19
Leitbild „Rechte und Pflichten der Eltern" 23

Vorbildliches Verhalten loben, loben, loben 25
Vorbildliche Schüler stärken 25
Aufbau einer emotionalen Beziehung 26
Vorbildliches Arbeitsverhalten loben 27
Vorbildliches Sozialverhalten loben 30
Vorbildliches Lernen loben 35
Loben als Prävention 38

Stärken und Schwächen erkennen 40
Ändern kann ich nur Dinge, die ich ändern kann 40
Die Arbeit mit Beobachtungsbögen 40
Beobachtungsbogen I 41
Beobachtungsbogen II 42
Einstufungstests 44
Nicht den Erwartungen entsprechendes Arbeitsverhalten 50
Nicht den Erwartungen entsprechendes Sozialverhalten 53
Förderpläne 57

Hilfreiche methodische Veränderungen des Unterrichts 59

Unterrichtsorganisation optimieren 60

Professionelles Lehrerverhalten 65
„Rechte und Pflichten der Lehrkräfte" 65

Individualisierung der Anforderungen beim Lernen 84
Selbstständig arbeiten mit dem Schülerbuch 85
Weitere Neuerungen im Umgang mit einem Schülerbuch 86
Differenzierungsmaßnahmen 86
Fächerübergreifendes Arbeiten mit Tages- oder Wochenplänen 87
Mit der differenzierenden Arbeit beginnen 90

Rhythmisierung des Unterrichts 91

Raum schaffen 93

Zeit haben 97

Regelmäßige Aufgaben 101

Regeln in der Klasse und in der Schule 103
Leitbild „Rechte und Pflichten der Schüler" 104
Regeln für die Klasse 106
Schulregeln 109
Passive Maßnahmen der Schule 109
Wenige, „wichtige" durch Symbole verdeutlichte Regeln 114

„Erprobte" Lernmittel einsetzen 120

Fördern und Fordern 125
Fördern und Fordern: Arbeitsverhalten 126
Fördern und Fordern: Sozialverhalten 132

Selbstbeobachtung 145
Pädagogische Gespräche 145
Selbstbeobachtung der Schüler 147
Zusammenfassung: Und immer wieder loben, loben, loben 158

Konsequenzen 159
Ergebnisse einer Schülerbefragung 159
Grundprinzipien für Erziehungsmaßnahmen 160
Einfache Konsequenzen 161
Ernste Konsequenzen 169

Zusammenfassung und Schlussbemerkung 176

Anhang: Inhaltsverzeichnis zur CD 180

Anleitung zum Gebrauch des Buches bei konkreten Störungen

Sicher ist es im Sinne des Autors, dass Sie dieses Buch zunächst einmal kontinuierlich von vorne bis hinten durchlesen und einzelne Tipps vielleicht sofort umsetzen.
Bei einem konkreten „Störfall" können Sie diese Publikation aber auch als Nachschlagewerk verwenden, indem Sie die Abkürzungen zu den Groblernzielen nutzen, die sie an den Seitenrändern dieses Buchs wieder finden.

Beispiel: „Tobias kann sich nicht konzentrieren!"

1. Vor Beginn eines Verhaltenstrainings sollte das Lernziel beschrieben werden können. Ideen dazu finden Sie im Kapitel „Kinder brauchen Regeln" im „Lernzielkatalog Arbeits- und Sozialverhalten" ab Seite **19** unter

| AD | Lernziel Konzentration. | AD |

2. Für das Erstellen der Förderpläne analysieren Sie dann, in welchem Bereich das Arbeits- oder Sozialverhalten gestört ist. Im Kapitel „Stärken und Schwächen erkennen" finden Sie genauere Beschreibungen des negativen Verhaltens ab Seite **51** unter

| AD | gestörte Konzentration. | AD |

3. Ein in kleinen Schritten veränderter Unterricht kann vielleicht schon erste Verhaltensänderungen bringen (Kapitel „Hilfreiche methodische Veränderungen des Unterrichts"). Ideen für förderndes „Professionelles Lehrerverhalten" finden Sie ab Seite **68** unter

| AD | Konzentration der Lehrkraft. | AD |

4. Die zielgerichtete Auswahl der Arbeitsmittel könnte bei „schwierigen" Schülern das Verhalten positiv beeinflussen. Viele „erprobte Lernmittel" werden beschrieben ab Seite **121** unter

| AD | Lernmittel zum Training der Konzentration. | AD |

5. Übungen für die gesamte Klasse, in der Einzel- oder Kleingruppenarbeit „Fördern und Fordern" das Arbeits- und Sozialverhalten. Zielgerichtete Übungen finden Sie in diesem Buch ab Seite **126** unter

| AD | Übungen zur Steigerung der Konzentration.[1] | AD |

---

[1] Auf der beiliegenden CD gibt es auch Übungen zu weiteren Lernzielen des Arbeitsverhaltens.

Mit der nachfolgenden Tabelle erhalten Sie eine Übersicht auf welchen Seiten Sie die jeweils zusammen gehörenden Informationen zu einem bestimmten thematischen Aspekt finden können.

Lernziel	1. „Kinder brauchen Regeln"	2. „Stärken und Schwächen erkennen"	3. „Professionelles Lehrerverhalten"	4. „Erprobte" Lernmittel, ausführlich auf der CD	5. „Fördern und Fordern"	6. Lernzielabkürzung an den Seitenrändern
	Seite	Seite	Seite	Seite	Seite	
Arbeitsverhalten	19	50	66	120	126	**A**
Arbeitsmotivation	19	50	66	120	-	**AM**
Mitarbeit, Arbeitsvorbereitung, Leistungsbereitschaft, Leistungswillen						
Selbstständigkeit	19	50	67	120	-	**AS**
Selbstbewusstsein, Selbstwertgefühl, Ich-Stärke						
Konzentration	19	51	68	121	126	**AD**
Durchhaltevermögen, Ausdauer, Fleiß (Ziel- und Ergebnisorientierung), alle Sinne nutzen						
Sorgfalt	20	51	69	122	-	**AV**
Verlässlichkeit, Pünktlichkeit, Sorgfalt, Umgang mit den Arbeitsmitteln, Sauberkeit, Erledigung der Hausaufgaben, Heftführung, Sicherheit						
Gewissenhaftigkeit	20	52	72	123	-	**AG**
Selbstkontrolle, Urteilskraft, Umgang mit Lösungen, Verhalten bei Unsicherheiten						
Arbeitsgeschwindigkeit	20	52	73	-	-	**AT**
Sozialverhalten	21	53	74	124	132	**S**
Kontaktfähigkeit	21	53	74	-	-	**SK**
Mitgestalten des Gemeinschaftslebens, „miteinander leben und lernen", Nächstenliebe, Kommunikationsfähigkeit, Kooperationsfähigkeit						
Regeln vereinbaren und einhalten	21	53	75	124	132	**SR**
Kooperationsbereitschaft						
Konfliktverhalten	21	54	78	-	135	**SU**
Konfliktfähigkeit, verbales Austragen von Konflikten, Umgang mit Angst, Wut, Hass, Neid und Eifersucht, Rücksichtnahme, Streitigkeiten aus dem Weg gehen, Streit schlichten						
Hilfsbereitschaft	22	55	79	-	138	**SH**
Respektieren anderer, Übernehmen von Verantwortung, Rücksicht auf die Gruppe nehmen (Arbeitsruhe, Bewegen, Melden), gegenseitige Wertschätzung						
Freundlichkeit	23	56	82	-	-	**SF**
Höflichkeit						

Vorbemerkungen

Als Klassenlehrer und Schulleiter erlebte ich in den letzten 35 Jahren einen großen Wandel der Wertvorstellungen bei Kindern, Eltern und Lehrern.
Einige Pädagogen beschreiben diesen Wandel so:
Früher lernten die Kinder in der Schule „**mir**" und „**mich**" zu unterscheiden, heute müssen sie in der Schule zunächst einmal lernen, „**mein**" und „**dein**" zu unterscheiden. Während man sich früher in der Klasse also eher mit dem Lernstoff beschäftigte, wird heute mit vielen Schülern schwerpunktmäßig soziales Verhalten geübt.

Einige Jahre habe ich versucht, die Ursachen für viele Unterrichtsstörungen zu analysieren. Zusammenfassend konnte ich nur feststellen, dass es eine Vielzahl von Gründen – nicht nur aus dem außerschulischen Bereich - gibt, die isoliert und kombiniert zu Unterrichtsstörungen führen können. Auch machte ich die Erfahrung, dass besonders häufig die Erziehungsberechtigten der „stärksten" Störer selten oder gar nicht mit den Lehrkräften zusammen arbeiten wollten oder bewusst sogar gegen die pädagogischen Grundsätze der Schule arbeiteten:
- „**Mein** Kind schlägt grundsätzlich zurück!"
- „**Mein** Kind muss aber neben K. sitzen!"
- „**Mein** Kind …"

So entstanden viele der in diesem Buch geschilderten Ideen aus der Not heraus, mit einem Kind arbeiten zu müssen, das zwar selbst mit der eigenen Situation unzufrieden war, aber vom außerschulischen Umfeld nur geringe oder keine Unterstützung erhielt. Diese Erfahrungen veranlassten mich, an den Stellen etwas zu verändern, an denen ich selbst etwas ändern kann. Ich wollte einen Unterricht ermöglichen, der folgende Prämissen berücksichtigt:

Jeder Schüler hat das Recht, ungestört zu lernen.
Jeder Lehrer hat das Recht, ungestört zu unterrichten.
Jeder hat die Rechte des anderen, zu achten und zu respektieren.

Anfang der 1980er Jahre begann ich mit der Änderung des Unterrichtsablaufs vom lehrerzentrierten zum schülerorientierten Unterricht. Eine immer größer werdende Anzahl von SchülerInnen arbeitete in meinen Klassen weitgehend selbstständig. Dadurch gewann ich Zeit, möglichst häufig mit einer kleinen Schülergruppe von lernschwachen oder verhaltensschwierigen (aber auch zeitweilig mit leistungsstarken) Schülern gezielt und individuell zu arbeiten. Auch änderte sich meine Grundeinstellung gegenüber den „verhaltensoriginellen" Schülern.

Kein Schüler (der Grundschule) ist <u>nur</u> schwierig. ⇩	⇔	Jedes Kind hat auch positive Seiten (kann etwas). ⇧
Oft sind diese Schüler unerzogen (nicht erzogen). ⇧		Dieses positive Verhalten soll gestärkt werden. ⇩
Sie haben u.a. von ihren Eltern selten oder nur wenige Regeln gelernt. ⇧		Ich freue mich darüber, was ein Schüler kann, und freue mich darauf, ihm bei seinen nächsten Lernschritten helfen zu dürfen (und zu können). ⇩
Die Schule muss positiv formulierte Regeln zum Arbeits- und Sozialverhalten (Ich-Regeln) vorgeben.	⇔	Dazu lobe ich immer wieder das positive Verhalten der Mitschüler und stelle es als vorbildlich heraus (damit es die „unerzogenen" Schüler übernehmen können, ohne dass sie „getadelt" werden).

Veränderungen

Den Begriff „Störung" habe ich sehr breit gefasst, denn im Unterrichtsalltag dürfen die ruhigen, oft „unsichtbaren" SchülerInnen nicht vergessen werden. Sie entziehen sich dem Unterrichtsgeschehen:
- sie beteiligen sich nicht oder zu selten am Unterricht,
- sie verstecken sich in vielen Situationen hinter den Mitschülern,
- sie haben keine oder nur wenige „Freunde" in der Klasse usw. ...

Schwerpunktmäßig gehe ich in diesem Buch aber auf die Vorkommnisse in der Grundschule ein, die
- den Unterrichtsablauf behindern,
- die Mitschüler belästigen oder sogar
- die Gesundheit der Lehrkräfte gefährden

Für die notwendigen Verhaltensänderungen einzelner SchülerInnen habe ich ein Training in drei Doppelstufen entwickelt und praktiziert.

1	**Loben**	a) Aufbau emotionaler Beziehungen b) Vorbilder loben	grün[2]
2	**Abweichung verdeutlichen**	a) pädagogisches Gespräch b) Selbstbeobachtung	gelb
3	**Konsequenzen**	a) einfache Konsequenzen b) ernste Konsequenzen	rot

Eine erfolgreiche Verhaltensänderung setzt aber voraus, dass der Unterricht pädagogisch gestaltet ist:
- Erkennen der Stärken und Schwächen der einzelnen SchülerInnen,
- viele methodische Veränderungen des Unterrichts, mit denen „Zeit" für die Arbeit in kleinen Gruppen gewonnen wird,
- Fördern und Fordern des Arbeits- und Sozialverhaltens der gesamten Klasse, einer Schülergruppe oder einzelner SchülerInnen durch zielgerichteten Einsatz von „erprobten" Lernmitteln und planmäßigen Übungen.

Es gibt inzwischen viele Bücher über die „Theorie der Unterrichtsstörungen". Ich möchte mit diesem Buch Lehrkräften Anregungen und konkretes Handwerkszeug geben, mit dem sie in ihrem Unterricht arbeiten können.

Es sei aber noch einmal deutlich darauf hingewiesen, dass alle Erkenntnisse in der Arbeit an einer Grundschule gewonnen wurden. Unterrichtsstörungen an anderen Schulen können anders sein und deshalb auch anderer Maßnahmen bedürfen!

Dieses Buch widme ich den Schülerinnen und Schülern, die mich immer wieder dazu gebracht haben, über ihr Arbeits- und Sozialverhalten nachzudenken und meinen Unterricht stärker schülerorientiert zu gestalten.

Die Neuauflage dieses Buches wurde mit den Erfahrungen vieler Lehrerfortbildungskurse und Besuchen in Schulen völlig überarbeitet und ergänzt.

Heinz-Peter Boyken
Januar 2014

---

[2] Für alle Materialien der verschiedenen Trainingsstufen wurden verschiedene Grundfarben genutzt.

Veränderungen

Viele Lehrkräfte beklagen sich darüber, dass sich die Schüler nicht mehr so verhalten, wie man es noch vor einigen Jahren gewohnt war. In dem Kapitel „Unterrichtsstörungen" liste ich viele dieser unerwünschten Verhaltensweisen auf.

Über die Gründe für die „veränderten Kinder" sind inzwischen einige Bücher geschrieben worden. Aber viele dieser Ursachen können nicht von der Schule behoben werden. Die „belastenden" Faktoren dürfen im Unterricht keine Entschuldigung für unangepasstes und unangemessenes Verhalten eines Schülers sein. Die Kenntnis möglicher Ursachen kann aber helfen, die Probleme der Schüler zu verstehen.

Einige außerschulische Belastungsfaktoren der „veränderten Kinder" seien hier genannt:
- Einzelkinder,
- Scheidungskinder,
- Kinder aus Kleinfamilien,
- Erwartungsdruck der Eltern,
- Übermäßige Vorsicht und Aufsicht der Eltern,
- Starker Medienkonsum,
- Geringe Realitätserfahrung,
- Kein sinnvoller Umgang mit der „freien" Zeit,
- Lernen für die Arbeitslosigkeit,
- Multikulturelle Gesellschaft,
- Vergreisende Gesellschaft,
- Technikfeindlichkeit,
- …

Nicht einzelne sondern die Häufung dieser Faktoren können bei Kindern zu (negativen) Veränderungen und damit zu einer sehr heterogenen Schülerschaft führen.
Besonders die aggressiven Schüler belasten den Schulalltag durch Ichbezogenheit, Sozialblindheit, Erörterungstaubheit, Verhaltenszwänge und Lernfortschrittshemmungen.

Für meinen Unterricht akzeptierte ich, dass viele Ursachen des Schülerverhaltens in der Schule und im Unterricht nicht verändert werden können. Ich habe versucht, auf die
„veränderten Schüler"
mit einem
„veränderten Unterricht"
zu reagieren und
an den von mir veränderbaren Faktoren zu arbeiten nach dem Motto

- **wenn ich die Mitschüler vor Beeinträchtigungen durch ein „schwieriges" Kind bewahren will und**
- **ich die Hoffnung habe, dieses Kind noch ändern zu können,**
- **muss ich meinen Unterricht so verändern,**
- **dass alle Kinder nur dann gemeinsam unterrichtet werden können, so lange es keine Probleme gibt und**
- **und ich mir <u>deshalb</u> im Unterricht immer wieder die Zeit <u>nehme</u>, mit den auffälligen Kindern in einer kleinen Gruppe oder allein zu arbeiten.**

Mein Ziel ist ein Unterricht, bei dem alle Kinder lernen können.

Viele Schüler sind nicht allein in einem Unterrichtsfach oder bei einer Lehrkraft auffällig, daher ist es notwendig, dass sich alle KollegInnen einer Schule zusammensetzen und gemeinsam Reaktionen auf Störungen des Schulbetriebs entwickeln. Die Verhaltensprobleme einzelner Schülerinnen und Schüler sind auch eine Chance für einzelne Lehrkräfte oder auch ganze Kollegien, über viele Kleinigkeiten des Zusammenlebens in der Klasse oder auf dem Schulgelände einmal nachzudenken und diese Störungen auch als Herausforderungen zu betrachten nach dem Motto:

Es gibt keine Probleme – nur Herausforderungen.[3]

Eine positive Sicht der „Störungen" ermöglicht es dann auch, nicht nur immer wieder das unerwünschte, negative Verhalten eines Schülers oder einer Gruppe zu beschreiben, sondern auch darüber nachzudenken, welche Verhaltensweisen an einer Schule vorbildlich und erwünscht sind. Denn einige Schüler zeigen sich sonst doch sehr kreativ beim Umgehen von Verboten.

Es darf auch nicht vorkommen, dass Kolleginnen und Kollegen einer Schule gegenüber den Schülerinnen und Schülern unterschiedliche Reaktionen auf Vorkommnisse zeigen. Sonst beginnen Diskussionen mit den Lehrkräften darüber, dass eine Lehrkraft

- auf dem Schulhof das Ballspielen erlaubt, während andere Lehrkräfte – aus gutem Grunde - dieses verbieten.
- alle Schüler, die während des Unterrichts zur Toilette müssen, gemeinsam losgehen lässt, während andere Lehrkräfte jeweils nur einen Schüler gehen lassen.
- Balgereien auf dem Schulhof toleriert, während die KollegInnen auch schon bei „neckenden Schlägen" eingreifen.
- …

Es erweist sich als sehr hilfreich, wenn alle Lehrkräfte eine Schulvereinbarung (Konferenzbeschluss, Beschluss des Schulvorstandes usw.) beschließen, dass

---

[3] Dieses Motto gab mir meine Tochter Susanne, als ich als genervter Schulleiter nur noch von Problemen in der Schule sprach und sie mich fragte, ob mir meine Arbeit eigentlich noch Spaß mache.

- **alle an der Schule beteiligten Erwachsenen eine gemeinsame Verantwortung für alle Kinder haben.**

Beim Auftreten eines Problems darf dieses nicht auf die KlassenlehrerInnen oder Schulleitung abgeschoben werden.

- **Alle Erwachsenen der Schule (Lehrkräfte, Hausmeister, Sekretärin, Raumpflegerinnen usw.) müssen bei jeder Gewalt oder bei Regelverstößen (Normverletzungen) einschreiten.**

Sie dürfen sich dann sicher sein, dass diese Maßnahmen (im Rahmen der Vereinbarungen) von allen KollegInnen und besonders auch von der Schulleitung mitgetragen werden. Dieser Rückhalt stärkt das Selbstvertrauen und Selbstbewusstsein der Erwachsenen, zeigt aber auch den „Problemschülern", dass Lehrkräfte einer Schule nicht gegeneinander ausgespielt werden können.

Meine Erfahrungen

Während in den 1970er Jahren störende Schüler überwiegend in den höheren Klassen der Volksschule auffielen und in den Grundschulklassen noch mehrheitlich lernwillige SchülerInnen dem Unterricht folgten, bemerkten 10 Jahre später auch die Lehrkräfte der Grundschule vermehrt Schüler, die erheblich den Unterricht störten.

Gab es anfangs für diese Schüler noch einfache Erklärungsmuster zur Begründung der Störungen („Hat bisher noch kein Deutsch gelernt.", „Schon der Vater war auffällig!"...) veränderte sich Mitte der 1980er Jahre bei einigen Kindern die grundsätzliche Einstellung gegenüber der Schule. Immer stärker belasteten Erziehungsaufgaben den Unterricht, die in manchen Klassen einen großen Teil der bisherigen „Lehrzeit" beanspruchten.

Das ist eine Tendenz, die bis heute anhält. Viele Kinder kommen „unerzogen" in die Schule und die Lehrkräfte übernehmen neben der (im Studium gelernten) Lehrtätigkeit häufig auch noch (nur angelesene) Erziehungsaufgaben. Sie müssen sich mit den „Erziehungszielen der Schule" auseinandersetzen. Grundlegende Anforderungen für diesen Bildungsauftrag sind unter anderem im § 2 des Niedersächsischen Schulgesetzes beschrieben:

„Die Schule soll im Anschluss an die vorschulische Erziehung die Persönlichkeit der Schülerinnen und Schüler auf der Grundlage des Christentums, des europäischen Humanismus und der Ideen der liberalen, demokratischen und sozialen Freiheitsbewegungen weiterentwickeln. Erziehung und Unterricht müssen dem Grundgesetz für die Bundesrepublik Deutschland und der Niedersächsischen Verfassung entsprechen; die Schule hat die Wertvorstellungen zu vermitteln, die diesen Verfassungen
zugrunde liegen."

Diese Wertvorstellungen wurden den Kindern früher schon vor dem Eintritt in die Schule in den meisten Elternhäusern beigebracht. Aber inzwischen wird die Erziehung eines ausreichenden Arbeits- und Sozialverhaltens den Kindergärten und Schulen überlassen.

Viele Lehrkräfte können in den Fächern Deutsch, Mathematik, Sachunterricht, Sport, Musik, Kunst usw. lernzielorientiert unterrichten und werden dabei durch klare schriftliche Anweisungen und Hilfestellungen unterstützt. Für das Verhaltenstraining gibt es bisher aber keine Handreichungen.

Um jedoch mit schwierigen SchülerInnen überhaupt arbeiten zu können, mussten immer wieder neue Ideen entwickelt werden. Vor einigen Jahren habe ich daher begonnen, die Ziele des erwünschten Arbeits- und Sozialverhaltes möglichst handlungsorientiert aufzuschreiben. Dabei halfen mir meine regelmäßigen Aufzeichnungen von Vorfällen in der Schule auf den Beobachtungsbögen.

Kinder brauchen Regeln

Von Geburt an stößt jedes Kind an Grenzen, z.B. darf es sich allein im Kinderbett, im Kinderzimmer, in der Wohnung, im Garten oder auf dem Gehweg vor dem Haus aufhalten. Immer setzen die Eltern dem Kind klare Grenzen aus Sorge um seine Sicherheit:
- das einjährige Kind darf nicht unbeaufsichtigt auf den Gehweg vor dem Haus,
- an der roten Fußgängerampel wird eine Mutter ihr Kleinkind immer festhalten, auch wenn ihr Kind auf der anderen Straßenseite den Freund aus dem Kindergarten sieht,…

Aber es gibt auch Grenzen in Bereichen, die nicht direkt der körperlichen Sicherheit des Kindes dienen. Streitigkeiten am Süßigkeitenregal des Supermarktes sind ein Beispiel dafür, dass die Eltern Grenzen setzen, die z. B. der Gesundheit des Kindes dienen können. Ebenso sind Regelungen für den Fernseh-Konsum, für das Zubettgehen oder für das gemeinsame Essen der Familie „wackelige" Situationen, die keine eindeutigen Regelungen kennen.

Das Nein-Sagen der Eltern, diese Erfahrung von klein an, Grenzen zu überschreiten oder respektieren zu müssen, ermöglicht dem Kind die Entwicklung einer Ich-Identität. Kennen sie keine Grenzen, vermuten sie unbeschränkte Möglichkeiten. Sie fühlen sich groß und mächtig und probieren immer wieder aus, wie weit sie gehen können. Dabei müssen die Eltern den Tagesablauf mit Regeln und Ritualen bestimmen. Sie können Ausnahmen zulassen, wenn eine Familie nicht rechtzeitig nach Hause gekommen ist, wenn Familienfeste angesagt sind usw. Es darf aber nie geschehen, dass Ausnahmen von Regeln zugelassen werden, weil die Kinder sie fordern:
- „Nur heute, einmal, 5 Minuten später ins Bett!"
- „Ich habe noch nie eine Schokolade im Supermarkt bekommen!"
- „Heute Abend kommt im Fernsehen …, den muss ich unbedingt sehen!" …

Eltern müssen stabil sein und klare Regeln haben, dann stellt das Kind weniger Fragen und akzeptiert die Regeln. Denn: **Nur bei sicheren Erwachsenen wird auch das Kind sicher.**

„Es kommt auch nicht darauf an, welche Regeln Sie vereinbaren. Die Hauptsache ist, es gibt welche. Allerdings sollen sie sinnvoll sein und das Kind nicht mit der Außenwelt in Konflikt bringen."[4] So beschreiben es Jirina Prekop und Christel Schweizer in ihrem Buch *Kinder sind Gäste, die nach dem Weg fragen*.

Auf diese Weise prägen viele Regeln zum Arbeits- und Sozialverhalten – wie Ausdauer, Konzentration, Durchhaltevermögen und Fleiß - schon die ersten Lebensjahre, denn nur wenn ich es gelernt habe,

- ein Spiel zu Ende zu spielen, werde ich mich auch bei schulischen Aufgaben konzentrieren können.
- eine begonnene Sache immer zu Ende zu bringen, werde ich bei den ersten Problemen nicht sofort aufgeben, sondern durchhalten, bis ich zu einer befriedigenden Lösung gekommen bin.
- mich angesprochen zu fühlen, wenn man mit mir redet, werde ich ein aufmerksamer Schüler sein können.
- nicht gleich aufzugeben, wenn Probleme auftauchen, werde ich aus FEHLERN (= HELFERN) etwas lernen können, u.v.m.

---

[4] Jirina Prekop / Christel Schweizer, *Kinder sind Gäste, die nach dem Weg fragen*, München (dtv), 1999, Seite 41

In den vergangenen drei Jahrzehnten zogen sich aber viele Eltern aus dieser aktiven Erziehung ihrer Kinder zurück und überließen – auch wegen der Auseinandersetzungen mit den Kindern und besonders auch in Unkenntnis möglicher Erziehungsmaßnahmen - diese mehr und mehr den Kindergärten und Schulen. Gleichzeitig aber kritisieren diese Eltern auf Versammlungen oder in Gesprächen manche Maßnahmen des Kindergartens oder der Schule. Diese Erziehungseinrichtungen bewegen sich dann oft auf einer Gradwanderung zwischen den Erwartungen der Eltern, den Erfordernissen des Unterrichts und den eigenen pädagogischen Ansprüchen.

Da es sich um ein gesellschaftliches Problem handelt, sollten eigentlich möglichst viele gesellschaftlich relevante Gruppen Regeln für die Erziehung der Kinder in der Familie und in der Schule entwickeln und gestalten. Da ich für meine tägliche Arbeit in der Klasse aber auf einen solchen Verhaltenskodex nicht noch länger warten wollte, habe ich einen Lernzielkatalog für das Arbeits- und Sozialverhalten in meinen Klassen entwickelt.

Schülerbefragung zu unangenehmen Situationen

Begonnen wurde diese Arbeit während eines Unterrichtspraktikums einiger Studentinnen. Sie befragten schriftlich und mündlich die Schülerinnen und Schüler mehrerer Klassen. Die Kinder wurden aufgefordert, unangenehme Situationen auf dem Schulhof oder im Unterricht zu schildern:
„Was mögt ihr nicht, was man mit euch auf dem Schulhof/ in der Schule/ auf dem Schulweg tut?"

Die Auswertung ergab folgende Kritikpunkte:

<u>Angst vor verbalen Auseinandersetzungen</u>
- sagt schlimme Wörter und prügelt, wenn man etwas sagt
- sagt böse Worte (Dickmann, Arschloch, Ficker, Dicke, Scheiße, Dicke Kuh, kleines Kind, Blödmann, Wichser, Dickkopf, Schwein, Fick deine Mutter...)
- schreit ein anderes Kind an

<u>Angst vor körperlichen Auseinandersetzungen</u>
- prügelt
- schubst
- macht „Spaßkämpfe"
- schlägt und tritt mit Händen und Füßen
- spuckt

<u>Angst vor "Frechheiten"</u>
- will immer wieder mitspielen, obwohl wir schon mit anderen spielen
- mischt sich ins Spielen ein
- hält uns an der Jacke fest
- nimmt die Mütze weg
- läuft immer wieder hinter uns her
- wirft mit Sand
- streckt die Zunge raus
- nimmt Dinge weg oder versteckt sie

Die von den Schülern genannten möglichen Folgen für dieses Verhalten finden Sie im Kapitel „Konsequenzen".

Entwicklung „wichtiger" Regeln für die Schule

Schul- und Klassenregeln sollen immer das Produkt gemeinsamer Arbeit aller Beteiligten einer Schule sein und bedürfen der ständigen Ergänzung oder Erneuerung. Daher entwickelten wir aus den Ergebnissen der nicht repräsentativen Umfrage erste „wichtige" Regeln für die gesamte Schule.

Alle gemeinsam formulierten Regeln sollten aus pädagogischer Überzeugung ein erwünschtes Verhalten beschreiben

- als Ich-Botschaft,
- handlungsorientiert und
- mit positiven Formulierungen.

Für den § 1 der Schulordnung (in Anlehnung an den § 1 der Straßenverkehrsordnung) erarbeiteten wir dann folgende Formulierung:

> **Ich habe mich so zu verhalten, dass ich ...**
> - **andere in Ruhe lasse, wenn diese in Ruhe gelassen werden möchten,**
> - **anderen aus dem Weg gehe, wenn diese mit anderen Kindern zusammen sind und**
> - **sorgfältig mit den eigenen und fremden Sachen umgehe.**

In meinen 35 Jahren Beobachtung konkreter Unterrichtssituationen entwickelte ich daraus immer genauere Ziele, handlungsorientierte Beschreibungen und schließlich einen Lernzielkatalog für das Verhaltenstraining.

Die Zuordnung von Feinzielen und gewünschtem Schülerverhalten, die Beschreibung der Störungen und der Fördermaßnahmen geschah nicht nach wissenschaftlichen Erkenntnissen. Ich möchte Ideen und Tipps aus meiner Unterrichtspraxis weitergeben, die jede Lehrkraft in der eigenen Klasse auswählen und ausprobieren kann.

Die positiven Verhaltensbeschreibungen stärken die erwünschten Aspekte des Unterrichts und geben den Schülerinnen und Schülern handlungsorientierte Anweisungen, an die sie sich halten können. Das negativ beschriebene, unerwünschte Verhalten finden Sie dagegen im Kapitel „Unterrichtsstörungen". Die dort angegebenen Formulierungen dienen nur der Beschreibung eines Verhaltens in den Aufzeichnungen der Lehrkraft und sind nicht für den Dialog mit einem Schüler bestimmt. Die SchülerInnen sollten immer hören, wie sie sich verhalten sollen. Sagt man ihnen in einer konkreten Situation, dass sie sich so nicht verhalten dürfen, werden ihnen dabei viele Möglichkeiten kommuniziert und offenbart, sich unangepasst zu verhalten. **Das „nicht" wird von ihnen nicht gehört!**

Praktische Anweisungen für Übungen zum Arbeits- und Sozialverhalten finden sich im Kapitel „Fördern und Fordern".

Kinder brauchen Regeln

Lernzielkatalog „Arbeits- und Sozialverhalten"

Die angegebenen (dunkel unterlegten) Abkürzungen kennzeichnen in allen folgenden Kapiteln die in der nachfolgenden Auflistung beschriebenen Groblernziele.

Zu den in dieser Aufstellung angegebenen Feinlernzielen bleibt anzumerken, dass das Wort „nicht" möglichst vermieden wurde. Bitte ergänzen Sie die Liste mit eigenen Formulierungen. Welche Verhaltensregeln an einer Schule oder in einer Klasse benötigt und formuliert werden, hängt viel von den individuellen Problemen und Möglichkeiten vor Ort ab.[5]

A | Lernziel Arbeitsverhalten | A

AM | Lernziel Arbeitsmotivation | AM

Arbeit vorbereiten
- Ich gehe vor der Schule oder in der Pause zur Toilette.

Motivation, Leistungsbereitschaft, - willen zeigen
- Ich arbeite so lange an einer Aufgabe, bis sie fertig ist.
- Ich möchte einfach etwas mehr im Unterricht sagen.

Leistung bringen
- Ich schaffe möglichst viele Aufgaben schon in der Schule.

AS | Lernziel Selbstständigkeit | AS

Aufgaben selbstständig bearbeiten
- Ich erledige meine Aufgaben alleine.

Aufgaben ausdauernd bearbeiten
- Ich erledige meine Aufgaben aufmerksam und ohne Unterbrechung.
- Eine einmal begonnene Aufgabe bearbeite ich so lange, bis sie fertig ist.

selbstbewusst handeln
- Ich hole mir Hilfe, wenn etwas unverstanden bleibt.
- Ich gehe aufrecht (mit erhobenem Kopf, geraden Rücken, ...).
- Ich sage auch einmal etwas, wenn ich unsicher bin!
- Auch wenn ich unsicher bin, kann ich es versuchen. Ich muss es nur wollen!

AD | Lernziel Konzentration | AD

Aufgaben ausdauernd bearbeiten
- Ich erledige meine Aufgaben aufmerksam und ohne Unterbrechung.
- Ich arbeite ausdauernd an meiner Aufgabe (Klasse 1: ca. 10 Minuten; Klasse 2: ca. 15 Minuten; Klasse 3: ca. 20 Minuten; Klasse 4: 30 Minuten).[6]

Reihenfolge der Aufgaben einhalten
- Ich erledige zuerst meine Aufgaben, bevor ich spiele.

---

[5] Die Verhaltensregeln der Schulen und Klassen hängen viel von den individuellen Problemen und Möglichkeiten vor Ort ab. Diese Liste hier finden Sie auf der beiliegenden CD unter „40 Lernzielkatalog Arbeits- und Sozialverhalten".

[6] Die Zeitangaben sind Empfehlungen aus dem Buch von Dorothee Braun / Judith Schmischke, *Mit Störungen umgehen*, Berlin 2006, Seite 35

alle Sinne einsetzen
- Ich höre genau auf die Lehrkraft und meine MitschülerInnen und weiß dann, was ich mache.
- Ich schaue mir meine Aufgaben zuerst genau an, dann weiß ich, was ich mache.
- Ich überlege erst, bevor ich etwas sage oder mit dem Arbeiten beginne!

AV | Lernziel Sorgfalt | AV

Pünktlich sein
- Ich erscheine pünktlich zum Unterricht.

Lehr- und Lernmittel, Ranzen in Ordnung halten
- Ich habe täglich alle Unterrichtsmaterialien dabei.
- Ich räume immer wieder meinen Tisch auf! Es liegt nur das bereit, was ich wirklich brauche.
- Ich bearbeite meine Arbeitsblätter sorgfältig!
- Ich hänge meine Jacke an die Garderobe vor der Klasse.
- Ich schreibe in meinem Heft alle Zeilen und Seiten voll. Ich brauche dann weniger neue Hefte!

Hausaufgaben bearbeiten
- Ich erledige jeden Tag meine Hausaufgaben.
- Jeden Tag erledige ich die restlichen Schulaufgaben zu Hause.

sauber arbeiten
- Sauberer arbeite ich, wenn ich vor dem Aufschreiben nachdenke.
- Ich halte meinen Arbeitsplatz sauber und aufgeräumt.
- Fehlerhafte Wörter darf ich auch sauber mit einem Lineal und Bleistift (später auch mit dem Füller) durchstreichen. Der Strich liegt parallel zu den Linien sein. Ich schreibe das Wort dahinter (oder am Schluss des Textes) noch einmal richtig auf.

AG | Lernziel Gewissenhaftigkeit | AG

eigene Fehler finden
- Ich finde meine Fehler / Helfer selbst und verbessere sie selbstständig.

mit Selbstkontrolle umgehen
- Ich kontrolliere selbst, ob meine Aufgaben auch richtig gelöst sind.

bei Unsicherheiten nachfragen
- Ich frage meine Lehrer oder andere Erwachsene, wenn noch etwas unklar geblieben ist.
- Wenn ich Hilfen brauche, bitte ich darum!
- Ich frage einen Mitschüler, wenn ich etwas von ihm möchte!
- Ich lerne für mich und nutze die Hilfen nur in einzelnen Fällen.
- Wenn mir eine Aufgabe Schwierigkeiten bereitet, frage ich nach.

AT | Lernziel Arbeitsgeschwindigkeit | AT

- Ich erledige an jedem Tag möglichst viele Aufgaben in der Schule.
- Ich fange sofort mit dem Arbeiten an, damit ich alles schaffe.
- Wenn ich rechtzeitig komme und sofort mit dem Arbeiten beginne, werde ich auch fertig.

S | Lernziel Sozialverhalten

SK | Lernziel Kontaktfähigkeit

geht auf andere zu
- Ich suche mir in der Pause ein Kind (aus der Klasse/ das ich kennen lernen will/ ein ausländisches/ deutsches Kind ...) zum Spielen.

kennt die Mitschüler und Erwachsenen der Schule
- Ich kenne die Namen meiner MitschülerInnen, meiner Lehrkräfte und der anderen Mitarbeiter der Schule.

arbeitet/ spielt mit anderen Kindern
- Ich spiele und arbeite gerne mit anderen Kindern zusammen.
- Ich gehe möglichst zu Fuß den Schulweg gemeinsam mit Klassenkameraden (ohne Erwachsenenbegleitung).

für die Klasse/ Schule einsetzen
- Wenn mir in der Klasse, im Schulgebäude oder auf dem Schulhof etwas Besonderes auffällt, spreche ich mit meinen Mitschülern und den Lehrern.

SR | Lernziel Regeln vereinbaren und einhalten

Regeln für die Pause oder den Schulhof beachten
- Auf dem Schulhof spiele ich mit den Kindern, die mit mir spielen wollen.
- Ich schone Bäume und Spielgeräte auf dem Schulhof.

Regeln für das Betreten der Klasse beachten
- Beim Betreten der Klasse vor Unterrichtsbeginn lege ich die Materialien aus dem Ranzen auf die Ablage unter den Tisch.

Regeln der Frühstückspause beachten
- In der Klasse esse und trinke ich nur in der Frühstückspause, oder wenn es die Lehrkraft ausdrücklich erlaubt.

Toilettenregeln beachten
- Ich gehe jederzeit – einzeln – zur Toilette, sobald das Toilettenschild die grüne Farbe zeigt. Beim Verlassen der Klasse drehe ich es um auf die „rote" Seite, beim Zurückkehren auf die „grüne" Seite.
- Ich halte die Toilette sauber. Entdecke ich Verschmutzungen, melde ich diese sofort (Hausmeister oder Klassenlehrer).

mit Arbeitsmitteln sorgfältig umgehen
- Ich bringe täglich alle benötigten Materialien mit zur Schule.
- Ich gehe sorgsam mit den Arbeitsmitteln um.
- Ich halte meinen Arbeitsplatz sauber.

SU | Lernziel Konfliktverhalten

streiten
- Ich mache auf dem Schulhof keine „Spaßkämpfe", weil zu oft aus Spaß Ernst wurde.
- Wenn ich mich bedroht fühle, sage ich „STOPP"!
- Ich verhalte mich in der Pause friedlich und provoziere oder ärgere niemanden.

- Ich traue mich, etwas zu sagen, wenn mir etwas unangenehm ist.

Streitigkeiten aus dem Weg gehen / Streit vermeiden
- Ich achte die Grenzen anderer.
- Ich gehe Streitigkeiten aus dem Weg.
- Ich lasse meine Mitschüler in Ruhe arbeiten und spielen.

Streit schlichten / vermitteln
- Ich vermittle zwischen streitenden MitschülerInnen.
- Ich beschütze die kleineren und schwächeren SchülerInnen.

SH   Lernziel Hilfsbereitschaft   SH

helfen und Verantwortung übernehmen
- Ich helfe gerne anderen.
- Als „Chef" einer Werkstattaufgabe oder als „Experte" helfe ich möglichst allen fragenden Kindern.
- Ich beachte die Vorfahrt der anderen Schüler, wenn die Lehrkraft mit ihnen arbeitet.
- Bei großem Andrang am Lehrerpult versuche ich zunächst einmal, einen Mitschüler zu fragen.
- Meinen Ordnungsdienst verrichte ich gewissenhaft.

ruhig arbeiten
- Ich arbeite still am vorgesehenen Arbeitsplatz.
- Ich bleibe im Unterricht ruhig an meinem Platz sitzen.
- Ich hole mir eine Trennwand, wenn ich in Ruhe arbeiten will. Gleichzeitig störe ich keine Mitschülerinnen oder Mitschüler.
- Sobald jemand aus der Klasse den Arm hebt, hebe auch ich meinen Arm und werde ruhig.
- Ich ermahne meine Mitschüler, etwas leiser zu arbeiten.
- In der Schweigestunde / im Schweigeraum bleibe ich selbst ganz ruhig.
- Ich darf mit einer Erlaubniskarte, ohne andere zu stören, auch außerhalb des Klassenraumes arbeiten.
- Ich halte mich –auch vor Unterrichtsbeginn- ruhig im Klassenraum auf.
- Ich arbeite besser, wenn ich still bin.

flüstern
- Ich spreche leise und nehme dabei Rücksicht auf die Mitschüler.

ruhig bewegen
- Ich bewege mich schleichend durch die Klasse.
- Ich gehe ruhig in den Stuhlkreis.

richtig melden
- Ich melde mich, wenn ich etwas sagen oder fragen möchte, und warte bis ich dran komme.
- Wenn ich etwas weiß, traue ich mich auch, das zu sagen!
- Ich melde mich bei Fragen.
- Wenn ich direkt zu einem Redebeitrag etwas sagen möchte, melde ich mich mit beiden Armen.

auf andere hören (im Gesprächskreis, bei Klassengesprächen …)
- Ich höre zu, wenn andere reden

| **SF** | **Lernziel Freundlichkeit** | **SF** |

- Ich verhalte mich anderen gegenüber freundlich.
- Ich bin geduldig, wenn Mitschüler langsamer arbeiten (vorlesen, ...).
- Ich akzeptiere es, wenn andere mehr Zeit brauchen, um eine Aufgabe zu erledigen.
- Ich bedanke mich, wenn ich etwas bekomme.
- Ich bemühe mich, jeden Tag eine gute Tat zu machen.
- Wir achten die Arbeit der Mitschüler.
- Beim Betreten der Klasse vor Unterrichtsbeginn begrüße ich meine Lehrkraft und meine Mitschüler.
- Ich reagiere auf Begrüßungen.
- Ich öffne anderen die Tür, wenn sie viel zu tragen haben.
- Ich klopfe an geschlossene Türen an, bevor ich den Raum betrete.

Aus den hier vorgestellten Zielen werden die konkreten Klassen- und Schulregeln entwickelt (siehe dazu das Kapitel „Regeln für die Klasse").

Leitbild „Rechte und Pflichten der Eltern"

Die oben aufgeführten Lernziele kennzeichnen die Schule als fürsorgliche Gemeinschaft, die die Zuwendung und den Respekt für andere besonders betont.[7] Die Regeln kennzeichnen das Benehmen und Verhalten an der Schule und werden von den Lehrkräften in individueller Verantwortung und Verpflichtung fortlaufend ergänzt.
Damit die Schülerinnen und Schüler diese Regeln einhalten können, müssen Lehrkräfte und auch die Erziehungsberechtigten das Einhalten dieser Ziele durch ihr vorbildliches Verhalten erleichtern. Das Handeln der Lehrkräfte wird im Kapitel „Professionelles Lehrerverhalten" genauer beschrieben.
An einigen Schulen werden die Rechte, Pflichten und Aufgaben in besonderen Schulverträgen vereinbart. Vielleicht genügt es auch, überhaupt einmal die gemeinsamen Ziele den Eltern vorzustellen. Die Rechte und Pflichten der in der Schule beteiligten Erziehungsberechtigten, Lehrkräfte und Schüler habe ich geordnet nach den Oberthemen Vorbild, Arbeitsverhalten und Sozialverhalten.

| | **Vorbild** | |

- Ich habe die Pflicht Vorbild für mein Kind und alle anderen Kinder zu sein.

A	**Arbeitsverhalten**	**A**
AM	**Arbeitsmotivation**	**AM**

- Wir fördern die Motivation und schaffen Anreize, Aufgaben zu erledigen.

| **AS** | **Selbstständigkeit** | **AS** |

- Wir trainieren mit unserem Kind das selbstständige An- und Ausziehen, Schleifen binden bei den Schuhen, selbständiges und sauberes Benutzen

---

[7] Vgl. dazu die Homepage der Anne-Frank-Schule Lüneburg:
http://nibis.ni.schule.de/~annefsch/baustein1.htm

der Toiletten, Hände waschen und trocknen, regelmäßiges Aufräumen des Ranzens, das selbstständige Betreten des Klassenraumes: Wir denken dabei an das Verbot für Ranzen tragende Eltern.

| **AD** | **Konzentration** | **AD** |

- Wir fördern das konzentrierte Arbeiten, indem wir mögliche Ablenkungen während des Arbeitens vermeiden.

| **AV** | **Sorgfalt** | **AV** |

- Wir schicken die Kinder ausgeschlafen und pünktlich zur Schule. Nachmittags sorgen wir dafür, dass Hausaufgaben rechtzeitig und ordentlich erledigt werden können.

| **AG** | **Gewissenhaftigkeit** | **AG** |

- Wir sorgen täglich für ein ausgewogenes und gesundes Frühstück sowie für saubere und vollständige Arbeitsmaterialien.

| **S** | **Sozialverhalten** | **S** |
| **SK** | **Kontaktfähigkeit** | **SK** |

- Wir fragen regelmäßig nach Hausaufgaben und Nachrichten der Lehrkräfte oder Schulleitungen. Gespräche mit ihnen führen wir grundsätzlich außerhalb der Unterrichtszeit.

| **SR** | **Regeln vereinbaren und einhalten** | **SR** |

- Wir kennen die Klassen- und Schulregeln und haben diese anerkannt.

| **SU** | **Konfliktverhalten** | **SU** |

- Wir erziehen unser Kind zum gewaltfreien Umgang mit anderen. Wir kennen die Schulregel „Der letzte Schläger wird bestraft!"

| **SH** | **Hilfsbereitschaft** | **SH** |

- Wir helfen – im Rahmen unserer Möglichkeiten – bei der Organisation und Durchführung von Klassen- und Schulfesten, Ausflügen und Lehrwanderungen.

| **SF** | **Freundlichkeit** | **SF** |

- Wir besuchen alle Elternabende und entschuldigen unser Kind bei Fehlzeiten. Wir bemühen uns, unserem Kind Respekt beizubringen.

Diese Rechte und Pflichten der Eltern können in einem Schulvertrag, der von Erziehungsberechtigten und Lehrkräften unterschrieben wird, noch verbindlicher gestaltet werden

Vorbildliches Verhalten loben, loben, loben

Vorbildliche Schüler stärken

Als Lehrkraft bemühe ich mich, in jedem Schüler etwas Positives zu sehen. Professionell agierende Lehrer finden dafür in der Schule oder Freizeit (im Kunstunterricht, beim Spielen, beim Vorlesen, im Sport usw.) eine den individuellen Stärken angepasste, lobenswerte herausgehobene Position. So erfahren möglichst alle Schüler Lob und Anerkennung. In jedem Fall haben die lobenden, verstärkenden Erziehungsmittel Vorrang vor Sanktionen. Sie erhöhen die Motivation des Schülers, sein Verhalten dauerhaft zu verändern. In diesem Kapitel möchte ich an einigen Beispielen aufzeigen, wie ich das Verhaltenstraining in einem ersten Schuljahr oder sofort nach Übernahme einer neuen Klasse beginne.

In dieser Anfangsphase bemühen sich fast alle SchülerInnen um ein positives, möglichst unauffälliges Verhalten. Sie arbeiten weitgehend motiviert, selbstständig, konzentriert und sorgfältig, verstehen sich mit ihren MitschülerInnen, halten die Regeln des Zusammenlebens ein, vermeiden Konflikte und sind dabei hilfsbereit und freundlich. Diese Schülerinnen und Schüler will ich stärken, indem ich die positiven Verhaltensweisen erkenne und öffentlich lobe, zum Beispiel durch die Verleihung von speziellen Urkunden. So bestärke ich sie in ihrem „Gut sein"[8].

Diese positiven Verhaltensweisen werden gemeinsam immer weiter entwickelt, eingeübt, gefördert und verstärkt. Sie sind ein konstruktives Mittel, das Verhalten der Klassengemeinschaft fortlaufend in einem sich selbst verstärkenden Prozess zu verbessern. Neben der Verwendung von Urkunden werden gute Leistungen oder positive Verhaltensweisen der Schülerinnen und Schüler im Klassenverband gewürdigt durch

- verbales Lob
- schriftliches Lob (Bemerkungen in den Arbeitsheften, Elternbriefe)
- symbolische Anerkennung (Sternchen, Aufkleber/ Sticker, Stempel, lachende Gesichter aufmalen) in den Arbeits- oder Mitteilungsheften
- kleine Präsente (aus der „Schatzkiste" des Lehrers: Briefmarken, Aufkleber, Überraschungseier-Figuren u.a.)
- Vergünstigungen („Hausaufgabengutschein", „Ausweis zum Arbeiten außerhalb der Klasse", zusätzliche Ausflüge, Spielstunde statt Fachunterricht)

Das gezeigte vorbildliche Verhalten wird zudem protokolliert, um in Zeugnissen das Arbeits- oder Sozialverhalten mit einer zusätzlichen, positiven Bemerkung anzuerkennen. Auch gegenüber der Schulgemeinschaft werden positive Verhaltensweisen regelmäßig gewürdigt. So gibt es in einigen Schulen Aushänge, an denen die „Besten" in bestimmten Lernfeldern herausgestellt werden. Für die Anerkennung in der Öffentlichkeit ist es wichtig, in einer „guten" Meldung einmal besondere Leistungen oder Verhaltensweisen einzelner Schülerinnen und Schüler bekannt zu geben. Gegenüber den Mitschülern reicht es dagegen aus, in regelmäßigen kleinen Feierstunden mit allen Kindern der Schule die vorbildlichen Mitschüler durch die Schulleitung zu benennen und vorzustellen. Auch der

---

[8] Klaus-Rüdiger Gimmler / Reinhard Kühl, *Friedliche Schule – Schaffen wir das?* In: Renate Valtin / Rosemarie Portmann (Hrsg.), *Gewalt und Aggression: Herausforderungen für die Grundschule*, Band 95 der *Beiträge zur Reform der Grundschule (Arbeitskreis Grundschule)*, Seite 115

Hausmeister, die Reinigungskräfte, die Schulsekretärin und die sonstigen Mitarbeiter dürfen einzelne Schüler, Gruppen oder Klassen herausstellen.[9]

Als Lehrkraft bemühe ich mich, in jedem Schüler etwas Positives zu sehen. Professionell agierende Lehrer finden dafür in der Schule oder Freizeit (im Kunstunterricht, beim Spielen, beim Vorlesen, im Sport usw.) eine den individuellen Stärken angepasste, lobenswerte herausgehobene Position. So erfahren möglichst alle Schüler Lob und Anerkennung. In jedem Fall haben die lobenden, verstärkenden Erziehungsmittel Vorrang vor Sanktionen. Sie erhöhen die Motivation des Schülers, sein Verhalten dauerhaft zu verändern.

Aufbau einer emotionalen Beziehung

Professionelle Lehrkräfte „mögen" alle Schüler und zeigen dies ihnen auch („Ich mag dich!", in den Arm nehmen, u.a.). Besonders die „auffälligen" SchülerInnen leiden oft unter einem Defizit von emotionaler Zuwendung und Nähe. Spüren diese Schüler dann in der Klasse, dass die Lehrkräfte sie mögen, lässt sich manches unerwünschte Verhalten viel leichter verändern. Eine positive emotionale Bindung zum Lehrer und zum Klassenverband ist für eine erfolgreiche Zusammenarbeit außerordentlich wichtig.

Der Aufbau der emotionalen Beziehungen wird zum Beispiel durch einen „offenen Unterrichtsbeginn" gefördert. An den Tagen, an denen der Klassen- oder Fachlehrer in der ersten Stunde in der Klasse unterrichtet, betreten die SchülerInnen das Schulgebäude und den Klassenraum dann selbstständig, wenn durch ein vorher vereinbartes Signal (geöffnete Fenster, Licht im Klassenraum oder anderes) auf dem Schulhof zu sehen ist, dass die Lehrkraft sich schon im Klassenraum befindet.

Die Lehrkraft spricht dort jeweils kurz mit den einzeln oder in kleinen Gruppen eintreffenden Schülern, bevor diese ihre Arbeiten aus ihrem „Postfach" abholen und selbstständig mit dem Arbeiten beginnen.
In dieser Zeit kann man besonders lange auch mit den „schwierigeren" SchülerInnen reden und ihnen möglichst häufig „besonders wichtige Aufgaben" geben:

- vergessene Kopiervorlagen aus dem Lehrerzimmer abholen
- Unterrichtsmaterialien aus benachbarten Klassenräumen holen und dabei jeweils anklopfen und höflich fragen
- beim Hausmeister ankündigen, dass man heute in der großen Pause den Schulhof reinigt
- Elternbriefe in die „Postfächer" der Mitschüler einsortieren
- Arbeitsblätter ohne Namen (unter dem Titel „Wem gehören diese Blätter?) an die Magnetwand heften
- mit der Lehrkraft Materialien in die Werkstatt-Kästen einsortieren
- Tische und Stühle im Klassenraum umbauen
- die Computer anstellen
- Kreide beim Hausmeister holen u.v.m.

---

[9] Einige Ideen zum Thema „Loben" wurden der Homepage der Anne-Frank-Schule Lüneburg entnommen: www.anne-frank-schule-lueneburg.de

Gibt man diesem Schüler anschließend noch eine kleine Belohnung, beginnt er den Tag fröhlich und entspannt. Als Belohnungen liegen immer einige Briefmarken, Aufkleber, Überraschungseier-Figuren, Ansichtskarten, u.a. im Pult in einer kleinen Kiste bereit, der „Schatzkiste" des Lehrers.

Auch nach der „letzten" Stunde als Klassen- oder Fachlehrkraft verabschiede ich mich täglich – nach dem Schlusskreis und dem gemeinsamen Singen - noch per Handschlag einzeln von jedem Schüler und jeder Schülerin. Dabei vermittle ich jedem Kind in einem kurzen Statement meinen Eindruck von seiner heutigen Arbeit. In jedem Fall wird dieses Gespräch mit einem positiven Satz beendet.

Dieser zeitliche Aufwand lohnt sich. Auf diese Weise gehen alle Kinder mit einem „guten" Gefühl nach Hause - und kommen am nächsten Tag wieder gerne zur Schule. Sie fühlen sich ernst genommen und merken, dass ihr positives Verhalten Konsequenzen hat.

Vorbildliches Verhalten

In der folgenden Auflistung beschränke ich mich darauf, einzelne positive Verhaltensweisen näher zu beschreiben und sie mit den entsprechenden Urkunden[10] oder Belohnungen darzustellen, beziehungsweise die Formulierungen anzugeben, die ich auch mit entsprechenden Symbolen unter eine Arbeit im Heft notiere. Selbstverständlich gibt es auch noch viele weitere positive Verhaltensweisen, die entsprechend herausgestellt werden können. Die Urkunden werden aus aktuellem Anlass während des Unterrichts, bei der täglichen Verabschiedung oder im Morgenkreis am nächsten Tag ausgegeben.

A | Vorbildliches Arbeitsverhalten loben

AM | Arbeitsmotivation loben

...hat in den letzten Tagen fleißig gearbeitet
Diese Urkunde erhalten in den ersten Wochen im ersten Schuljahr diejenigen SchülerInnen, die freiwillig besonders fleißig mitarbeiten. Diese Urkunde wird auch an jeden Schüler mehrfach vergeben.

---

[10] Viele der Musterurkunden befinden sich als Kopiervorlage auf der beiliegenden CD unter „50 Urkunde..."

...hat in den letzten Tagen gezeigt, dass er/sie viel lernen möchte

Täglich zum Unterrichtsschluss verabschieden sich alle Kinder persönlich von der Lehrkraft. Sie kommen zum Lehrerpult. Dort gibt es für jedes Kind mit wenigen Worten eine (positive / negative) Bewertung seines Arbeitsverhaltens und möglichst häufig eine kleine Belohnung in Form von Briefmarken, Klebebildern usw.. Dabei differenziere ich dann in der Größe, Farbigkeit oder im Motiv die Belohnung. Durch diese Differenzierung erhalten am Ende alle Schüler eine motivierende Belohnung.

... hat sich angestrengt, eine Aufgabe zu erledigen

Auf vielfältige Art und Weise können die leistungsstarken Schüler immer wieder gelobt werden. Ich habe mich jedoch bemüht, auch die leistungsschwächeren Schülerinnen und Schüler immer wieder auszuzeichnen. Dazu habe ich nach einer Idee einer älteren Kollegin, die bis Mitte der 1970er Jahre verwendete „Sternchenpädagogik" wieder aufleben lassen. Bis in diese Zeit haben Lehrkräfte besonders gute Leistungen mit verschiedenen Symbolen immer wieder gelobt.

Fein!
Prima!
Hast du gut gemacht!
Mach weiter so!

☺   + +   ***

Ich nutze diese Zeichen –nach ausführlicher Information der Eltern auf den Elternabenden –, um die individuellen Anstrengungen eines Kindes zum Fertigstellen einer Aufgabe zu loben.

AS Selbstständigkeit loben AS

...bearbeitet die Aufgaben in der Klasse selbstständig

...traut sich immer mehr, etwas zu sagen, um Hilfe zu bitten, Mitschüler in die Schranken zu weisen

...ist in den letzten Wochen viel selbstbewusster geworden

...darf, ohne andere Schüler zu stören, auch außerhalb des Klassenraumes arbeiten

Kinder lernen besser, wenn sie Platz zum Arbeiten haben und „Nähe" nicht erzwungen ist. Daher werden Störungen des Unterrichts vermindert oder als weniger schwerwiegend angesehen, wenn weniger Schüler in einem Raum arbeiten dürfen, der oftmals leider sowieso schon zu klein ist.

Schüler, die auch ohne ständige Aufsicht der Lehrkraft sorgfältig arbeiten, erhalten zur Belohnung eine Arbeitserlaubniskarte, mit der sie – in bestimmten Stunden und für eine vorher vereinbarte Zeit - an beliebigen Stellen auf dem Schulgelände arbeiten. Die dafür notwendige „Aufsichtspflicht" ist dennoch gegeben.

Es gibt nämlich keine Vorschrift, dass die Schüler immer „von zwei Augen" gesehen werden müssen, also ständig in Sichtweite des Lehrers arbeiten müssen. Wenn ich in den Wochen zuvor die Erfahrung gemacht habe, dass ein Schüler sich an die vereinbarten Regeln hält und ich ihm „vertrauen kann", darf er auch ohne ständige Beaufsichtigung arbeiten. Die meisten Schüler bemühen sich wirklich, die Regeln zu beachten, um den Ausweis zu behalten.

In den „erlaubten" Stunden suchen sie sich einen Platz zum Arbeiten, stellen die Karte vor sich auf den neuen Arbeitsplatz (Flur, Schweigeraum, Pausenhalle, Schulhof usw.). Alle Mitarbeiter der Schule lassen nun diese Kinder still arbeiten. Einem lauten oder störenden Kind aber darf jeder Erwachsene den Ausweis wegnehmen. Ohne ihn erlischt die Erlaubnis, außerhalb des Klassenraumes zu arbeiten, und die Schüler kehren sofort in den Klassenraum zurück.

In der nächsten Pause erhält die Lehrkraft den Ausweis mit einem entsprechenden Kommentar vom Mitarbeiter, der die Karte weggenommen hat, zurück. Nach dem „klärenden" Gespräch mit dem betroffenen Schüler bleibt der Ausweis je nach Schwere des Verstoßes für einige Tage beim Lehrer und wird erst nach einer „Wohlverhaltenszeit" wieder herausgegeben.

AD Konzentration loben AD

...bearbeitet alle Aufgaben ohne Unterbrechungen

...bearbeitet alle Aufgaben vor dem Spielen

AV Sorgfalt loben AV

...hat es jetzt gelernt, seinen Arbeitsplatz aufzuräumen

...arbeitet gründlich, sorgfältig und sauber

...erledigt an jedem Tag die Hausaufgaben

SchülerInnen, die an jedem Tag ihre Hausaufgaben anfertigen und regelmäßig diese auch bei der Lehrkraft zur Kontrolle vorlegen, erhalten ab und zu einen „Hausaufgaben-Gutschein". Diesen Gutschein legen sie an einem Tag der Lehrkraft vor, an dem sie einmal die Hausaufgaben vergessen oder nur teilweise fertig gestellt haben. Sie sind dann von den Hausaufgaben befreit. Der Gutschein enthält folgenden Text: „Großes Lob! ... hat regelmäßig die Hausaufgaben angefertigt und zur Kontrolle abgegeben. Dieser Gutschein wird vorgelegt, wenn die Hausaufgaben einmal vergessen wurden. Datum / Unterschrift"

AG | Gewissenhaftigkeit loben | AG

...hat heute eine Entdeckung gemacht
Lob für genaues Arbeiten erhalten auch die Schülerinnen und Schüler, die in den Materialien der Schule – auch in den selbst hergestellten Lösungsheften (siehe Kapitel „Erprobte Lehrmittel einsetzen") – einen Fehler oder etwas auch für die Mitschüler Interessantes entdecken. Sie erhalten die „Entdeckerurkunde".

...hat heute alle Aufgaben richtig gelöst
Im Mathematik-Übungsheft „Mein Einmaleins-Begleiter ab 2. Schuljahr"[11] gibt es am Innenrand jeder Seite einen „Wertungsstreifen" für Lehrkräfte, um die Menge der richtigen Lösungen zu kennzeichnen. Ich habe diese Zeichen für alle Hefte der Schüler übernommen.
Die große Sonne kennzeichnet, dass alle (oder fast alle Aufgaben) richtig gelöst wurden.
Die fast versteckte Sonne symbolisiert, dass zu wenige Aufgaben richtig gelöst werden. Ich biete den Kindern aber Hilfe an, um die Wolken wegzuschieben, damit sie dann auch noch eine Sonne bekommen.

... kontrolliert selbstständig, ob die Aufgaben auch richtig gelöst sind

AT | Arbeitsgeschwindigkeit loben | AT

...bearbeitet die Aufgaben in kürzerer Zeit als eigentlich vorgesehen

...bearbeitet die Aufgaben in der vorgesehenen Zeit

...fängt jetzt sofort mit dem Arbeiten an, um möglichst viele Aufgaben in der Schule zu schaffen
Mit schnell zu zeichnenden Symbolen kennzeichne ich die Arbeitsgeschwindigkeit.
Mit dem „Blitz" erfahren die Schüler, dass sie „blitzschnell" und damit schneller als eigentlich für die Aufgaben vorgesehen arbeiten.
Der „Hase" zeigt an, dass genau im erwarteten Tempo gearbeitet wurde.

S | Vorbildliches Sozialverhalten loben | S

SK | Kontaktfähigkeit loben | SK

...spielt und arbeitet gerne mit anderen Kindern zusammen.

---

[11] J.J. Korstanje u.a., *Mein Einmaleins-Begleiter ab 2. Schuljahr*, Stuttgart 1990 (*Klett*-Verlag, Best.-Nr. 16041)

SR — Einhalten von Regeln loben

...spielt jetzt auch mit anderen Kindern auf dem Schulhof

...sitzt im Unterricht schon viel ruhiger an seinem Platz

...geht sorgfältig mit den eigenen und den der Schule gehörenden Arbeitsmitteln um

...hat heute ... gemacht und sich damit vorbildlich verhalten

Besonders die Schülerinnen und Schüler, die sich durch vorbildliches Verhalten gegenüber den Mitschülern und Lehrkräften auszeichnen, werden immer wieder besonders herausgestellt.
In die allgemein gehaltene Urkunde wird die „gute Tat" eingetragen. Bei der Ausgabe zeigt sie den MitschülerInnen, welches Verhalten in der Klasse besonders gewünscht und anschließend auch belohnt wird.

SU — Konfliktverhalten loben

...hat versprochen alle Streitigkeiten gewaltfrei zu lösen und dafür einen Marienkäfer erhalten

Beim Besuch einer niederländischen Schule trugen auf dem Schulhof einige SchülerInnen einen großen Marienkäfer an ihrer Kleidung. Die Kinder hatten schriftlich versprochen, auf Gewalt zur Lösung von Problemen zu verzichten. Dafür erhielten sie von der Schulleitung vor allen Schülern der Schule feierlich eine Anstecknadeln mit einem Marienkäfer.

Ich gebe solche Marienkäfer[12] auch in meinen Klassen aus. Die Auszeichnung habe ich nur von wenigen SchülerInnen jemals zurückgefordert, als sie doch mit körperlicher Gewalt auf ein anderes Kind losgingen.

Für alle Mitschüler ist diese Klammer auch ein Signal, mit diesen SchülerInnen keinen Streit anzufangen, da wegen ihres Gewaltverzichts eine Auseinandersetzung aussichtslos ist. Das Tragen der „Anti-Gewalt-Klammer" veranlasst die ausgezeichneten Schüler häufig auch dazu, in Streitsituationen noch mäßigend auf andere einzuwirken.

...setzt sich als Streitschlichter für die Mitschüler ein

Diese Urkunde[13] wird vergeben, wenn Kinder beim „Gut sein" erwischt werden. Der Blick wird dabei auf das positive Schülerverhalten in Konfliktsituationen gerichtet.

---

[12] Mit Klammern erhältlich bei IKEA
[13] Klaus-Rüdiger Gimmler / Reinhard Kühl, *Friedliche Schule – Schaffen wir das?* In: Renate Valtin / Rosemarie Portmann (Hrsg.), *Gewalt und Aggression: Herausforderungen für die Grundschule*, Band 95 der *Beiträge zur Reform der Grundschule* (*Arbeitskreis Grundschule*), Seite 115

Der Text der Urkunde: Du hast dir in den vergangenen 14 Tagen viel Mühe gegeben und Streit mit Worten geschlichtet.

SH   Hilfsbereitschaft loben   SH

...hat es gelernt, leise zu arbeiten

Besonders in den ersten Klassen setze ich diese Tischreiter häufig ein, um ruhig arbeitende SchülerInnen besonders zu loben. Nach einer mehr oder minder langen Zeit ruhigen Arbeitens, platziere ich  das Schild „Großes Lob! Leiser Schüler" vor ihnen auf den Tisch. Sie erfahren so, dass ich das ruhige Arbeiten bemerke und mich darüber sehr freue. Die am Tisch sitzenden Mitschüler werden dadurch manchmal motiviert, sich in der Folgezeit auch um leises Arbeiten zu bemühen.

Dieses Schild holen sich auch einzelne Schüler beim Lehrer, wenn sie versprechen, leise zu arbeiten und von den MitschülerInnen in Ruhe gelassen werden möchten. Das Schild „Leiser Schüler" bleibt dann dort so lange stehen, wie alle Partner an diesem Tisch leise arbeiten. Wird an diesem Tisch auffällig störend gearbeitet, nimmt die Lehrkraft das Schild wieder weg. Bleibt das Schild bis zum Unterrichtsschluss auf dem Tisch stehen, werden die Schüler besonders gelobt.

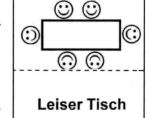

Es gibt zudem für diejenigen Tische eine besondere Belohnung, wenn sie es schaffen, den gesamten Vormittag das Schild „Leiser Tisch" auf ihrem Tisch zu behalten, weil sie immer so leise gearbeitet haben.

... bewegt sich ruhig und schleichend durch die Klasse.

Diese Auszeichnung wird für diejenigen Kinder verwendet, die sich ruhig durch die Klasse bewegen. Sie erhalten dazu einen Tischreiter, der allen Mitschülern das vorbildliche Verhalten signalisiert. In der Anfangsphase meiner Veränderungen des Unterrichts gab es „Laufdiktate". Seit ihrer Umbenennung in „Schleichdiktate" verhalten sich die SchülerInnen wesentlich behutsamer.

... hat sich immer gemeldet und erst nach Aufforderung durch die Lehrkraft etwas gesagt

In den ersten Tagen des ersten Schuljahres gibt es immer wieder SchülerInnen, die Antworten oder Mitteilungen ungefragt in die Klasse rufen. Um deren Meldeverhalten zu verbessern, werden nach Fragen der Lehrkraft nur diejenigen SchülerInnen zum Antworten aufgefordert, die sich vorher melden. Nach einer Einweisung der gesamten

Klasse in die Bedeutung und in den Ablauf des Meldens verstehen alle Kinder wenigstens die Grundsätze des Meldens.

Die Kinder, die sich bei Lehrerfragen zuerst melden und erst dann etwas sagen, wenn die Lehrkraft sie dazu auffordert, werden durch die Urkunde „Meldelob" ausgezeichnet. Diese Urkunde wird zunächst jeweils nach einer konkreten Frage-Antwort-Situation verteilt. Nach einigen Tagen wird das Loben erst zum Unterrichtsschluss vorgenommen, wenn auf die Rückseite der Urkunde das Datum eingestempelt wird. Diese Urkunde ist in der Anfangsphase der ersten Klasse von großer Bedeutung, da die meisten Schüler die Frustrationen ertragen müssen, trotz Kenntnis der richtigen Antwort, wegen der vielen anderen Kinder nicht von der Lehrkraft zum Antworten aufgefordert zu werden.

Das mittägliche Gespräch und das Datumsstempeln der Urkunde signalisieren ihnen aber, dass die Lehrkraft bei Fragen an die Klasse zwar nicht alle Schüler an die Reihe nehmen kann, aber dennoch gemerkt hat, dass sie etwas gewusst haben.

... hat auf dem Schulgelände für Sauberkeit gesorgt

Um die Sauberkeit auf dem Schulgelände zu fördern und die SchülerInnen aktiv zu einem Umweltbewusstsein zu führen, wurde zusammen mit dem Hausmeister eine Urkunde geschaffen. Sie wird an diejenigen Kinder verliehen, die sich zu Beginn der Pause freiwillig melden, um mit Zange und Eimer den Schulhof von dem Müll zu befreien, der nachmittags und abends von schulfremden Personen hinterlassen wird.

Auch das Ausfegen und Aufräumen des Klassenraumes nach dem täglichen Unterrichtsschluss durch den "Reinigungsdienst" (Ausfegen, Stühle hochstellen, Liegengebliebenes in die Fundsachenkiste räumen, Mülleimer/ Getränkekiste zum Hausmeister bringen usw.) wird durch diese Urkunde positiv vermerkt.

...hat zuverlässig die Spielgeräteausgabe betreut

Jeweils zwei oder drei Kinder aus den dritten und vierten Klassen betreuen nach einer vorgegebenen Ordnung an bestimmten Tagen die Spielgeräteausgabe.

Sie geben gegen eine individuelle Pfandmarke ein Spielgerät heraus und nehmen diese Marke bei der Rückgabe des Spielgeräts auch wieder zurück.

Die Kinder an der Spielgeräteausgabe übernehmen Verantwortung (Hilfsbereitschaft) und helfen dadurch das Gemeinschaftsleben zu gestalten (Kontaktfähigkeit). Durch die Spielgeräte gibt es zudem weniger Konflikte und vermehrt gemeinsame Spiele. Es ist also eine für das Sozialleben der Schule sehr wichtige Aufgabe.

SF — Freundlichkeit loben

…hat sich heute sehr freundlich gegenüber den Mitschülern und Lehrkräften verhalten

… hält anderen die Tür auf
Es ist ein Zeichen von Freundlichkeit, Mitschülern oder Lehrkräften, die vielleicht etwas in den Händen halten, die Tür zu öffnen. Jungen wird dadurch auch frühzeitig vermittelt, dass sie viele Mädchen beeindrucken können, wenn sie ihnen die Tür aufhalten - auch wenn keine schweren Dinge getragen werden.

… klopft an die geschlossene Tür an
Wenn Schüler in einen anderen Klassenraum gehen, klopfen sie zuerst immer an der geschlossenen Tür an und warten dann ab, bis sie herein gerufen werden.

… bedankt sich für etwas
Schüler, die von einem Mitschüler, einem Lehrer oder einer anderen Person etwas geschenkt oder geliehen bekommen, bedanken sich grundsätzlich beim Geber. Mit einem freundlichen „Danke" zeigt man, dass man, sich freut und die gute Tat anerkennt.

… verlässt den Arbeitsplatz sauberer als vorgefunden
Höfliche Schüler hinterlassen ihren Arbeitsplatz und den Klassenraum so sauber, wie sie ihn vorgefunden haben. Sehr höfliche Kinder erinnern ihre Mitschüler an das Aufräumen oder packen selbst mit an, um deren Platz zu säubern. Sie legen zum Unterrichtsschluss die von den Mitschülern vergessenen Materialien in die Fundsachenkiste, fegen den Klassenraum aus und bringen den Mülleimer zum Hausmeister. Immer wieder freue ich mich – besonders über die Mädchen -, die die Klassenbücherei und die Werkstattmaterialien aufräumen oder im Materialregal für Ordnung sorgen.

… verzichtet auf das Kaugummi kauen im Unterricht
Es zeugt von Respekt gegenüber der Arbeit von Lehrern und Mitschülern, im Unterricht das Kaugummi kauen zu vermeiden. Die Kinder lernen dabei auch, dass das Kaugummi kauen schmatzende Geräusche erzeugen kann, der bewegte Unterkiefer an das Wiederkäuen von Kühen erinnert und damit von vielen Erwachsenen als unhöflich betrachtet wird. Daher sollen sie – auch außerhalb der Schule - in geschlossenen Räumen darauf verzichten.

Vorbildliches Lernen loben

Selbstverständlich werden auch diejenigen SchülerInnen gelobt, die besonders gute Schulleistungen erbringen. Aber: Für diese Kinder ist das Lob durch die gute Zensur oder die gute Beurteilung oft schon gegeben.
Alle Schülerinnen und Schüler erhalten beim Erreichen eines Lernziels (nach einem Test usw.) zusätzlich jeweils eine Urkunde. Für die langsameren oder schwächeren Schüler verschiebe ich nach einem Test den Beginn einer neuen Einheit. Die leistungsstärkeren Schülern erhalten in dieser Zeit noch Zusatzaufgaben, während die leistungsschwächeren Schüler zielgerichtet – nach Fehlerschwerpunkten – noch einmal unter Anleitung der Lehrkraft üben, damit sie bei der Testwiederholung (B-Form) wenigstens die grundlegenden Ziele teilweise erreichen und auch eine Urkunde erhalten können.

Für positive Rückmeldungen gibt es neben den Urkunden viele weitere Möglichkeiten: Sternchen, lachende Gesichter und weitere Symbole unter den Arbeiten sowie schriftliches Lob im Heft werden als positive Verstärker eingesetzt. Ich habe im Lehrerpult auch noch eine „Schatzkiste" (Bonbon, Aufkleber, Briefmarken, gespendete Bleistifte und Hefte usw.), aus der sich die SchülerInnen etwas aussuchen dürfen.

Kleine Lernfortschritte loben

Zu oft werden die leistungsschwachen Schüler beim Loben vergessen, wenn sie wenigstens kleine Lernfortschritte machen.
Ich erlebte in meiner eigenen Schulzeit, dass eine Mitschülerin im Hochsprung in einem Jahr 86 cm sprang und sich im nächsten Jahr auf 95 cm steigerte. Beide Leistungen wurden auch wegen des inzwischen höheren Alters mit der Note 5 beurteilt. Ich sprang im ersten Jahr 172 cm und im darauf folgenden Jahr nur 156 cm. In beiden Fällen erhielt ich dafür die Note gut.

Die Veränderung der Leistungen können die Zensuren nicht erfassen, die Lernfortschritte der Mitschülerin wurden nicht anerkannt. Pestalozzi schrieb schon 1790:

Ich vergleiche nie ein Kind mit einem anderen, sondern immer nur mit ihm selbst!

Für meinen Unterricht entwickelte ich Verfahren, mit denen auch individuelle Lernfortschritte feststellbar und mitteilbar werden. Es war für mich immer widersprüchlich, wenn bei Mathematikarbeiten von fast allen Lehrkräften unter der Arbeit die erreichten Punkte angegeben wurden, bei Diktaten aber die Fehleranzahl unter dem Text stand. Damit wird den Schülern von einer Lehrkraft in einem Unterricht das Können und im anderen das Nichtkönnen mitgeteilt.

In einer positiven Grundstimmung sollte immer das Können zum Maßstab für Beurteilungen angegeben werden. Durch die Rückmeldung „Du hast 93 von 100 Wörtern richtig geschrieben" erfährt auch die Lehrkraft, dass immerhin schon 93% der Anforderungen von diesem Schüler oder dieser Schülerin beherrscht werden.

In den Diktaten (Texten nach Ansage) vermerke ich die Anzahl der richtig geschriebenen, verschiedenen Wörter und errechne in Beziehung zur möglichen Höchstpunktzahl bzw. Gesamtanzahl der Wörter des Diktats den Prozentsatz der richtigen Lösungen. Auf diese Weise kann ich beim Vergleich der Ergebnisse zweier aufeinander folgender Tests den individuellen Lernfortschritt feststellen:

letztes Diktat	Im Vergleich	mit dieser Arbeit
56%	↗	**62%**

Die Symbole in der Mitte dieses Kästchens (↘↘, ↘, =, ↗, ↗↗) kennzeichnen für die SchülerInnen die individuelle Leistungsveränderung gegenüber dem letzten Diktat. Für die aktuelle Leistung von 62% muss die Arbeit auch weiterhin mit einer „5" bewertet werden. Nur der Pfeil kennzeichnet, dass nach der letzten Arbeit ein Lernfortschritt gemacht wurde und die Wahrscheinlich immer größer wird, dass eine ausreichende Bewertung bald erreicht werden kann.

Sie erfahren dabei, dass
- **individuelle Leistungen nach den dafür notwendigen Anstrengungen und nicht allein nach dem Ergebnis beurteilt werden** (Prozess der Leistungserbringung) und
- **jede unter Anstrengung erbrachte Leistung Freude und Glück vermitteln kann**.

Ein fördernder und individualisierender Unterricht kennt nur selten gleiche Maßstäbe (z. B. bei den Bundesjugendspielen) und einen gleichen Zeittakt für alle, denn

**individuelle Lernfortschritte
sind wichtiger als
der Vergleich mit den Mitschülern.**

Solange es auch noch leistungsstarke und leistungsschwache Klassen (z. B. mit SchülerInnen unterschiedlicher sozialer Herkunft) gibt, ist die Beurteilung einer Leistung im Klassenmaßstab rein zufällig. Mit den Prozentangaben erfahren besonders die SchülerInnen im unteren Leistungsbereich möglichst häufig, dass sie ihre Leistungen kontinuierlich verbessern. Diese kleinen Erfolgserlebnisse fördern sie, sich selbst immer häufiger etwas zuzutrauen. Das Erkennen der eigenen Fähigkeiten führt zu einer realistischeren Selbsteinschätzung. Das Erleben positiver Gefühle stärkt außerdem noch das Selbstwertgefühl.[14]

Aber dennoch müssen alle Schülerinnen lernen, mit Ungleichheiten zu leben (Forderung der im Lerntempo schnelleren und Förderung der langsameren Kinder). Sie lernen in den leistungsheterogenen Klassen aber auch, dass es Freude macht, Schwächeren zu helfen oder sich von leistungsstärkeren Schülerinnen helfen zu lassen.

---

[14] Jenny Wienecke-Kranz, *Dirk ist ein verhaltensauffälliges Kind*, in: *Grundschule* 1/1993

Besondere Leistungen loben

In den 1970er Jahren war ich skeptisch, wenn besondere Leistungen herausgestellt wurden. Mit zunehmender Erfahrung habe ich meine Meinung geändert. Heute sollen die leistungsstärkeren SchülerInnen auch immer ihre besonderen Leistungen in der Schule oder der Öffentlichkeit vorstellen, um auch ihnen weitere Leistungsanreize zu geben.

Mittlerweile gehört der Leistungsvergleich zum schulischen Alltag: Die leistungsstärksten Sportler erhalten vom Sportlehrer und Schulleiter nach den Bundesjugendspielen die Urkunden im Rahmen einer Schulversammlung (mit Siegertreppchen und mit großem Beifall der Mitschüler).

Ein Lesewettbewerb bietet alljährlich wieder den besten Leserinnen und Lesern ein Forum, ihr besonderes Können zu zeigen. Pensionierte Lehrkräfte, ein Buchhändler und einige Eltern aus anderen Klassen bilden eine Jury, die die Leistungen einmal von „außen" beurteilen.

Kinder, die Bücher sinnverstehend lesen, können ihre Kenntnisse auf der Webseite „www.Antolin.de" ermitteln. „Antolin ist eine web-basierte Plattform für die Leseförderung. Oder anders formuliert: Antolin ist das Buchportal für Schüler/-innen von der ersten bis zur zehnten Klasse!" heißt es auf der Homepage im Internet. „Hier wählen Schüler/-innen eigenständig Buchtitel aus, die sie bereits gelesen haben oder noch lesen möchten. Nach dem Lesen beantworten sie dann mit Hilfe von Antolin Fragen zu dem jeweiligen Buch. Auf diese Weise fördert Antolin das sinnentnehmende Lesen und motiviert die Schüler/-innen, sich mit den Inhalten der gelesenen Werke auseinander zu setzen. Dadurch unterstützt Antolin die selbstbestimmte Entwicklung der eigenen Leseidentität."[15]

Der Wettbewerb „Känguru der Mathematik"[16] bietet ebenfalls eine Plattform für Leistungsvergleiche. Für die besten Mathematiker gibt es Preise.
Auch andere Schüler-Wettbewerbe laden leistungsstarke Schüler vieler Schulen ein, sich miteinander zu messen. Die Aufgaben der vorhergehenden Jahre eignen sich zudem hervorragend als Differenzierungsmaterial für zu fordernde SchülerInnen.

In der ehemaligen DDR gab es die „Bestentafeln" in der Pausenhalle oder in Bereichen, die von vielen Schülern, Mitarbeitern der Schule und Besuchern immer wieder aufgesucht wurden. Dort waren die SchülerInnen vermerkt, die besondere Leistungen erbrachten. Inzwischen hat diese Tradition auch hier Schule gemacht und die Namen der Rekordhalter im Weitsprung, Hochsprung, 100m-Lauf usw., aber auch die Sieger anderer Schulwettbewerbe werden dort ausgehängt.

Vielleicht kann man auch darüber nachdenken, in der Klasse und der Schule soziales Verhalten besonders herauszustellen. Ähnlich wie die Innenminister einmal jährlich „Kavaliere der Straße" oder „Lebensretter" auszeichnen, werden dann in der Schule diejenigen gelobt, die sich für die Mitschüler oder für die Schule besonders eingesetzt haben („... hat ein Jahr lang als Schülervertreter sich für die Mitschüler eingesetzt!", „... hat in diesem Schuljahr schon ... Artikel für die Schulzeitung verfasst!"...).

---

[15] www.antolin.de
[16] http://www.mathe-kaenguru.de/wettbewerb/index.html

Preis für Zivilcourage[17]
Ein Beispiel für das Herausstellen von gutem" sozialen Verhalten wird an der Pestalozzi-Schule Varel praktiziert. Seit ein paar Jahren wird ein Preis ausgelobt für mutiges Eintreten unter dem Motto „Nicht wegsehen, sondern helfen!". Nach einer Projektwoche zum Thema „Zivilcourage" soll ein Preis die Schüler motivieren, Zivilcourage zu zeigen. Alle sechs bis acht Wochen wird ein gespendeter Gutschein vergeben, den Sie in verschiedenen Restaurants in der Umgebung der Schule einlösen können. Die Restaurants und der Förderverein unterstützen dieses Projekt. Für das „Anderen helfen" wurden folgende Hinweise entwickelt:
1. Kühlen Kopf bewahren, Täter nicht provozieren.
2. Mithilfe fordern, andere auf die Situation aufmerksam machen.
3. Genau hinsehen, die Polizei braucht Täterbeschreibungen.
4. Hilfe holen, Notrufe sind kostenfrei, auch am Handy.
5. Opfer versorgen, Rettungsdienst alarmieren, unverzüglich um Verletzte kümmern.
6. Als Zeuge bereit stehen für Polizei und Justiz.

Loben als Prävention

Kleine Erfolgserlebnisse fördern das Zutrauen der Schüler in die eigene Leistungsfähigkeit, tragen zu einer realistischen Selbsteinschätzung bei und verstärken positiv ihr Selbstwertgefühl. Gerade die „schwierigen" Schüler brauchen viel Lob. Es werden bei ihnen schon kleine Verhaltensänderungen anerkannt, wenn sie
- nur noch 3 statt 5 Erlaubniskarten benötigen
- eine Pause (einen Tag …) ohne Streit durchstehen
- …

Falls durch das andauernd schwierige Verhalten oder durch schwache Leistungen ein Schüler oder eine Schülerin längere Zeit einmal nicht gelobt werden kann, sollten Lehrkräfte Situationen schaffen, um auch sie einmal zu loben.

Dazu habe ich zum Beispiel meine Lehrertasche vor dem Lehrerzimmer „vergessen", damit sie ein bestimmter Junge für mich dort holen und ich ihn dafür „loben" kann: „Ohne dich könnte der Unterricht gar nicht beginnen. Vielen Dank, dass du mir geholfen hast!" Auch im Kopierraum habe ich einige nummerierte Ablagekörbe übereinander gestapelt und mit kopierten Arbeitsblättern gefüllt. Sollte ich während des Unterrichts beobachten, dass eine Schülerin oder ein Schüler wieder unruhig wird, so schicke ich sie oder ihn zum Kopierraum, um dort die in Stapelkiste Nr. … liegenden Arbeitsblätter zu holen. Beim Zurückkommen kann ich wieder loben: „Wie gut, dass ich mich auf deine Hilfe verlassen kann, so können wir ohne Pause weiter arbeiten."

---
[17] Bericht der Nordwest-Zeitung vom 27.4.2010

Dieses Loben ist eine wichtige Prävention zur Vermeidung weiterer Unterrichtsstörungen. Die SchülerInnen fühlen sich von der Lehrkraft „angenommen". Die mit dem ehrlichen Lob verbundene emotionale Zuwendung verändert vielleicht nicht nur das gerade trainierte Verhalten, sie kann sich auch auf weitere Störungen des Kindes positiv auswirken. Zudem können wir beinahe sicher sein, dass der gelobte Schüler oder die gelobte Schülerin wenigstens für eine kürzere und später auch hoffentlich längere Zeit den Unterricht und seine Mitschüler nicht stören wird.

Statt der vielen verschiedenen Urkunden und Belobigungen wird dem zu lobenden Schüler eine „grüne" Karte (mit Unterschrift) auf den Tisch gelegt. Diese kann gesammelt und nach Unterrichtsschluss gegen kleine Belohnungen oder Hausaufgabengutscheine o. ä. getauscht werden.

Immer jedoch haben die lobenden, bekräftigenden Erziehungsmittel in der Schule (aber auch zu Hause) Vorrang vor solchen mit sanktionierendem Charakter.

Stärken und Schwächen erkennen

Ändern kann ich nur Dinge, die ich ändern kann

Die meisten Schülerinnen und Schüler werden – auch durch die Anerkennung des positiven Verhaltens - den weiteren Unterrichtsverlauf nur selten stören. Aber in den letzten Jahren hat die Anzahl der Kinder zugenommen, die durch ihr Verhalten das Lernen und das Zusammenleben stark beeinträchtigen.

Von KollegInnen angesprochen höre ich immer wieder folgende Aussagen:
- „Tobias stört die ganze Stunde!",
- „Kevin nervt mich ohne Unterbrechung!",
- „Chantalle hat schon wieder nicht mitgearbeitet!",
- „Mirco bringt meinen ganzen Unterricht durcheinander!",
- „Frederico hat schon wieder die Kinder meiner Klasse geschlagen!", ...

Diese emotionalen Aussagen bringen den Lehrkräften vielleicht kurzfristig eine psychische Entlastung, helfen ihnen aber wenig, wenn es darum geht, in der nächsten Stunde weiter zu arbeiten. Nur konkrete, möglichst handlungsorientierte Mitteilungen geben Ansatzpunkte für Hilfen:
- „Pascal muss immer wieder ermahnt werden, den Arbeitsplatz aufzuräumen!",
- „Jens hört nicht auf zu streiten, obwohl Nancy STOPP gesagt hat!"
- „Marvin muss noch lernen, sich zu entschuldigen, wenn er andere beleidigt!"
- „Marcel spuckt wieder einmal vor einem Mitschüler aus!" ...

Ändern kann ich aber nur die Dinge, die ich ändern kann. Daher zeige ich auf, wie ich mit **Beobachtungsbögen** und **Einstufungstests** das **nicht den Erwartungen entsprechende Arbeits- und Sozialverhalten** einschätze und in **Förderpläne** umsetze.

Die Arbeit mit Beobachtungsbögen

In jedem Fall helfen detaillierte, handlungsorientierte Schülerbeobachtungen, die Unterrichtssituationen zu erforschen, in denen Schüler stören. In den ersten Wochen eines ersten Schuljahres notiere ich täglich Beobachtungen zu allen Schülern der Klasse. Später beschränke ich mich darauf, Aufzeichnungen nur für die „schwierigeren" Fälle zu machen.

Für eine aussagekräftige Unterrichtsbeobachtung und für das Festhalten der Beobachtungen arbeite ich folgendermaßen:

- Ich habe einen standardisierten Beobachtungsbogen im DIN-A4-Format entwickelt, um Vorfälle chronologisch und zeitsparend zu notieren.
- Durch das regelmäßige, tägliche Notieren von Beobachtungen: („Pädagogisches Tagebuch", situationsbezogen, verhaltensnah) werden Fehler vermindert und zufällige positive oder negative Beobachtungen relativiert.

Stärken und Schwächen erkennen

Beobachtungsbogen I

Zur besseren Lesbarkeit habe ich den Beobachtungsbogen eines Schülers abgeschrieben.

Beobachtungsbogen I[18] **für T.   7**

beobachtetes Schülerverhalten	Arbeitsverhalten							besondere			
	Mitarbeit	Ausdauer	Selbstständigk	Genauigkeit	Arbeitstempo	Sozialverhalten	Denkverhalten	Interessen	Fähigkeiten	Fertigkeiten
18.9. stört durch lautes Reden seine Mitschüler,						x				
22.9. ist im Gesprächskreis leicht abgelenkt, achtet nicht auf die Redebeiträge,	x									
25.9.. ist oft missgelaunt, stört die Arbeit seiner Tischnachbarn durch lautes Reden,						x				
26.9. gähnt mehrfach im Gesprächskreis: müde? Zu spät ins Bett?	x									
29.9. T. redet im Morgenkreis mehrfach dazwischen,						x				
1.10. Alle Kinder der Klasse erhalten die Arbeitskarte zum Arbeiten außerhalb der Klasse. T. wird noch einmal ermahnt, außerhalb der Klasse nicht zu spielen sondern zu arbeiten,						x				
4.10. gerät auf dem Schulhof mit A. in handfesten Streit. Abschreibzettel ausgegeben,						x				
5.10. stößt A. von der Kletterburg,						x				
8.10. sitzt im Morgenkreis unruhig auf dem Stuhl ärgert A. beim Rausgehen zur Pause,	x					x				
11.10. fehlt unentschuldigt,										
12.10. Gespräch mit der Mutter: Tobias stört den Unterricht und streitet mit Mitschülern,										
15.10. erzählt im Morgenkreis von seinem Hamster, schreit ungefragt Antworten dazwischen,						x		x		
16.10. beginnt spät mit dem Arbeiten, kippelt mit dem Stuhl, stört seine Tischnachbarn durch Reden,					x	x				
						x				
18.10. läuft in der Pause durch die Grünanlage. Abschreibzettel ausgegeben, ruft im Unterricht durch die Klasse						x				
						x				
19.10. macht Geräusche mit dem Bleistift,						x				
22.10. redet dazwischen, wenn andere gerade etwas sagen, kippelt mit dem Stuhl, müde?						x				
						x				
Verspätungen am: 4.10.,										
Ausweis „Arbeit außerhalb der Klasse" zeitweilig entzogen am: 8.10. – 19.10. schaukelt statt zu rechnen						x				

---

[18] Die Kopiervorlage zum Beobachtungsbogen finden Sie auf der CD.

Die auf dem Beobachtungsbogen I notierten positiven oder negativen Vorfälle werden in regelmäßigen Abständen analysiert und den verschiedenen Beobachtungsfeldern zugeordnet. Dazu wird in das entsprechende Beobachtungsfeld rechts ein Kreuz gemacht, um Häufungen in einzelnen Bereichen zu erkennen:

- Mitarbeit
- Ausdauer
- Selbstständigkeit   Kategorien aus dem Grobziel „Arbeitsverhalten"
- Genauigkeit
- Arbeitstempo
- Sozialverhalten
- Denkverhalten
- Interessen
- Fähigkeiten
- Fertigkeiten

Manche Beobachtungen sind sehr subjektiv. Im Normalfall werden die Beobachtungen bei einzelnen Schülern verschiedenen Kategorien zugeordnet. Ergeben sich jedoch gehäufte Beschreibungen zu einem oder mehreren Verhaltenszielen beziehungsweise zu wiederkehrenden Unterrichtssituationen, werden diese SchülerInnen genauer beobachtet und die eigenen Aufzeichnungen durch Eindrücke der ebenfalls in der Klasse unterrichtenden KollegInnen ergänzt (vgl. dazu das folgende Kapitel „Beobachtungsbogen II).

Im obigen Beispiel fällt auf, dass
- die Eintragungen häufig den Morgenkreis am Montag betreffen,
- Häufungen im Bereich Sozialverhalten zu finden sind (ungefragtes Dazwischenreden),
- mehrere Streitigkeiten mit Mitschülern notiert werden.

Beobachtungsbogen II

Einzelne SchülerInnen stören den Unterricht durch ein immer wiederkehrendes Verhaltensmuster:
- Tobias schreit laut kreischend während des Unterrichts.
- Mirco stößt in jeder Stunde mehrfach seine arbeitenden Mitschüler an.
- Jens geht zum wiederholten Mal in der Pause in den Klassenraum.
- Kevin ruft eine Antwort ungefragt in die Klasse.
- ...

Ein Ansatz zur Verminderung oder Vermeidung dieser Störungen besteht darin, die Situationen vor und nach den störenden Vorfällen genauer zu beobachten, auf den Beobachtungsbogen II zu dokumentieren und anschließend zu analysieren. Es gilt zunächst die Vermutung, dass die Ursache im Unterrichtsgeschehen rund um die Unterbrechung des Unterrichtsablaufs zu finden ist. Auf dem Beobachtungsbogen II schreibe ich während des laufenden Unterrichts meine Notizen. Er verbleibt auch im Klassenraum, damit andere Lehrkräfte der Klasse darauf ihre Bemerkungen schreiben können. Selbstverständlich helfen auch andere Aufzeichnungsmöglichkeiten. Möglichst umfangreiche und differenzierte

Beobachtungen und Analysen werden beispielsweise durch den Einsatz einer Videokamera erleichtert. Die Filme dienen nur der Verhaltensanalyse und werden nach der Auswertung wieder gelöscht. Auch Praktikantinnen können sich zu Beginn des Praktikums mit gezielten Schülerbeobachtungen in die Situation der Klasse einarbeiten.

Beispielhaft habe ich hier einmal Situationen rund um das laut kreischende Schreien eines Schülers notiert.

Beobachtungsbogen II [19]			Name: *T.*	Klasse: *2b*
Situationsbeschreibung vor / nach dem immer wiederkehrenden, störenden Verhalten				
hier: *T. schreit laut kreischend während des Unterrichts.*				
Datum	Uhrzeit	Lehrkraft	**Situationen direkt vor der Störung:**	
26.1.	*9.15*	*Boy*	*1. kam nach einer Lehrerfrage nicht als zweiter Schüler an die Reihe.*	
28.1.	*10.30*	*Kr*	*2. T. wurde im Gesprächskreis von den Mitschülern nicht aufgefordert.*	
3.2.	*8.25*	*Boy*	*3. T. durfte nicht direkt neben der Lehrkraft sitzen*	
5.2.	*10.07*	*Kr*	*4. wie 1)*	
6.2.	*9.05*	*Boy*	*5. T. wollte nicht im Kreis sitzen und schrie von seinem Platz aus, als er nach seinem Melden nicht an die Reihe kam.*	
6.2.	*10.35*	*A*	*6. T. meldet sich und beginnt zu schreien, nachdem drei Schüler schon geantwortet hatten und keine weiteren Antworten vom L. für notwendig erachtet wurden.*	

Die qualitative Analyse der gesamten Eintragungen auf dem o. a. Beobachtungsbogen II ergibt die Vermutung, dass dem Schreien offensichtlich Situationen voraus gehen, in denen die Lehrkraft eine Frage an die Klasse stellt oder der Schüler nicht umgehend nach seinem Melden an die Reihe kam.

---

[19] Die Kopiervorlage zum Beobachtungsbogen II finden Sie auf der beliegenden CD.

Einstufungstests

Einstufungstests helfen, die beobachteten Schwierigkeiten der SchülerInnen qualitativ zu analysieren. Ich verwende diese Tests in den Lernfeldern „Lesen lernen", „Umgang mit Texten", „Schreiben lernen", „Rechtschreiben" und „Mathematik", um die Lernstände der SchülerInnen festzustellen. Für die Einschätzung des Schülerverhaltens gibt es allerdings nur wenige Tests. In den meisten Fällen wird die Qualität des Arbeits- und Sozialverhaltens durch Befragungen und/ oder Beobachten ermittelt. Im Laufe vieler Jahre konnte ich Einstufungstests nur zum Überprüfen der „Konzentrationsfähigkeit" einsetzen.

Werden die Tests vor Beginn einer neuen Einheit oder vor Beginn der Übungen eingesetzt und dann nach dem Unterricht (auch mit einer Parallelform) wiederholt, erkennt man beim Vergleich der Vor- und Nachtests schnell die Lernfortschritte jedes einzelnen Schülers.
Diese Gegenüberstellungen dokumentieren damit auch den Einsatz der Lehrkraft:

> **Die individuellen Einstufungstests
> tragen das Lob für die gute Arbeit des Lehrers in sich.**

Für alle Klassenstufen habe ich diese Einstufungstests entwickelt. Sie ermöglichen mir eine einfache qualitative Leistungsfeststellung, die bei den „normalen" Klassenarbeiten nur nach einer zusätzlichen Ausbildung für die Lehrkräfte möglich ist.

In einer Tabelle unterhalb der eigentlichen Tests gebe ich auch für die Schüler und Eltern Hinweise über die „Art der Fehler und Hilfen dazu" wie in diesem Beispiel:

	-1	... rechnet zählend; das Weiterzählen beginnt beim 1. Summanden (z.B. 4+3= 6 wird gezählt: 4, 5, 6 statt 5, 6, 7 oder bei 5 + 4= 8 wird gezählt: 5, 6, 7, 8 statt 6, 7, 8, 9! *Übung: konkrete Mengen (Plättchen, Würfel, Karten usw.) abzählen lassen.*

Selbstverständlich lassen sich auch mit käuflichen Tests die Leistungen der Schüler einschätzen. Beispiele dafür sind:[20]

- Diagnostischer Rechtschreibtest für die Klassen 1 bis 4: DRT 1, DRT 2, DRT 3, DRT 4.
- Deutscher Mathematiktest für erste bis vierte Klassen: DEMAT 1+, 2+, 3+, 4+.
- Lesetest für 2. Klassen: LT 2

AD | **Einstufungstests Lernen** | **AD**

Über- und Unterforderungen der Schülerinnen und Schüler beeinflussen nachhaltig das Arbeits- und Sozialverhalten. Durch die Einstufungstests lässt sich der aktuelle Lernstand in einem Lernfeld einfach feststellen.
Die Idee der Einstufungstests stammt aus dem alten Verfahren zur Überprüfung der Sonderschulbedürftigkeit. Dabei wurden Aufgaben aus allen in Frage kommenden Schuljahren genutzt, um das Kind leistungsgerecht in die entsprechende Klasse der Sonderschule einzustufen und anschließend dort auch zu beschulen.

---

[20] Alle diese Tests sind lieferbar über die Testzentrale der Hogrefe Verlagsgruppe, Göttingen (Homepage: http://www.testzentrale.de).

Einstufungstests Mathematik[21]

Diese Idee habe ich dann für einzelne Klassenstufen weiterentwickelt. Zu allen Groblernzielen suche ich einige charakteristische Aufgaben aus, ordne sie chronologisch und versehe sie mit Zeitangaben aus dem Stoffverteilungsplan eines „herkömmlichen" Unterrichts.

Bei der erstmaligen Bearbeitung des Tests zu Beginn des Schuljahres bearbeiten viele SchülerInnen nur wenige Aufgaben (aus dem vorhergehenden Schuljahr). Sie lösen von oben beginnend nur die gekonnten Aufgaben. Bei zu "schweren" Aufgaben wird der Test vom Schüler (nicht von der Lehrkraft) abgebrochen. Sie dürfen aber auch noch weitere, einzelne Aufgaben probieren.

Auf den Testbögen lässt sich der aktuelle Leistungsstand daran erkennen, dass in einer Zeile die Aufgaben nicht mehr bearbeitet worden sind. Die letzten noch richtig gelösten Aufgaben kennzeichnen den aktuellen Leistungsstand des Schülers. Bei einem Abgleich mit dem Stoffverteilungsplan stellt man dann fest, ob ein Schüler langsamer oder schneller als eigentlich vorgesehen arbeitet oder sein Leistungsstand genau den aktuellen Lernzielen der Klasse entspricht.

In jedem Fall zeigen die Einstufungstests den Lernstand des einzelnen Schülers. Da sie selbst beim Lösen der Aufgaben entscheiden, welche Aufgabenmenge sie bearbeiten können, wird ihnen die Verantwortung für ihr eigenes Lernen übergeben und aufgezeigt. Der Vergleich mehrerer nacheinander geschriebener Einstufungstests eines Schülers lässt (auch schon optisch) seine Lernfortschritte erkennen, da auf dem Testbogen zunehmend mehr Aufgaben gelöst werden können. Die positive Auswertung eines solchen Tests spricht dann auch ein Lob für die gute Arbeit der Lehrkraft aus.

Beispiele auf der folgenden Seite:

Zur besseren Lesbarkeit wurden die Lösungen der SchülerIn übertragen, die Arbeiten verkleinert und direkt gegenübergestellt. Es handelt sich um zwei von 4 Einstufungstests aus dem 1. Schuljahr. Die Schülerin schrieb die abgebildeten Tests am 2.März (23. Schulwoche) und 21. Mai (31. Schulwoche). Die anderen Tests wurden am 12.September (3. Schulwoche) und am 14.November (9. Schulwoche) geschrieben.

Beim Test vom 2.3. (23. Schulwoche) erkennt man, dass die Schülerin etwa die Aufgaben beherrschte, die zu diesem Zeitpunkt (Lernziel 5: bis zur 18. Woche und Lernziel 6: bis zur 25. Woche) in der Klasse bearbeitet werden. Hilfen waren notwendig bei den Größer- und Kleinerbeziehungen im Zahlenraum bis 10 und bis 20. Weiter geübt wurden die Subtraktionsaufgaben beim Halbieren bis 20.
Am 21.5. (31. Schulwoche) wurden alle bis zum Ende des 1. Schuljahrs geforderten Aufgaben richtig gelöst. Die Schülerin arbeitete schneller als geplant und begann mit der Bearbeitung von Zusatzaufgaben.

Unter die letzten gekonnten Aufgaben mache ich einen breiten, farbigen Strich. So lassen sich die Lernfortschritte von einem zum anderen Test optisch verdeutlichen. Farbige Markierungen am rechten Rand geben an, ob das Teil-Lernziel erreicht, teilweise erreicht oder nicht erreicht wurde. Außerdem schreibe ich dort auf ob eine gesonderte „Hilfe" notwendig ist oder die „Übungen" fortgesetzt werden.

---

[21] Die Kopiervorlage zum Einstufungstest Mathematik Klasse 1 finden Sie auf der beiliegenden CD.

Stärken und Schwächen erkennen

Stärken und Schwächen erkennen

Einstufungstests Schreiben- und Lesenlernen
Über die Leistungszuwächse im Schreiben- bzw. Lesenlernen im 1. Schuljahr informiert ein Einstufungstest, der ebenfalls viermal im Laufe des Schuljahres zu unterschiedlichen Zeiten geschrieben wird.

Die Kinder schreiben die Sätze[22]:
- Ich heiße …
- Ich bin ein Mädchen. bzw. Ich bin ein Junge.
- Oma und Opa lesen.

Die SchülerInnen arbeiten in dieser Klasse weitgehend selbstständig unter anderem auch mit dem Computerprogramm „Lesen durch Schreiben". Individuelle Hilfen fördern die lernschwachen und fordern die leistungsstarken Schüler. Die Analyse der verschiedenen Leistungen zeigt, dass die Lernstände der einzelnen SchülerInnen zu den verschiedenen Terminen äußerst unterschiedlich sind.

Einstufungstests und Qualitative Analyse[23]
Ausgebildete Lehrkräfte analysieren die Tests auch noch jeweils qualitativ und planen daraus die konkreten Hilfen für den weiteren Unterricht. So habe ich mit dem Einstufungstest „14-Wörter-Diktat" im ersten Schuljahr analysiert, welche Buchstaben von den SchülerInnen in einem Wortdiktat schon an der richtigen Stelle in einem Wort geschrieben werden. Diese richtig geschriebenen Buchstaben werden in den Auswertungszeilen am Seitenende vermerkt. Trainingsmaßnahmen führt man dann mit den SchülerInnen durch, deren Buchstabenkenntnis noch nicht mindestens dem Durchschnitt der Klasse entspricht.

---

[22] Die Darstellung beispielhafter Testergebnisse finden Sie im Kapitel „Zeit haben"
[23] Die Kopiervorlage zu diesem Test finden Sie auf der beiliegenden CD unter „66 Klasse 1 Vierzehn-Wörter-Diktat".

Stärken und Schwächen erkennen

AD — Einstufungstests Konzentration: Aufgaben ausdauernd bearbeiten — AD

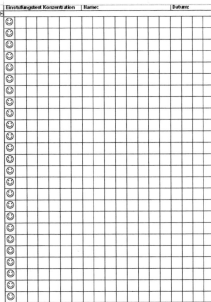

Bei diesem von mir erstellten Test punkten die SchülerInnen auf einem Rechenblatt in jedem Feld fünfmal mit dem Bleistift, so dass fünf Punkte in jedem Feld zu sehen sind.

Auf das Startzeichen hin setzen die Kinder, links neben dem lachenden Symbol beginnend, die Punkte in möglichst viele Kästchen der ersten Zeile.
Auf ein weiteres Zeichen der Lehrkraft wird diese Arbeit in der jeweils nächsten Zeile fortgesetzt. Nach ca. 20 Sekunden wird die Zeile gewechselt. Damit dauert der Test insgesamt ca. 8 Minuten.

Bei der Auswertung stellt man fest, dass viele Schüler eine weitgehend gleiche Anzahl von Kästchen in jeder Zeile mit Punkten versehen haben.
Bei einzelnen SchülerInnen ist jedoch zu bemerken, dass nach einer bestimmten Zeit die Anzahl der vollständig gepunkteten Kästchen (rapide) abnimmt.
Dieser Zeitpunkt kennzeichnet die Dauer der aktuellen Konzentrationsfähigkeit.
Der „Einstufungstest Konzentration II"[24] deckt etwas längere Zeitdauer von etwa 13 Minuten ab.

Diese „stupide" Tätigkeit des Punktens ist dabei nur für die Testsituation vorgesehen. Werden einzelne SchülerInnen bei der Bearbeitung unruhig, kann auch dieser Zeitpunkt notiert und als maximale Konzentrationsdauer gewertet werden.

AD — Konzentrationstest [25] — AD

Bei diesem Test wird das Kind bei einer sehr schweren Aufgabe beobachtet. Wahrscheinlich wird es diese Aufgabe ohne Hilfe **überhaupt nicht lösen können**. Aber das ist nicht wichtig, denn hier geht es nur um die Ausdauer.

In dem Mosaik ist ein fünfzackiger Stern abgebildet, ein Muster davon können Sie dem Kind zeigen. Diesen Stern soll das Kind suchen, nachdem sie den Stern abgedeckt haben. Gehen Sie dabei folgendermaßen vor:
- Das Kind soll eine Minute ohne Hilfe suchen.
- Danach geben Sie eine Hilfe: Der Stern ist in der rechten Hälfte des Mosaiks.
- Nach einer weiteren Minute geben Sie eine weitere Hilfe: Der Stern ist in der oberen rechten Hälfte.
- Danach zeigen Sie dem Kind eine Zacke des Sterns und lassen wieder eine Minute suchen. Dann brechen Sie den Versuch ab.
Für jeden der vier Durchgänge wird beurteilt, wie gut das Kind bei der

---

[24] Kopiervorlagen zu beiden Tests finden sie auf der beiliegenden CD unter „66 Einstufungstest Konzentration". Eingesetzt habe ich auch den nicht mehr lieferbaren „FTF-K Frankfurter Tests für Fünfjährige – Konzentration", Weinheim, 1971

[25] Aus Zeitschrift *Schule* V, 1973, Seite 15. Sie finden diesen Test und die Lösung auch auf der beiliegenden CD unter „66 Konzentrationstest"

Sache war.
Vollständige Aufmerksamkeit ohne Verkrampfung = 5 Punkte;
Abgelenktheit, Ärger, unsachliche Fragen ergeben "Punktabzüge". Wie viele liegt in Ihrem Ermessen.

Maximal gibt es	20 Punkte = Konzentration:	sehr gut
	14 Punkte	gut
	10 Punkte	befriedigend
	5 Punkte	ausreichend
	2 Punkte	nicht ausreichend
		(Normen für das 4..Schuljahr)

AD Test der Konzentrations- und Durchgliederungsfähigkeit AD

Eine einfache Übung zum Überprüfen der Konzentrations- und Durchgliederungsfähigkeit setze ich gleich zu Beginn des ersten Schuljahres ein. Die im Kreis stehenden Schüler werden dabei zum Nachmachen der von der Lehrkraft vorgegebenen Rhythmen aufgefordert. Dabei wird der Schwierigkeitsgrad immer weiter gesteigert von einfachen Nachklatsch-Rhythmen zu schwierigeren Takten, bei denen die Hände zwischendurch auf die Oberschenkel oder aneinander vorbei (ohne Geräusch) schlagen.

Kinder, die bei diesen Übungen durch unrhythmisches und / oder verzögertes Handeln auffallen, brauchen dringend zusätzliche Hilfen (siehe dazu Kapitel „Fördern und Fordern: Arbeitsverhalten").

Nicht den Erwartungen entsprechendes Verhalten

Leider lassen sich nur mit den „Konzentrationstests" Auffälligkeiten im Arbeitsverhalten feststellen. Das Können oder Nichtkönnen in den anderen Bereichen des Arbeits- und Sozialverhaltens kann nur nach einer professionellen Beobachtung im Unterricht weiter analysiert und ergründet werden.

Die beobachteten Auffälligkeiten werden möglichst konkret und handlungsorientiert beschrieben und erbringen für Trainingsmaßnahmen, Elterngespräche oder schriftliche Beurteilungen weitestgehend genaue Angaben.

Gegenüber den Kindern bemühe ich mich, ihre Lernstände, ihr Arbeits- und Sozialverhalten grundsätzlich positiv zu formulieren, d. h. immer nur ihr Können zu beschreiben.

Unterrichtsstörungen sind aber keine Sache, die man mit „schönen" Worten beschreibt. Für das nicht den Erwartungen entsprechende Arbeits- und Sozialverhalten verwende ich für meine weitere Arbeit daher negative Formulierungen. In der folgenden Auflistung ordne ich die von mir verwendeten Formulierungen aus vielen Schülerbeobachtungsbögen und versehe sie mit zusammenfassenden Überschriften. Diese Sammlung erhebt keinen Anspruch auf Vollständigkeit, bietet aber vielleicht die Grundlage für Ergänzungen und systematischere, wissenschaftlichere Überarbeitungen[26]. Die nachfolgenden

---

[26] Ergänzungen oder Korrekturen bitte an hp@boyken.de.

Stärken und Schwächen erkennen

Formulierungen helfen aber, das Verhalten eines Schülers für die Förderpläne oder Beurteilungen genauer zu beschreiben und zu kategorisieren.

A — Nicht den Erwartungen entsprechendes Arbeitsverhalten

AM — gestörte Arbeitsmotivation

zeigt mangelhafte Arbeitsvorbereitung
1) geht häufig zur Toilette (Vermeidungsstrategie)
2) sitzt oft müde im Klassenraum

zeigt geringe Motivation, Leistungsbereitschaft, - willen
1) folgt nur still dem Unterricht
2) die Lernbereitschaft muss oft erst geweckt werden
3) sitzt teilnahmslos im Unterricht
4) lehnt (auch alternative) Arbeitsangebote ab
5) zeigt die Arbeitsergebnis nicht bzw. nicht gerne vor
6) bearbeitet nur die unbedingt notwendigen Mengen, um schnell fertig zu werden
7) hat mehr als eine Woche in einem Lernfeld nicht gearbeitet
8) muss häufig zur Mitarbeit ermahnt werden
9) zeigt kleinkindhaftes Verhalten (Zurückstellung?)
10) hat oft "Bauchschmerzen" / keine Lust zum Lernen
11) erledigt nur Aufgaben, die "Spaß" machen
12) zeitweilig überfordert
13) zeigt zu wenig Lust und Ernsthaftigkeit beim Lernen
14) zeigt sich im Unterricht desinteressiert
15) beteiligt sich nur gelegentlich am Unterricht
16) arbeitet in einer Woche sehr viel – in der anderen zu wenig
17) unterhält sich während einer „Erarbeitungsphase" mit einem Mitschüler
18) wirft Zettelchen durch die Klasse
19) verweigert die Mitarbeit
20) langweilt sich (weil der Unterrichtsstoff schon beherrscht wird?)

AS — gestörte Selbstständigkeit

bearbeitet Aufgaben nicht selbstständig
1) arbeitet noch sehr unselbständig
2) braucht immer wieder zusätzliche Anstöße
3) arbeitet nur mit häuslicher Vorbereitung
4) arbeitet mit gelegentlicher Hilfe
5) arbeitet nur mit häufiger Ermunterung und Hilfe
6) benötigt ständig Hilfen und zusätzliche Arbeitshinweise
7) stellt nur unter Anleitung (z.B. Hausaufgabenhilfe) die Aufgaben fertig

handelt wenig selbstbewusst
1) bittet die Mitschüler selten einmal um Hilfe

Stärken und Schwächen erkennen

AD | gestörte Konzentration | AD

bearbeitet Aufgaben mit wenig Ausdauer
1) löst keine oder nur wenige Aufgaben
2) schafft nicht die vorgesehenen Aufgaben im Werkstattunterricht
3) schafft nicht die täglichen Pflichtaufgaben nach Plan im Lernfeld ____
4) ist entmutigt durch Aufgaben von niedrigem/ mittleren Schwierigkeitsgrad
5) arbeitet mit wechselnder Ausdauer
6) beendet vorzeitig eine Aufgabe (ohne Rücksprache mit der Lehrkraft)
7) signalisiert Unlust

ist leicht abgelenkt
1) ist noch sehr verspielt / verträumt
2) hat keine/ nur eine geringe Ausdauer
3) arbeitet oft unkonzentriert
4) kann leicht abgelenkt werden
5) kann nur kurze Zeit auf einen vom Lehrer angegebenen Punkt sehen
6) sollte sich hauptsächlich um die eigenen Aufgaben kümmern
7) unterbricht zu oft begonnene Arbeiten
8) beginnt eine Aufgabe erst einige Minuten später
9) interessiert sich vor allen Dingen für die Arbeiten der Nachbarn und vergisst dabei die eigenen Aufgaben
10) träumt, grübelt, sieht aus dem Fenster
11) beschäftigt sich mit anderen Dingen

setzt einzelne Sinne selten ein
1) hört nicht genau zu, um die Aufgaben zu verstehen
2) sieht nicht genau hin
3) beginnt häufig zu arbeiten, ohne zu überlegen

AV | mangelnde Sorgfalt | AV

zeigt geringe Pünktlichkeit
1) ist zu oft unpünktlich

hat Probleme mit den Lehr- und Lernmitteln (Ranzen)
1) vergisst zu oft die Materialien für den Unterricht
2) räumt selten den Ranzen auf
3) muss immer wieder ermahnt werden, den eigenen Arbeitsplatz aufzuräumen

hat Schwierigkeiten mit den Hausaufgaben
1) muss noch regelmäßiger die Hausaufgaben erledigen
2) ist mit den Hausaufgaben oft im Rückstand
3) vergisst oft die Hausaufgaben, Aufträge oder Informationen
4) zeigt die Arbeitsergebnisse und Hausaufgaben selten vor

zeigt mangelhafte Gründlichkeit

1) arbeitet noch sehr fehlerhaft
2) arbeitet nicht gründlich und sorgfältig genug
3) ist vergesslich
4) arbeitet oft oberflächlich und will schnell fertig werden
5) ist nicht ehrlich zu sich selbst bei den Eintragungen im Tages- (Wochen-)plan
6) bearbeitet Aufgaben nur nach eigenen Regeln oder Formvorschriften
7) säubert zu selten den Boden des Ranzens

AG mangelhafte Gewissenhaftigkeit   AG

zeigt einen oberflächlichen Umgang mit Lösungen / Fehlern
1) übersieht beim Kontrollieren noch zu viele Fehler
2) vergisst die Korrektur einer Klassenarbeit
3) vergisst die vorgegebenen Übungen mit den fehlerhaften Wörtern

zeigt einen oberflächlichen Umgang mit Selbstkontrolle
1) nutzt nicht die Selbstkontrollmöglichkeiten
2) hat eine geringe Eigenkritik
3) will die Arbeitsergebnisse oft vom Lehrer beurteilt haben
4) lässt die Richtigkeit lieber vom Lehrer kontrollieren als selbst zu prüfen
5) kontrolliert die eigenen Aufgaben noch sehr oberflächlich
6) übersieht noch viele eigene Fehler
7) akzeptiert Fehler in den Lösungsbüchern, obwohl eigentlich richtig gerechnet wurde

lügt
1) beschwindelt offensichtlich die Lehrkraft _____
2) sagt die Unwahrheit gegenüber ___
3) lügt, so dass Mitschüler sich über ihn beschweren

AT mangelnde Arbeitsgeschwindigkeit   AT

1) braucht mehr Zeit als für die Aufgaben vorgesehen
2) arbeitet noch sehr langsam
3) kommt zu spät, fängt langsam an und schafft dann zu wenige Aufgaben
4) sollte alle Aufgaben aus dem Wochenplan schaffen
5) arbeitet nicht immer schnell genug

S — Nicht den Erwartungen entsprechendes Sozialverhalten

SK — gestörte Kontaktfähigkeit

geht nicht auf andere zu
1) ist verschlossen
2) ist passiv und zurückhaltend
3) ist schüchtern
4) zeigt sich als Einzelgänger
5) geht häufig lieber allein nach Hause
6) spielt oft allein

arbeitet / spielt nicht mit anderen Kindern
1) will nichts mit den Mitschülern zu tun haben
2) weist andere Kinder zurück
3) ist noch nicht in die Klassengemeinschaft integriert
4) hat nur wenige Freunde in der Klasse
5) arbeitet am liebsten leise vor sich hin

ist in der Klasse / Gruppe wenig beliebt
1) wird von vielen Mitschülern abgelehnt
2) riecht häufig unangenehm und stößt dadurch andere ab
3) biedert sich zu oft bei den Lehrkräften an
4) zeigt bei den Lehrern ungefragt Fehlverhalten anderer an („petzt")

sucht Zuwendung
1) zeigt sich anlehnungsbedürftig bei Mitschülern
2) sucht häufig die Zuwendung Erwachsener

SR — es wird gegen Regeln verstoßen

ist auffällig beim Betreten und Verlassen des Gebäudes
1) lärmt während des Unterrichts, auf dem Weg zur Toilette im Flur
2) betritt vor Unterrichtsbeginn den Klassenraum ohne Erlaubnis
3) rennt während der Pause mehrfach durch die Pausenhalle
4) lässt den Ranzen von der Mutter bis ins Klassenzimmer tragen

hält die Regeln für die Pausen und den Schulhof nicht ein
1) kommt erst weit nach dem Klingelzeichen in den Unterricht
2) läuft in der Pause durch die Grünanlagen der Schule und beschädigt Pflanzen

ist auffällig beim Betreten und Verlassen der Klasse
1) geht zum wiederholten Male während der Pause in den Klassenraum
2) nimmt die fremde Kleidung von Haken und wirft sie auf den Boden
3) verlässt unerlaubt den Klassenraum

ist auffällig beim Toilettengang
1) geht im Laufe des Vormittages __mal zu Toilette
2) geht zur Toilette, obwohl noch ein anderes Kind außerhalb der Klasse ist

hat Probleme im Umgang mit Arbeitsmitteln und dem Eigentum anderer
1) vergisst zum wiederholten Male Arbeitsmaterialien (Bleistift, Radiergummi, …)
2) legt zu Hause fertig zu stellende Arbeitsblätter ungeschützt (fehlende Sichthülle) in den Ranzen: die Blätter wurden stark zerknittert
3) nimmt eine Karteikarte der Werkstattaufgaben ___ Tage mit nach Hause
4) geht unvorsichtig mit Büchern, Spielen, Materialien und fremden Eigentum um
5) „versteckt" Material der Mitschüler oder der Schule
6) entwendet Eigentum der Mitschüler, Lehrkräfte und/ oder Schule
7) zerstört in der Ausstellung Material eines Mitschülers
8) beschädigt (bewusst) die Schulsachen eines Mitschülers
9) zerstört (bewusst) Material der Schule

hält die Regeln für die Werkstattarbeit nicht ein
1) beginnt eine Werkstattaufgabe und stellt sie unfertig wieder ins Regal
2) räumt die Versuchsmaterialien nicht vollständig wieder in den Aufgabenkasten, die nächsten Schüler konnten den Versuch nicht durchführen
3) wechselt die Arbeit, ohne vorher das Material wieder aufgeräumt zu haben

SU Streitbares Konfliktverhalten SU

streitet mit Worten
1) provoziert einen Schüler immer wieder mit „bösen" Worten
2) sagt zum wiederholten Mal zu einem Mitschüler „Fick deine Mutter!"
3) beleidigt einen Mitschüler mit den Worten: _____
4) sucht zum wiederholten Male Streit mit _____
5) ärgert seine Mitschüler durch _____
6) gibt wiederholt provozierende freche Antworten gegenüber der Lehrkraft (…)
7) will oft die Spiele und Regeln für die Mitschüler bestimmen
8) kränkt andere oder lacht sie aus
9) streitet während des Unterrichts mit einem Mitschüler
10) streitet mit einem Mitschüler wegen eines Vorfalls aus den vergangenen Tagen
11) stört zum wiederholten Mal die ruhig arbeitenden Tischnachbarn
12) verspottet einen Mitschüler
13) erpresst einen Mitschüler wegen _____
14) verwendet Fäkalsprache

streitet mit Gesten
1) schüchtert Mitschüler durch aggressives Auftreten ein
2) bedroht seine Mitschüler durch ____
3) lacht Mitschüler wegen eines Missgeschicks, eines Fehlers o. ä. aus
4) macht provozierende Gesten gegenüber den Mitschülern („Stinkefinger", …)
5) macht andere durch Zeichnungen, Karikaturen, Briefe usw. lächerlich

streitet tätlich
1) hört nicht auf zu streiten, obwohl die MitschülerIn „STOPP" gesagt hat
2) macht auf dem Schulhof einen „Spaßkampf" mit …
3) nimmt einem Mitschüler aus „Spaß" die Mütze (ein Heft, die Jacke, den Füller,…) weg

Stärken und Schwächen erkennen

4) spuckt auf dem Schulhof vor einem Mitschüler aus
5) trägt Streit (oft) aggressiv und handgreiflich aus
6) tritt einen Mitschüler vorsätzlich (in den Magen, ...)

geht keinem Streit aus dem Weg
1) ist sofort (als Zuschauer), bei einem Streit auf dem Schulhof dabei
2) kann im Streit nicht nachgeben
3) will nur seine Meinung durchsetzen

SH gering ausgeprägte Hilfsbereitschaft   SH

hilft nur wenig und übernimmt keine Verantwortung
1) lässt sich – auch von Mitschülern - nicht helfen
2) vergisst das Klassenamt zu erledigen (Bücher aufräumen, Kalender einstellen, Blumen gießen, Wetterkarte ablesen, Klasse ausfegen, Stühle hochstellen ...)
3) vergisst auf dem Schulhof den Müll aufzusammeln

nimmt nur wenig Rücksicht
1) drängelt an der Tür vor
2) will unbedingt als „Erster" in der Gruppe stehen
3) hebt beim Gehen mit dem Stuhl diesen rücksichtslos über den Kopf
4) trägt seinen Stuhl über dem Kopf und verletzt dabei einen Mitschüler
5) stört die „Vorfahrt" und damit den Unterricht der Fördergruppe
6) lästert, wenn andere mehr Zeit brauchen, um eine Aufgabe zu erledigen

stört die Arbeitsruhe
1) darf wegen mehrfacher Störung nur noch im Klassenraum arbeiten (nicht mehr im Schweigeraum oder mit dem Arbeitsausweis an anderen Stellen der Schule)
2) stört die Tischnachbarn durch lautes Reden
3) „versteckt" sich hinter einer Trennwand, um weiter die Mitschüler zu stören
4) hebt seinen Arm um Ruhe zu fordern, redet aber dennoch selbst weiter
5) ruft entfernt sitzende Schüler
6) provoziert die Lehrkraft durch lautes Dazwischenreden
7) redet über unterrichtsfremde Dinge mit dem Nachbarn (schwatzt)
8) klappert mit dem Bleistift / Lineal o. ä. gegen den Tisch
9) lenkt die Mitschüler als „Klassenclown" ab
10) muss noch lernen, ruhiger zu arbeiten und mit Nachbarn nur leise zu flüstern
11) schreit laut kreischend durch die Klasse

bewegt sich unruhig im Raum
1) stört durch „Zappeleien" oft die ruhig arbeitenden Mitschüler
2) stört manchmal / oft die ruhig arbeitenden Mitschüler
3) steht sofort auf, wenn in der Klasse etwas Unvorhergesehenes passiert
4) steht auf, wenn die eigenen Aufgaben fertig sind
5) rennt durch die Klasse
6) „kippelt" mit dem Stuhl
7) steht während des Unterrichts grundlos auf
8) hält sich auf oder unter dem Tisch auf

verstößt gegen Melderegeln
1) ruft ohne Melden durch die Klasse
2) sagt einem Mitschüler ungefragt laut etwas vor

verstößt gegen Gesprächsregeln (im Gesprächskreis, bei Klassengesprächen ...)
1) redet dazwischen, wenn andere gerade etwas sagen
2) schweigt bei den Gesprächen der Klasse
3) macht unpassende Bemerkungen
4) spricht laut mitseinen Nachbarn
5) ruft laut etwas zu Mitschülern

SF | mangelhafte Freundlichkeit | SF

1) muss noch lernen, die Mitschüler morgens zu begrüßen
2) stört noch durch provozierend langsames Auspacken und Bewegen den Beginn des Unterrichts
3) muss noch lernen, sich zu bedanken, wenn man etwas geschenkt bekommt oder Hilfe erhält
4) muss noch lernen, sich zu entschuldigen, wenn Mitschüler mit Worten oder Taten verletzt wurden
5) verhält sich respektlos

Zusammenfassung[27]

„In diesem Kapitel wurde den Lehrern das Material zur Verfügung gestellt, um ihrer die einzelnen Schüler nach Leistung und Sozialverhalten differenziert zu betrachten.

Mit dem Beobachtungsbogen I kann das Verhalten eines auffälligen Schülers protokolliert und analysiert werden. Die Auswertung des Beobachtungsbogens II kann Aufschluss über den Grund des auffälligen Verhaltens geben. Mit den Einstufungstests wird der Wissenstand und dias Arbeitsverhalten des Kindes transparent gemacht – und auf diese Weise auch seine Lernprogression.

Entsprechen Leistungsstand, Arbeitsverhalten und Sozialverhalten nicht dem erwünschten Niveau bietet das Kapitel in einer abschließenden Tabelle Formulierungshilfen an."

Beim Erstellen der Förderpläne können die in diesem Abschnitt aufgelisteten „nicht den Erwartungen entsprechenden" den gewünschten Verhaltensweisen aus dem Kapitel „Kinder brauchen Regeln" gegenüber gestellt werden.

---

[27] Zusätzliches Material zum Training des Arbeits- und Sozialverhaltens werden auf der beiliegenden CD erläutert.

Förderpläne

Die bei den gezielten Beobachtungen und den vielleicht durchgeführten Konzentrationstests gewonnenen Erkenntnisse geben einigermaßen verlässliche Daten für eine Förderplanung. Dazu setzen sich die Lehrkräfte der Klasse mit den Erziehungsberechtigten und gegebenenfalls auch mit dem Schüler außerhalb der Unterrichtszeit zusammen, um das bisherige Verhalten und mögliche Maßnahmen zu erörtern. Ein standardisiertes Formblatt erleichtert dabei die Protokollarbeit.[28]

Förderplan Arbeits- und Sozialverhalten				
Name	B.	geb. 23.5.	Dieser Förderplan wurde erstellt am	14.3. ...
Vorname	T.	Einschulung 19..	gemeinsam mit dem Schüler / der Schülerin	ja
Klasse	2b	SKG ja	den Erziehungsberechtigten:	ja
Zugang	Anfang Kl. 2		und der Lehrkraft	Boyken

Beobachtete Störung ("Unterrichtsstörung")	Vermutete Ursache	Erwünschtes Verhalten ("Kinder brauchen Grenzen")	Handeln / Training ("Fördern und Fordern")	Auswertung / weitere Maßnahmen
T. wird von vielen Mitschülern wegen seines aggressiven Auftretens abgelehnt.. Er will oft die Regeln bestimmen.	T. sucht Zuwendung, er hat keine echten Freunde in der Klasse. Er will auf sich aufmerksam machen.	SU: Ich achte die Grenzen anderer. Ich lasse meine Mitschüler in Ruhe arbeiten und spielen.	- Arbeit in der kleinen Fördergruppe, - Verringerung der Lernanforderungen,	- Freund finden, - zeitweilig am Einzeltisch hinsetzen, - Würfelspiele mit anderen Kindern
Er stört die ruhig arbeitenden Mitschüler durch lautes Reden und Herumlaufen im Klassenraum.	T. ist ein unruhiger und ruheloser Typ, der immer in Bewegung sein will.	SH: Ich bleibe im Unterricht ruhig an meinem Platz sitzen. Ich bewege mich schleichend durch die Klasse.	- für Hilfsarbeiten einsetzen, - gelbe Karte mit Symbol „leiser arbeiten" - 4 Erlaubniskarten „durch Klasse gehen"	
Vereinbarung mit dem Kind:		Ich darf durch die Klasse gehen. Ich helfe Herrn Boyken, indem ich alles für den Gesprächskreis vorbereite (Lehrstuhl bringen, Abstände der Mitschüler beachten ...		
Vereinbarung mit den Erziehungsberechtigten:		Wir nehmen uns jeden Tag ½ Stunde Zeit für T. / wir spielen mindestens einmal in der Woche mit ihm ein Würfelspiel, wir halten T. häufiger einmal fest, wenn er ausrastet.		

Mögliche Formulierungen für die Beschreibung der beobachteten Störungen finden sich zu Beginn dieses Kapitels. Zu den Formulierungen finden sie dort auch die Abkürzungen der Groblernziele (hier: „SU" und „SH"), die die Auswahl des erwünschten Verhaltens und der Fördermaßnahmen in den entsprechenden Listen erleichtern.

Bei den vermuteten Ursachen sind die Lehrkräfte auch auf die Information der Erziehungsberechtigten angewiesen. In jedem Fall wird wohl große Einigkeit darüber bestehen, welches „positive" Verhalten erwünscht ist (Formulierungen dazu finden Sie im Kapitel „Kinder brauchen Grenzen"). Die verwendeten Formulierungen sollten jeweils von dem betroffenen Schüler nachgesprochen und anschließend mit eigenen Worten wieder gegeben werden, um zu überprüfen, ob er auch weiß, welches Verhalten jetzt von ihm gefordert wird.

---

[28] Den abgebildeten Förderplan habe ich für die Arbeit in meinen Klassen entwickelt. Die entsprechende Vorlage finden Sie auf der beiliegenden CD unter dem Namen „66 Förderplan Arbeits- und Sozialverhaltenl".

Von allen an der Förderplanung Beteiligten werden dann gezielte Trainingsmaßnahmen (Kapitel „Unterricht verändern" und Kapitel „Fördern und Fordern") angeregt. Im herkömmlichen, lehrerzentrierten Frontalunterricht wird es nur selten möglich, gezielt bestimmte, Störungen auslösende Unterrichtssituationen zu vermeiden. Wenn auch noch in vielen Klassen mehrere „Störer" zu berücksichtigen sind, muss noch häufiger differenzierend oder individualisierend mit ihnen umgegangen werden:

- Arbeit in kleinen Gruppen
    (siehe Kapitel „Individualisierung der Anforderungen beim Lernen")
- Mündliche Vereinbarungen / „Pädagogisches Gespräch"
    (siehe Kapitel „Selbstbeobachtung")
- Erlaubniskarten
    (siehe Kapitel „Selbstbeobachtung"),
- „Wahrnehmungsdetektiv" und Trainingsausweise
    (siehe Kapitel „Selbstbeobachtung")

Methodische Veränderungen des Unterrichts (Kapitel „Unterricht verändern") können auch dazu beitragen, das Schülerverhalten positiv zu beeinflussen.

Besondere Vereinbarungen mit dem Kind (Belohnungen für eine „Wohlverhaltensphase" oder Verhaltensbesserung) und mit den Erziehungsberechtigten sowie der Termin für das nächste Gespräch zur Überprüfung der vereinbarten Ziele werden in den Förderplan eingetragen. Es sollten aber keine zu großen Erwartungen an die Vereinbarungen mit den Erziehungsberechtigten gestellt werden. Viele Eltern haben in solchen Förderkonferenzen alles versprochen und nichts gehalten.

Hilfreiche methodische Veränderungen des Unterrichts

Auch methodische Veränderungen des Unterrichts können dazu beitragen, Störungen zu reduzieren und die Aufmerksamkeit der Schülerinnen und Schüler zu erhöhen:

71	-	**Unterrichtsorganisation verbessern**
72	-	**Professionelles Lehrerverhalten**
73	-	**Individualisierung der Lernprozesse**
74	-	**Rhythmisierung des Unterrichts**
75	-	**Raum schaffen**
76	-	**Zeit haben**
77	-	**Regelmäßige Aufgaben**
78	-	**Klassen- und Schulregeln**
79	-	**"erprobte" Lernmittel**

Aus Platzgründen wurden die ausführlichen Beschreibungen der Lernmittel aus dem Buch auf die beiliegende CD verlagert.

Mit den folgenden Beschreibungen möchte ich Anregungen geben, einzelne methodische Aspekte zu verändern.

Unterrichtsorganisation optimieren

Gut organisierter Unterricht vermindert Unterrichtsstörungen. Michael Rutter und andere fanden in Ihrem Werk *Fünfzehntausend Stunden. Schule und ihre Wirkung auf die Kinder*[29] heraus, dass es einen deutlichen Zusammenhang zwischen dem Anteil der Zeit, die sich eine Lehrkraft nicht dem eigentlichen Lehrstoff widmete (Aufbau von Geräten, Verteilen von Heften, Arbeitsblättern und Materialien, Kontrolle der Hausaufgaben, Herbeiführen von Ruhe und Ordnung usw.) und der Häufigkeit von Störungen, Disziplinproblemen usw. gibt. Auch stören die Lehrkräfte manchmal selbst den Unterricht durch Reaktionen auf Störungen der Schüler.

Nach einigen Umwegen habe ich zu Beginn der 1980er Jahre begonnen, meinen Unterricht radikal zu verändern, um mehr Zeit für die Arbeit mit einzelnen Schülern oder kleinen Schülergruppen zu gewinnen. Dazu lernt ein großer Teil der Klasse weitgehend selbstständig an den vorgegebenen schulischen Inhalten, während in dieser Zeit eine kleine Gruppe lern- oder verhaltensauffälliger SchülerInnen davon getrennt konsequent unter Anleitung der Lehrkraft arbeitet.

In den folgenden Ausführungen werden noch nicht für alle Lernfelder des Arbeits- und Sozialverhaltens organisatorische Veränderungen vorgeschlagen. Haben Sie Ideen zur Ergänzung und Verbesserung, so freue ich mich auf Ihre Vorschläge via E-Mail.

A Arbeitsverhalten

AS Selbstständigkeit

- **Selbstständiger Arbeitsbeginn**

Als Schulleiter setze ich an möglichst vielen Tagen wenigstens im ersten Unterrichtsblock (1. und 2. Unterrichtsstunde) die Klassenlehrer ein. Das ermöglichte ihnen dann einen „offenen" und ruhigen Unterrichtbeginn.
Die SchülerInnen dürfen dazu auf ein Zeichen der Lehrkraft (Licht einschalten, Fenster öffnen usw.) selbstständig das Schulgebäude und die Klassenräume betreten.
Viele Lehrkräfte sind auch schon lange vor dem Unterricht im Klassenraum. Sie haben dann Zeit, die früh eintreffenden SchülerInnen einzeln zu begrüßen, mit ihnen zu reden, Fragen zu beantworten oder ihnen Hilfestellungen zu geben.

Bis zum „offiziellen Unterrichtsbeginn" und oft noch darüber hinaus beschäftigen diese sich dann frei im Klassenraum:
- mit dem Arbeiten beginnen
- Aufgaben fertig stellen
- in der Leseecke lesen
- mit den Mitschülern "klönen"
- dem Lehrer etwas zeigen, ihm etwas erzählen, ihm helfen ...
- Klassendienste verrichten: Blumen gießen, Raupen füttern, Postfach leeren...
- ...

Der eigentliche gemeinsame Unterricht beginnt an jedem Morgen mit dem „Morgenkreis" (Lied, allgemeine Fragen an die Mitschüler, Erzählungen der SchülerInnen usw.). Danach braucht die Lehrerin oder der Lehrer in einem Unterricht „nach Plan" (Tagesplan, Wochenplan, Lernzielplan) nur noch zu fragen: "Wer braucht Hilfe, um mit dem Arbeiten beginnen zu können?" Die sich dann meldenden Schüler kommen anschließend zur Lehrkraft. Den anderen muss man nur noch sagen: "Fangt an!".

- **„Postwege"**

Um die „Kommunikation" zwischen SchülerInnen und LehrerInnen zu vereinfachen, habe ich verschiedene Möglichkeiten der „Postbeförderung" in meiner Klasse eingeführt.

---
[29] Rutter et al., *Fünfzehntausend Stunden. Schule und ihre Wirkung auf die Kinder*, Weinheim 1980

Unterrichtsorganisation optimieren

- **Briefkasten der Lehrkraft**

Alle von den Schülern fertig gestellten und vom Lehrer nachzusehenden Arbeiten werden mit dem Datum beschrieben oder mit dem Datumsstempel versehen. Anschließend werden sie in einen gelben Ablagekorb oder in einen vom Lehrer angefertigten Briefkasten gelegt.
In der Klasse befindet sich dazu ein gelb angestrichener Holzkasten, der einem Post-Briefkasten nachgestaltet wurde.

Symbol:

Briefkasten des Lehrers:
hier werden fertige Arbeitsergebnisse eingeworfen

- **Postfächer der Schüler**

Für jeden Schüler gibt es in der Klasse mit einer Hängemappe in einem Hängeregister ein eigenes „Postfach". Die Schüler erkennen ihre Mappen an den Namensschildern, die im 1. Schuljahr zusätzlich noch mit kleinen Symbolen versehen sind, damit sie ihre Mappe auch ohne Lesefähigkeit wieder erkennen.
Alle nachgesehenen Arbeiten, auch sonstige "Post" für den Schüler (gezielte Arbeitsaufträge, Pläne, Elternbriefe...) legt der Lehrer in die entsprechenden „Postfächer" (Hängeregister). Die in diesen Mappen liegenden Materialien holen die Schüler an jedem Morgen vor Unterrichtsbeginn heraus.
In ihr Postfach stecken die SchülerInnen auch noch nicht fertig gestellte Arbeitsblätter und Schülerarbeiten, um sie bei Bedarf (wenn die Kinder Zeit haben) zu holen und daran weiter zu arbeiten.
Symbol:

Postfächer der Schüler:
hier können nachgesehene Arbeiten und neue Arbeitsblätter abgeholt werden

- **Ablagen**

Auf der anderen Seite des Hängemappenwagens ist Platz für eine „Ablage". In diese zweite Hängeregistermappe werden zeitlich geordnet alle "fertigen" Arbeitsblätter und auch alle zusätzlichen Mal-, Lese- und Rechenblätter hineingelegt. Diese werden dann Vierteljahresweise mit einem Deckblatt versehen zu einem „Arbeitsbuch" gebunden.

- **Eigentumsfächer**

Für jeden Schüler gibt es in den Regalen der Klasse ein Eigentumsfach, in das die Kinder alle Materialien ablegen können, die nicht täglich benötigt und/ oder nicht mit nach Hause genommen werden. Im "Normalfall" tragen die Schüler nur diejenigen Materialien im Ranzen von und zur Schule, die sie für die Hausaufgaben unbedingt benötigen.

Die Eigentumsfächer helfen, dass die Ranzen leichter, weniger Materialien "vergessen" und nicht unnötig von der Schule nach Hause und zurück geschleppt werden. Außerdem sind dort diejenigen Sachen abgelegt, die nicht täglich benötigt werden (z.B. Wortschatzkiste, Mini-LÜK-Kästen, Zeichenblöcke, Sammelmappen, Tuschkästen, Pinsel, alle Mappen, alle Schülerbücher, Platzdeckchen für das Frühstück usw.).

Für die Eigentumsfächer verwende ich Büro-Ablagekörbe, die vorne mit dem Namen und dem passenden Anlautbild versehen sind. Aus Kostengründen habe ich einige Jahre lang auch farbig angestrichene Kartons verwendet.

Fundsachenkiste

In einem Schuhkarton (einer Plastikkiste o. ä.), der als "Fundsachenkiste" gekennzeichnet ist, werden alle Materialien hineingelegt, die von einem Schüler oder Lehrer in der Klasse gefunden werden und von denen er nicht weiß, wem diese gehören. Die "Verlierer" brauchen nur dort nachzusehen, ob etwas gefunden wurde. In jedem Fall wird der Lehrer von den üblichen "Vermittlungsarbeiten" zwischen Verlierern und Findern freigehalten.

Toilettenschilder

Um mich von weiteren alltäglichen Arbeiten wie dem Nachfragen für die Erlaubnis zum Toilettengang zu entlasten, habe ich die „Toilettenschilder" entwickelt. Der auch innerhalb einer Unterrichtsstunde mehrfache Gang zur Toilette darf von einer Lehrkraft – im Normalfall - nicht verweigert werden.

Toilettenschilder werden neben der Klassentür aufgehängt.
Ist die grüne Seite des Schildes zu sehen, dürfen die SchülerInnen ungefragt zur Toilette gehen. Beim Verlassen der Klasse wird nur das Toilettenschild einmal umgedreht, so dass die rote Rückseite zu sehen ist. Dieses Symbol bedeutet, dass zurzeit kein weiteres Kind zur Toilette gehen darf. Im „Notfall" wird die Lehrkraft um „Erlaubnis" gefragt. Bei der Rückkehr von der Toilette wird das Schild wieder umgedreht, die grüne Seite ist zu sehen und jetzt darf sich das nächste Kind auf den Weg machen.

In einer niederländischen Schule habe ich eine Abwandlung gesehen: Dort hängt eine einfache Halskette neben der Tür. Diese Kette wird umgehängt, wenn man zur Toilette geht und zurück gehängt, wenn man den Klassenraum wieder betritt. Dieses Verfahren bringt den Vorteil, dass andere Lehrkräfte, Hausmeister, Schulleiter usw., die den Schüler außerhalb des Klassenraumes sehen, sofort erkennen, dass der Schüler sich dort mit „Erlaubnis" aufhält.

AD | Konzentration

Farbgestaltung der Klasse
Bei der Auswahl der Farben für den Anstrich von Klassenräumen und Fluren sollten die Erkenntnisse der Farbpsychologie berücksichtigt werden.
Die Farben Weinrot, Violett, Altrosa, alle Brauntöne, dunkle Grüntöne und Weiß beruhigen, während Rot, Orange und alle Neonfarben als aggressiv gelten.[30]
Gelb ist die Farbe der Sonne. Sie gilt als positiv und vermittelt Licht, Heiterkeit und Freude. Symbolisch steht sie auch für Wissen, Weisheit, Vernunft und Logik.[31] Sie ist daher eine gute Grundfarbe für die Gestaltung von Schulräumen.

AV | Sorgfalt

Umgang mit Arbeitsmitteln
Jeweils nach dem Betreten der Klasse nehmen die Schülerinnen und Schüler morgens alle mitgebrachten Materialien aus dem Ranzen und legen sie ins Eigentumsfach oder unter den Arbeitstisch.

Für fehlende Arbeitsmittel besorgt die Lehrkraft eventuell noch vor Unterrichtsbeginn aus dem Klassenbestand Ersatz. Fehlen aber häufiger einzelne oder mehrere Materialien informiere ich die Eltern schriftlich.

AT | Arbeitsgeschwindigkeit

Schülern Nummern zuordnen
Als Schulleiter versehe ich die Klassensätze der verschiedenen Schülerbücher auf der Vorderseite oben rechts fortlaufend mit Nummern. Beim Verleih der Bücher erhalten die SchülerInnen alle Bücher mit der gleichen Nummer, die ihrer Nummer auf der Klassenliste entspricht. Auf diese Weise wird das Verleihen anonymisiert und Eltern und Kinder erfahren nicht, wer das Buch vorher genutzt und nicht sorgfältig behandelt hat. Ein anderes, besseres Buch können sie aber gegebenenfalls erhalten.
In allen meinen Klasse habe ich dieses Verfahren übernommen. Fast alle Kinder kennen nach der Buchausleihe „ihre" Nummer.

Auf einem der ersten Elternabende kennzeichnen die Eltern mit dieser Nummer auch alle Bücher, jedes Heft, jeden Stift ihres Kindes. So werden gefundene Gegenstände mit Hilfe der Nummern dem betreffenden Schüler zurückgegeben.
Beim Einsammeln der Hefte, Bücher usw. kommen die Schüler auch in der Nummernfolge zu mir. Sie legen die Materialien mit der Nummer 1 (später mit beliebiger Nummer) beginnend auf einen Stapel. Auf diese Weise überblicke ich beim Durchblättern schnell, ob einzelne Hefte usw. fehlen. Selbstverständlich sollen die Zahlen aber lediglich die Arbeitsabläufe in der Klasse erleichtern. Im Unterricht werden die SchülerInnen natürlich nicht mit ihrer Nummer sondern weiterhin mit ihrem Namen angesprochen werden.

---

[30] http://www.vbarchiv.net/grafik/design02.php
[31] http://forum.jswelt.de/tutorials-grafik/19000-wirkung-von-farben.html

optimieren Unterrichtsorganisation

S | Sozialverhalten

SR | Regeln einhalten

Störungen des Unterrichts vermeiden
In vielen Fällen tragen Lehrkräfte auch dazu bei, die Unruhe in einer Klasse zu vergrößern. Ich habe daher auch einige organisatorische Änderungen im Ablauf des Unterrichtsvormittages vorgenommen, die früher die Arbeitsruhe störten:
- Eltern, Vertreter, Hausmeister, Schulleiter dürfen zu Gesprächen usw. nur vor bzw. nach dem Unterricht den Klassenraum betreten
- Arbeitsmaterialien werden vor dem Unterricht ins Postfach gelegt und vor Unterrichtsbeginn von den SchülerInnen herausgenommen und unter den Tisch gelegt
- Geldbeträge werden grundsätzlich vor Unterrichtsbeginn eingesammelt

SH | Hilfsbereitschaft zeigen

Klassenlehrer statt Fachlehrer
In vielen Grundschulen ist es üblich, dass die Klassenlehrerinnen und -lehrer einen großen Teil der Unterrichtsstunden einer Klasse abdecken und Fachlehrkräfte nur in dem unbedingt notwendigen Maß einzelne Fachstunden abdecken.
Es gibt eine größere Arbeitsruhe, wenn Lehrkräfte mehrere Stunden hintereinander in einer Klasse unterrichten. Das mit Beginn der 3. Klasse praktizierte Prinzip des Unterrichts durch Fachlehrerinnen und -lehrer bringt leider – besonders für lernschwache und verhaltensschwierige SchülerInnen - zusätzliche Schwierigkeiten durch die mehrfache Umstellung auf neue Unterrichtsstile und Methoden.

Professionelles Lehrerverhalten

„Rechte und Pflichten der Lehrkräfte"

Wie schon im Kapitel „Kinder brauchen Regeln" unter „Leitbild „Rechte und Pflichten der Eltern" beschrieben, soll ein einheitliches Ordnen der verschiedenen Schwerpunkte, eine größere Identität aller Beteiligten mit ihrer Schule schaffen.
Die Rechte und Pflichten der in der Schule beteiligten Erziehungsberechtigten, Lehrkräfte und Schüler habe ich geordnet nach den Oberthemen Vorbild, Arbeitsverhalten und Sozialverhalten.
Im Leitbild der Schule können die Rechte und Pflichten der Lehrkräfte auch gegenüber der Schulgemeinde veröffentlicht werden.

Vorbild sein
- Ich habe die Pflicht Vorbild für alle Kinder zu sein.

A Arbeitsverhalten
AM Motivation
- Ich motiviere die Kinder und fördere ihren Leistungswillen. Ich biete Unterstützung und Hilfe an.

AS Selbstständigkeit
- Ich helfe den Kindern, das Lernen immer selbstständiger zu erledigen.

AD Konzentration
- Ich sorge für eine ruhige Arbeitsatmosphäre, in der alle Schüler ausdauernd arbeiten können

AV Sorgfalt
- Ich gebe sinnvolle Hausaufgaben und fördere dabei Sorgfalt und Selbstständigkeit. Ich bin pünktlich und arbeite sauber und vorbildlich.

AG Gewissenhaftigkeit
- Ich ermögliche den Kindern das Korrigieren von falschen Lösungen

AT Arbeitsgeschwindigkeit
Ich lasse zunächst die Schülerinnen und Schüler im eigenen Tempo arbeiten, fordere im 3./ 4. Schuljahr aber auch das Arbeiten in einer vorgesehenen Zeit. Ich gebe korrigierte Arbeiten schnellstmöglich zurück.

S Sozialverhalten
SK Kontaktfähigkeit
- Ich pflege als Klassenlehrkraft den Kontakt zu den Erziehungsberechtigten. Ich lade die Erziehungsberechtigten ein, jederzeit meinen Unterricht zu besuchen.

SR | **Vereinbaren und Einhalten von Regeln durch die Lehrkraft** | **SR**

Ich sorge für das Einhalten der Schul- und Klassenregeln. Bei Verstößen veranlasse ich die vereinbarten Konsequenzen.

SU | **Konfliktfähigkeit** | **SU**

- Ich organisiere gewaltfreies Zusammenleben und spreche bei Schwierigkeiten mit den Eltern und dem Kind und vermittele auch außerschulische Hilfen

SH | **Hilfsbereitschaft** | **SH**

- Ich fördere und fordere Hilfsbereitschaft und helfe den Schülerinnen und Schülern bei Schwierigkeiten.

SF | **Freundlichkeit** | **SF**

- Ich bin respektvoll und höflich zu allen in der Schulgemeinschaft. Ich unterstütze die Elternvertreter bei der Vorbereitung der Elternabende.

Aus diesen Leitbildern zum Lehrerverhalten habe ich einige Regeln entwickelt, die Voraussetzung sind für einen „guten" Unterricht, der Lehrkräfte und Schüler nicht überfordert und ihre Gesundheit schützt.

Unterrichtsstörungen sind nicht allein im Verhalten der Schülerinnen und Schülern begründet. Gerade durch das eigene, professionelle Verhalten kann eine Lehrkraft Unterrichtsstörungen verringern. Die Kategorien des Arbeits- und Sozialverhaltens von Schülern gelten dabei auch für das Handeln der Lehrkräfte.

A | **Arbeitsverhalten der Lehrkraft** | **A**

AM | **Motivation** | **AM**

AM **gut vorbereitet in den Unterricht gehen** **AM**

- Alle für den Unterricht notwendigen Materialien liegen vor Unterrichtsbeginn schon bereit und werden vor oder während des Unterrichts schnell an die SchülerInnen verteilt. Auch Versuchsmaterialien, Materialien für den Werkstattunterricht usw. stehen ohne Verzögerungen für die Lehrkräfte und SchülerInnen zur Verfügung.

- In einem schülerorientierten Unterricht wird jede neue Unterrichtseinheit mit einem Test des Vorwissens begonnen. Die dabei erzielten Ergebnisse der SchülerInnen bedingen die Feinplanungen für den Unterrichtsablauf und für Differenzierungsmaßnahmen. In vielen Anfangsklassen konnte ich die Erfahrung machen, dass zwar eine grobe Jahresplanung möglich, die konkrete Unterrichtsvorbereitung für die nächste Einheit aber in allen ersten Klassen wegen der unterschiedlichen Lernvoraussetzungen der Kinder immer verschieden war.

- Auch durch das Aufsuchen außerschulischer Lernorte, das Ermöglichen handlungsorientierten Arbeitens und das Einbeziehen der Schülerinteressen in den Unterricht, zeigen die Lehrkräfte das Engagement, das einen guten Unterricht ausmacht. Die Motivation, Mitarbeit und Reaktion der SchülerInnen entschädigt anschließend mehrfach für die anfängliche Mehrarbeit.

AM Werte vermitteln

Engagierte Lehrkräfte vermitteln in ihrem Unterricht neben den Lerninhalten auch noch weitergehende Werte wie Selbstständigkeit, Sorgfalt, Gewissenhaftigkeit, Kontaktfähigkeit, Konfliktfähigkeit, Hilfsbereitschaft usw.. Sie motivieren durch ihren Unterrichtsstil zum „lebenslangen" Lernen.

AM Methodenvielfalt[32] beherrschen

Gute Lehrkräfte beherrschen eine Vielfalt von Methoden. Der für die gesamte Klasse durchgeführte lehrerzentrierte Frontalunterricht ist eine der Ursachen vieler Unterrichtsstörungen. Selbstständig arbeitende Schüler neigen seltener dazu, Mitschüler oder den Unterrichtsablauf zu stören. In kleinen Gruppen behalten Lehrkräfte leichter die Übersicht und Kontrolle über diejenigen Schüler, die durch ihr Verhalten auffallen oder provozieren wollen.

Durch regelmäßige Hospitationen in anderen Klassen oder Fortbildungen können Lehrkräfte die Anzahl der möglichen Unterrichtsmethoden vergrößern. Für die Unterrichtsplanung besteht die Möglichkeit, je nach Klassenzusammensetzung den „laissez-fairen" bis autoritären Lehrstil zu nutzen und dabei einen methodisch abwechslungsreichen, differenzierenden und auf die Schwierigkeiten der Schüler abgestimmten Unterrichtsablauf zu kreieren.

AS Selbstständigkeit der Lehrkraft

AS selbstsicher auftreten und selbstbewusst handeln

Kinder, die selbstbewusst werden sollen, brauchen Erwachsene, die ihnen dieses Selbstbewusstsein vorleben.

Daher müssen Lehrkräfte engagiert, selbstsicher und selbstbewusst
- hingehen und helfen, wenn in der Schule oder auf dem Schulhof Probleme auftauchen
- sofort bei jeder Regelverletzung reagieren
- positives Arbeits- und Sozialverhalten bemerken und anerkennen
- standhaft bleiben
- die Wörter „Strafe" und „Fehler" vermeiden
- zwischen der Person und ihrem Verhalten trennen
- Hilfen für die SchülerInnen ernst gemeint anbieten
- mit erhobenem Kopf, geradem Rücken und schnellem Gang sich bewegen
- Herausforderungen möglichst schnell lösen
- SchülerInnen immer wieder ermutigen, etwas auch einmal nur auszuprobieren

und damit zeigen, dass man jederzeit ansprechbar ist und schnell hilft (oder eine stichhaltige Begründung gibt, wenn etwas nicht umgehend erledigt werden kann), denn

> **nur selbstbewusste Lehrkräfte**
> **vertreten selbstbewusst Grenzen und**
> **fördern damit selbstbewusste SchülerInnen.**

AS Selbstständigkeit und Selbstbewusstsein der SchülerInnen zulassen und fördern

Selbstbewusste Lehrkräfte vertrauen darauf, dass die Kinder auch selbst etwas korrigieren und auf den richtigen Weg kommen können.

So kontrollieren die SchülerInnen mit im Klassenraum ausliegenden „Lösungsheften" selbstständig ihre Lösungen. Sie dürfen aber auch diese Hefte zu Beginn eines

---

[32] Weitere Anmerkungen finden Sie im Kapitel „Individualisierung der Anforderungen beim Lernen"

Lösungsvorganges einsehen, um vielleicht auf den richtigen Lösungsweg zu kommen.

AS **sich „zurücknehmen" können**
SchülerInnen lernen auch etwas, ohne dass die Lehrkräfte ein neues Thema erklären oder sie „in die Thematik einführen". Die im Unterricht benutzten modernen Schülerbücher und Arbeitshefte sind so aufgebaut, dass sie vollkommen selbstständig sich in ein neues Thema einarbeiten und die Lösungen zu den angegebenen Aufgaben finden.

Im ersten Schuljahr weise ich alle Schüler darauf hin, dass alle Buchseiten von oben links nach unten rechts bearbeitet (gelesen) werden und Aufgaben oder Anweisungen durch andere Schriften oder Absätze meistens optisch auffallen. Bei Schwierigkeiten fragen sie zunächst die Tischnachbarn, dann die „Fachexperten" unter den Schülern und erst danach die Lehrkraft.

Dieser Hinweis führt dazu, dass in vielen Klassen nur noch eine wesentlich kleinere Schülergruppe in herkömmlicher Weise (lehrerzentriert) in das neue Thema eingeführt wird und für diese Schüler mehr Zeit zur Verfügung steht.

AD Konzentration der Lehrkraft

AD **konzentriert den Unterricht durchführen**
Große Anforderungen werden an die Konzentrationsfähigkeit aller Lehrkräfte gestellt. Unruhige Schüler, große Klassen, schwierige Stundenpläne usw. bringen Belastungen mit sich, die nur durch konzentrierte Arbeit „gemeistert" werden können. Eine nachlassende Aufmerksamkeit nutzen in höheren Klassen einzelne SchülerInnen schonungslos aus.
Es gibt aber einige „Rituale", die Konzentrationsfähigkeit zu fördern:

- kräftiges Durchatmen vor dem Betreten des Klassenraumes
- gemeinsames Liedersingen nach der Begrüßung
- SchülerInnen übernehmen Aufgaben der Lehrkraft beim Vergleichen der Hausaufgaben, beim Kopfrechnen, beim Partnerdiktat usw.. Die Lehrkraft beobachtet dabei „entspannt" die Klasse

Daneben verbessern außerhalb des Unterrichts Entspannungsübungen, Konzentrationstraining usw. die eigene Aufmerksamkeit und das Durchhaltevermögen.

AD **Geduld haben**
Sobald einzelne Schüler eine neue Thematik, eine neue Aufgabe oder einen neuen Lösungsweg zögerlich beginnen, reagieren erfahrene Lehrkräfte ruhig und gelassen und erklären geduldig (z.B. in Stillarbeitsphasen der Mitschüler) alles einzeln oder in kleinen Gruppen noch einmal (siehe auch das Kapitel „Fördern und Fordern").

AD **schlagfertig reagieren können**
Lehrkräfte, die von Natur aus oder über langjährige Erfahrung, Schlagfertigkeit gelernt haben, können in manchen Situationen schnell die Aufmerksamkeit der SchülerInnen wieder auf sich lenken. Sie dürfen dabei aber niemals ironisch oder sarkastisch sein und die Gefühle einzelner SchülerInnen verletzen.

Sorgfalt der Lehrkraft

pünktlich sein

Pünktlichkeit gehört allgemein zum guten Benehmen. Nur Lehrkräfte, die selbst pünktlich im Klassenraum erscheinen, können diese Pünktlichkeit auch von ihren SchülerInnen einfordern und ihnen mit diesem klaren Signal mitteilen, dass auch für sie der Unterricht im Klassenraum pünktlich beginnt.
Es ist kontraproduktiv, wenn innerhalb eines Kollegiums ein Kollege großen Wert auf pünktliches Erscheinen legt, während ein anderer Kollege „Fünfe gerade sein lässt".
Zu spät kommende Lehrkräfte – wie auch Schüler - entschuldigen sich für ihre Verspätung, denn mit jeder verlorenen Minute wird die Unterrichtszeit um mehr als 2% verkürzt, d.h. bei jeweils einer Verspätung an 180 Unterrichtstagen fehlen im Laufe des Jahres schon fast 4 Stunden.

Lehr- und Lernmittel ordnen

Spätestens zum Unterrichtsbeginn legen sorgfältig arbeitende Lehrkräfte alle benötigten Materialien im Klassenraum bereit. Auch auf dem Lehrerpult ist eine Ordnung erkennbar. Um Lehrkräfte zu entlasten, können im Rahmen des Helferdienstes SchülerInnen für die Ordnung in den Regalen oder für die Freiarbeitsmaterialien verantwortlich sein und nach Unterrichtsschluss selbstständig aufräumen.
Die Aufbewahrungsplätze für alle Unterrichtsmaterialien (Werkstattaufgaben, Mappen, Klassenbücherei usw.) werden zu Beginn des Schuljahres mit der Klasse festgelegt.

Erfahrene Lehrkräfte empfehlen auch eine Ordnung für die Schultaschen und erleichtern so den SchülerInnen das Überprüfen der Vollständigkeit ihrer Materialien.
Bei vorbildlichen Lehrkräften sind diese eher bereit, ihre Schulsachen selbst in Ordnung zu halten.

Hausaufgaben stellen

An jeder Schule gibt es Konferenzbeschlüsse für das Aufgeben und Kontrollieren der Hausaufgaben. Die Aufgaben werden so rechtzeitig vor dem Klingelzeichen gestellt, das alle noch konzentriert aufpassen. Günstiger ist es, die Hausaufgaben im Zusammenhang mit dem Unterricht (z.B. jeweils vor Beginn der Stillarbeit) anzukündigen und an die Tafel zu schreiben.
Ich kann empfehlen, alle Übungsaufgaben und gleichzeitig die Hausaufgaben vor der Übungsphase bekannt zu geben. Die SchülerInnen entscheiden dann selbst, schnell zu arbeiten und die Hausaufgaben nach Beendigung der Übungsaufgaben schon in der Schule zu beginnen oder nach langsamer Arbeit in der Schule nicht fertig gestellte Aufgaben zu Hause zu erledigen.

Bei der Auswahl der Hausaufgaben achten gute Pädagogen auch darauf, dass diese sinnvoll für die Schüler sind. Wittmann[33] wies schon 1968 nach, dass in einer zweiten und einer siebten Klasse Hausaufgaben keinen materialen Bildungswert besitzen, also „Hausaufgaben [...] keinen Zuwachs an Kenntnissen und Fertigkeiten bei den Schülern" bewirken.
Aus seinen Ergebnissen folgerte er, wenigstens in den ersten und zweiten Klassen auf Hausaufgaben ganz zu verzichten. Da aber gesetzliche Regelungen häusliche Aufgaben zum Teil vorschreiben, sollen die Schüler durch Hausaufgaben

---

[33] Bernhard Wittmann, *Vom Sinn und Unsinn der Hausaufgaben*, Neuwied 1970.

- zu Hause das selbstständige Lernen lernen,
- motiviert werden, sie ohne Hilfe der Eltern erledigen,
- innerhalb eines akzeptablen Zeitraums fertig stellen und
- nicht nur mechanisch üben („Kopfrechenpäckchen").

AV sauber arbeiten AV

Zu diesem Thema erinnere ich mich sofort an einen Biologielehrer aus meiner eigenen Schulzeit, der in der ersten Schulstunde einer neuen Klasse genaue Anweisungen auch für das Reinigen der Tafel gab. Viele Schüler schmunzelten jahrelang über seinen Ordnungssinn („Die Tafel mit dem nassen Schwamm vorreinigen, dann spaltenweise die Tafel jeweils von oben nach unten mit der sauberen Gummilippe vortrocknen und mit dem trockenen Tuch nachreinigen!"). Aber: Die Tafel im Biologieraum war vor Unterrichtsbeginn immer sauber (der Tafeldienst sorgte auch für ausreichende Kreide) und Herr Göbel konnte seine Zeichnungen oder Texte lesbar und übersichtlich anfertigen.

In vielen Klassen sehen die Tafeln aber noch so aus wie auf den Bildern. Es gibt in den Schulen kaum Absprachen darüber, wer für das Reinigen der Tafeln zuständig ist, nachdem viele Schulträger diese früher von den Hausmeistern erledigten Aufgaben auf die Schulen übergeben haben.

Die Hausaufgaben stehen auch am nächsten Schultag noch zur Verfügung, wenn sich Lehrkräfte diese auf Zetteln oder im „Tafelbuch" (siehe Kapitel „Professionelles Lehrerverhalten" bei der Überschrift „Schülern bei Schwierigkeiten helfen") notieren.

In jedem Fall sollte innerhalb des Kollegiums vereinbart werden, welche Lehrkraft nach Unterrichtsschluss oder morgens vor Unterrichtsbeginn die Tafel reinigt.

Eine alternative Möglichkeit gibt es auch, wenn die Reinigungskräfte die Tafel säubern und die Klassen oder Lehrkräfte nach Unterrichtsschluss, z.B. die Klassen ausfegen, Mülleimer ausleeren, Tische abwischen usw.

AV Wert legen auf „saubere" Räumlichkeiten AV

Manche Lehrkräfte dürfen sich nicht wundern, wenn ihre Schüler unsauber arbeiten oder wenig Wert legen auf eine ordentliche Heftführung, sorgfältigen Umgang mit den Materialien usw.

Diese Bilder sind mir nicht nur in einer Schule begegnet, es wäre auch nicht so gravierend, wenn solche „schiefen" und unsauberen Aushänge nur wenige Stunden oder Tage zu sehen wären. Aber viele dieser Plakate hängen über Monate oder Jahre so in den Fluren oder Klassenräumen. Schiefe Bilder sind für mich ein Zeichen für Geringschätzung der Schülerarbeiten aber auch für Schulen, die ein Teil der Schwierigkeiten mit einzelnen Schülern selbst zu verantworten haben
Es sollte daher in jeder Schule geregelt sein, wer für die „Reparatur" dieser Aushänge zuständig ist.
Ich habe über die „Helfertafel" (siehe im Kapitel „Fördern und Fordern: Sozialverhalten") immer die Schüler meiner Klasse dazu angehalten, für ordentliche Bild- und Plakatwände zu sorgen.
Eine gute Ordnung wirkt sich auch positiv aus auf das ordentliche Arbeiten der Schüler, wie Beispiele aus anderen Schulen immer wieder beweisen:

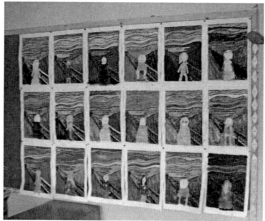

AV   sorgfältig arbeiten   AV
Ein gut geplanter Unterricht bietet den Schülern auch ein vorbildliches Schriftbild und eine gute optische Aufteilung des Tafelbildes. Overheadprojektoren oder Notebooks mit Beamern bieten heute zudem die Möglichkeit, die Tafelbilder zu Hause vorzubereiten und auch später in anderen Klassen noch einmal zu benutzen.

Immer wieder einmal beginnen einzelne SchülerInnen den Lösungsweg einer Aufgabe falsch, weil zuvor die Aufgabenstellung zweideutig oder missverständlich war.
Gute Lehrkräfte erläutern dann die Aufgaben noch einmal und lassen Nachfragen einzelner Schüler zu.

AV   Wert legen auf die äußere Erscheinung   AV
Lehrkräfte wirken auch vorbildlich auf die Kleidung der Schüler, wenn sie Wert auf ein gepflegtes Äußeres legen. Kinder machen sich sehr wohl Gedanken über die äußere Erscheinung der Lehrkraft. So gibt es Berichte[34], in denen Erstklässler erklären, eine Lehrerin fühle sich nicht wohl, wenn sie das blassfarbene Kleid trägt und es ihr gut gehe, wenn sie den farbenfrohen Pullover anzieht.

AV   verlässlich sein   AV
SchülerInnen verlassen sich darauf, dass Lehrkräfte ein berechenbares und konsequentes Verhalten zeigen und im Unterricht (abgesehen von Testsituationen) Hilfen geben. Einmal vereinbarte Regeln gelten langfristig und werden nur – nach einem

---

[34] Aus: *Neue Züricher Zeitung online* vom 26.9.2006,
http://www.nzz.ch/2006/09/26/se/articleEHUA6.html

besonderen Vorfall - gemeinsam verändert. Bei Streitigkeiten zwischen Schülern bleibt die Lehrkraft neutral und vermittelt zwischen den Streitenden.

AV sorgfältig – aber nicht unnötig arbeiten

Viele Lehrkräfte fühlen sich – auch durch immer größer zugelassenen Druck der Eltern – genötigt, täglich stapelweise Hefte in den viel zu engen Lehrertaschen nach Hause mit zu nehmen, um sie dort zu kontrollieren.

Ich habe schon auf den Elternabenden darauf hingewiesen, dass ich nicht täglich alle Hefte kontrolliere, sondern dass ich möchte, dass die Schüler lernen, die Richtigkeit der Aufgaben durch Partnerkontrolle oder Nutzung der Lösungshefte selbstständig zu kontrollieren.

Da die Schüler die von mir dennoch nachzusehenden Hefte jeweils so vorlegen, dass das Heft aufgeschlagen wird, kann ich nach Unterrichtsschluss die meisten Hefte im Klassenraum nachsehen. Dabei mache ich den schnellen und leistungsstarken Schülern, die während des Unterrichts auch die Zeit für die Lösungskontrolle hatten, jeweils nur einen Strich unter die Arbeit. Dieses Zeichen bedeutet, dass ich die Arbeit gesehen aber nicht kontrolliert habe. Nur einmal in etwa 14 Tagen kontrolliere ich diese Hefte so, dass ich auch die Richtigkeit der Lösungen feststelle.

Viel sinnvoller erscheint mir das genaue Überprüfen der von schwachen Schülern bearbeiteten Aufgaben. Ihre Hefte kontrolliere ich möglichst täglich und versehe sie neben dem Datum noch mit meinem Namenszeichen. Die sorgfältige Analyse ermöglicht es, daraus die Konsequenzen für die nächsten Fördermaßnahmen zu ziehen. Dazu müssen Lehrkräfte aber in der Lage sein, eine qualitative Fehleranalyse durchzuführen, um zielgerichtet zu fördern.

AG Gewissenhaftigkeit der Lehrkraft

AG mit eigenen „Fehlern" umgehen

Entdecken die SchülerInnen in meinem Unterricht einen „Fehler" (z. B. in den unkontrollierten, aber dennoch ausliegenden Lösungsheften oder in anderen Materialien) erhalten sie zur Belohnung eine Urkunde (siehe auch das Kapitel „Vorbildliches Verhalten loben"). Torsten bekam als langjähriger Rekordhalter in vier Jahren 84 Urkunden!

Mit den Entdeckerurkunden signalisiere ich den SchülerInnen, dass auch Erwachsene „Fehler" machen und auch ich – trotz großer Anstrengungen – etwas falsch mache. Ich erkläre Ihnen (und ihren Eltern), dass „Fehler" notwendige Zwischenschritte auf dem Weg zur richtigen Lösung sind und ich durch die (qualitative) Untersuchung der falschen Lösungen Hinweise darauf bekomme, an welcher Stelle noch Hilfe notwendig ist.

AG Überblick haben

Es gibt immer wieder Lehrkräfte, die auch bei mehreren Klassen den Leistungsstand der SchülerInnen „im Kopf haben". In den meisten Bundesländern gibt es inzwischen aber viele Vorschriften, die – auch im Hinblick auf mögliche juristische Überprüfungen - eine Dokumentation der Schülerleistungen fordern.

Ich habe dafür Tabellen mit Groblernzielen (und allen Feinlernzielen) und Schülernamen[35] angefertigt, in denen die „wichtigen" Ziele besonders hervorgehoben

---

[35] Ein Beispiel einer solchen Tabelle finden Sie in der anliegenden CD unter der Überschrift „ Überblick haben Auswertung Einstufungstest"

sind. Während des Unterrichts und bei der Auswertung der einzelnen Klassenarbeiten oder schriftlichen Zwischentests wird in der Tabelle vermerkt, ob ein Schüler das Ziel schon erreicht hat oder noch zusätzliche Hilfen benötigt. Diese Tabellen werden dann zur Grundlage der weiteren Unterrichtsplanung. Aus der Übersicht werden die Gruppen eingeteilt, die selbstständig weiterarbeiten oder unter Anleitung der Lehrkraft noch weitere Übungen machen.

AT Arbeitsgeschwindigkeit der Lehrkraft

AT in Ruhe und gelassen unterrichten

Mit einer guten Planung lassen sich viele Stressfaktoren in der Schule vermeiden. Lehrkräfte, die Unterrichtseinheiten frühzeitig fertig stellen, stellen die notwendigen Kopien auf einmal her und lagern sie im Lehrer- oder Klassenzimmer. KollegInnen, die ihre Vorlagen in den „betriebsarmen Zeiten" nach Unterrichtsschluss oder am Nachmittag kopieren, vermeiden Wartezeit in den morgendlichen „Stoßzeiten" und sparen viel Zeit durch vorausschauendes Arbeiten.

Bei größeren Entfernungen zwischen einem Lehrerzimmer und dem Klassenraum, bleibt man selbst ruhiger, wenn man sich vor Unterrichtsbeginn oder vor dem Ende der Pause vor den Schülern auf den Weg macht. Lärm und Streitereien der Kinder vor und im Klassenraum werden vermieden, wenn sich die Lehrkraft beim Eintreffen der ersten Schüler schon im Raum befindet. Die etwas „verkürzte" Pause wird durch die eigene Ruhe und die ruhigeren Schüler aufgewogen.

Eine langfristige Unterrichtsplanung gibt den Lehrkräften auch den Überblick über die gesamte Einheit oder die Lernziele eines ganzen Schuljahres. Unterbrechungen oder Störungen einer Unterrichtsstunde werden aufgefangen, wenn „Zeitpuffer" in der Planung vorgesehen sind. Dadurch wird gleichzeitig verhindert, dass man unbedingt und oft „gehetzt" noch in den letzten Unterrichtsminuten den „Stoff durchzuziehen" muss. Gute Lehrkräfte bleiben auch bei äußeren Einflüssen gelassen. „Gehetzte Lehrkräfte" können jedoch nicht erwarten, dass die SchülerInnen ihnen immer folgen.

S Sozialverhalten der Lehrkraft

SK Kontaktfähigkeit der Lehrkraft

SK die Namen der Schüler der Klasse (der Schule) kennen

Eine der wichtigsten Voraussetzungen für einen störungsarmen Unterricht ist – auch für stundenweise unterrichtende FachlehrerInnen - die Kenntnis aller Schülernamen. Schon am ersten Schultag werden die Schüler fotografiert und die Ausdrucke am nächsten Tag mit den Namen versehen. Diese Fotos stehen nachmittags bei der Vorbereitung des Unterrichts auf dem Schreibtisch und ermöglichen „nebenbei" das Erlernen der Namen. In den ersten Wochen helfen diese auf dem Pult liegenden Fotos auch im Unterricht bei der Namensnennung.

Der fehlende persönliche Bezug zu den Schülern, der mit Problemen bei der Namensnennung beginnt, ist eine der „störenden" Situationen, die von den Lehrern ausgehen.

SK vertrauensvolles Verhältnis zu den Schülern schaffen

Lehrkräfte schaffen ein angenehmeres Lernklima, wenn sie auch außerhalb des Unterrichts einmal Zeit für (private) Gespräche mit den SchülerInnen haben.[36] Selbstverständlich steht es ihnen aber auch nach einer anstrengenden Stunde zu, sich auszuruhen und auf die nächsten Stunden zu konzentrieren.

Gute Erfahrungen machen wir an unserer Schule mit den „geteilten" Pausen (siehe das Kapitel „Klassen und Schulregeln"). In der einen Pausenhälfte frühstücken einige Klassen gemeinsam in der Klasse, während andere Klassen zuerst auf den Schulhof gehen. Zur Pausenmitte wechseln dann die Klassen. Beim Frühstück nutze ich die Zeit für Hinweise auf ein „gesundes Frühstück". In der verbleibenden Frühstückspause haben einzelne Kinder oder kleine Gruppen die Möglichkeit mit mir „über Gott und die Welt" zu sprechen.

SK sich für die Schüler interessieren

Gute Lehrkräfte erfassen ihre Schülerinnen und Schüler ganzheitlich und meiden die schulischen Leistungen als alleinigen Maßstab. In einem gesunden Verhältnis zwischen Distanz und Nähe interessieren sie sich respektvoll und wertschätzend auch für deren außerschulische Kompetenzen, Schwächen oder Probleme.

SchülerInnen, die am Tag zuvor erstmalig ein Fußballturnier gewonnen haben, möchten diese Erfahrungen möglichst vielen Menschen mitteilen. Eine Lehrkraft, die diesem Schüler Zeit zum Berichten gibt und das Ereignis vielleicht sogar später einmal im weiteren Unterricht thematisiert, hat dieses Kind „für sich gewonnen". Engagierte Lehrer bemühen sich für „ihre" Schüler um einen außerschulischen Hortplatz, die Aufnahme in eine Gruppe zur Hausaufgabenbetreuung, die Aufnahme in den Sportverein u.v.m. und überlassen diese Aufgaben nicht nur „den anderen".

SK mit den Kindern in „Augenhöhe" reden

Als 1,94 m langer Junglehrer bemerkte ich schon nach wenigen Tagen, dass ich mich „kleiner" machen musste, um zu den Kindern ein vertrauensvolles Verhältnis aufzubauen. Stehend wirkte ich für sie „übermächtig".

Seit dieser Zeit arbeite ich auch möglichst selten mit der Tafel. Beim Unterricht mit dem Overheadprojektor oder im Gesprächskreis zwischen den Schülern sitzend, befinde ich mich mit ihnen auf „Augenhöhe".

---

[36] Vergleichen Sie zum Thema auch das Kapitel „Aufbau einer emotionalen Beziehung".

In der Klasse nehme ich schnell einen Stuhl, um mich beim Erklären am Schülertisch neben den Schüler zu setzen. Auch beim persönlichen Begrüßen oder Verabschieden sitze ich neben meinem Pult, um den Schülern direkt „in die Augen zu sehen".

SK mit den Eltern in „Augenhöhe" reden
Elternsprechtage sind Termine, an denen sich die gleichberechtigten Partner für die Erziehung der Kinder „auf Augenhöhe" treffen. Möglichst an einem runden Tisch setzt man sich nebeneinander und ermöglicht den Erziehungsberechtigten einen besseren Einblick in die Unterlagen ihres Kindes (Klassenarbeiten, Arbeitsblätter usw.). Persönliche Unterlagen anderer Schüler liegen währenddessen in der Ablage und sind für die Eltern nicht einsehbar. Mit einem guten Anmeldesystem bleibt Zeit für alle wichtigen Fragen. Ansonsten werden für länger andauernde Gespräche Termine für die nächsten Tage vereinbart.
Auch auf Elternabenden sitzen Lehrkräfte und Eltern in einem Kreis nebeneinander.

SK sich für die Schule einsetzen
Es ist unverständlich, dass es immer noch Schulen gibt, in denen Schmierereien an den Wänden oder Beschädigungen nicht umgehend beseitigt werden. Auf einem morgendlichen Rundgang stellt der Hausmeister vor dem Eintreffen der SchülerInnen mögliche Schäden früh fest und beseitigt diese möglichst noch vor Unterrichtsbeginn. Dadurch wird vermieden, dass andere die in der Nacht angebrachten Schmierereien überhaupt sehen können. Die „Künstler" geben schnell auf, wenn sie keine „Bewunderer" ihrer Arbeiten finden.
Lehrerinnen und Lehrer, die gerne in „ihre" Schule gehen, sind auch bereit, für Bilderschmuck in der Pausenhalle, in den Fluren, auf den Treppen oder in den Klassenräumen zu sorgen. Auf farbige Passepartouts aufgeklebte Bilder unterstreichen zudem die Wertschätzung für die Arbeiten der Schüler. Bilderrahmen mit Fotos von Schulfeiern, Ausflügen und anderen schulischen Aktionen regen die Schülerinnen, Schüler und Eltern an, sich die Bilder genauer anzusehen und sich in der „eigenen" Schule wohl zu fühlen.

SK auf andere zu gehen
Professionell arbeitende Lehrkräfte gehen auf andere Menschen zu. Bei Problemen eines Schülers ergreifen sie die Initiative zum Gespräch vor dem nächsten Elternsprechtag oder vor dem Anruf der Erziehungsberechtigten. Schüler und die Erziehungsberechtigten werden so rechtzeitig angesprochen, wenn „noch etwas zu retten ist". Auch telefonisch können den Erziehungsberechtigten schnell Hinweise gegeben und Termine für persönliche Gespräche vereinbart werden.

SR Vereinbaren und Einhalten von Regeln durch die Lehrkraft

SR alle Schul- und Klassenregeln gemeinsam verantworten
In schriftlichen Schulvereinbarungen (Konferenzbeschluss, Beschluss des Schulvorstandes usw.) wird festlegt, dass alle an der Schule beteiligten Erwachsenen gemeinsam für alle Kinder verantwortlich sind. Damit die Schüler die Lehrkräfte nicht gegeneinander ausspielen können, werden bestimmte Standards vom Kollegium vereinbart, die in konkreten Situationen gleiches Handeln aller Lehrkräfte ermöglichen. Niemand darf die Verantwortung zur Problemlösung auf die KlassenlehrerInnen oder die Schulleitung abschieben.

- Es darf nicht – wie in den 1970er Jahren noch oft selbst erlebt – passieren, dass am Ende der Pause eine Kollegin mit einem Schüler „im Häschenfanggriff" das Lehrerzimmer betritt und dann zu einem Kollegen sagt: „<u>Deine</u> Maria hat schon wieder <u>meinen</u> Josef angegriffen" und damit erwartete, dass der Klassenlehrer Strafen gegenüber dem Übeltäter aussprach. .
- In „guten" Schulen einigen sich die Lehrer auf bestimmte Regeln und auf die Konsequenzen, die bei Regelverstößen anzuwenden sind. So kann auch die aufsichtsführende oder vertretende Lehrkraft unmittelbar nach einem Vorfall zusätzliche häusliche Übungsarbeiten aufgeben oder andere Aufgaben stellen. <u>Jeder</u> reagiert umgehend und darf sich dann sicher sein, dass Maßnahmen (im Rahmen der Vereinbarungen) von allen KollegInnen und besonders auch von der Schulleitung mitgetragen werden. Dieser Rückhalt stärkt das Selbstvertrauen und das Selbstbewusstsein der Erwachsenen und zeigt gleichzeitig auch den „Problemschülern", dass Lehrkräfte einer Schule sich als eine Gruppe verstehen. Es gibt keine Diskussionen mit den SchülerInnen, da Lehrkräfte in Streifragen nicht mehr unterschiedlich entscheiden.[37]

SR niemals „wegsehen" SR

Alle Erwachsenen der Schule (Lehrkräfte, Hausmeister, Sekretärin, Raumpflegerinnen usw.) schreiten bei Gewalt oder bei Regelverstößen (Normverletzungen) auf dem Schulgelände oder auch außerhalb der Schule ein und setzen so klar definierte Grenzen. Die SchülerInnen erfahren so, dass Verstöße gegen die Klassenregeln oder die Schulordnung von Niemandem hingenommen werden.

Dieses aktive Eingreifen schafft bei den „schwächeren SchülerInnen" Vertrauen und hilft dabei, den „Stärkeren" ihre Grenzen aufzuzeigen. Gerade das „Wegsehen" der Lehrkräfte ermutigt die „aktiven Störer" mit ihrem Tun fortzufahren und es sogar noch häufiger einzusetzen.

Ein kurzes, standardisiertes Formblatt zum Ankreuzen[38] erleichtert die notwendige Protokollarbeit der Lehrkräfte. Dieses liegt zum unbürokratischen Einsatz mehrfach kopiert im Lehrerzimmer. Ausgefüllte Formulare werden zu den Schülerakten genommen. Die KlassenlehrerInnen entscheiden über eventuell notwendige weitere Maßnahmen.

SR mit Arbeitsmitteln umgehen SR

Vorbildlich unterrichtende Lehrkräfte haben ihre Arbeitsmaterialien geordnet und griffbereit liegen. Sie treffen auch Vorkehrungen dafür, Hefte der SchülerInnen sauber und ordentlich zu transportieren. Heftschoner oder kleine Plastikkästen helfen, die Hefte zu schonen und Eselsohren und Knicke zu vermeiden. So zeigen sie auch den SchülerInnen einen vorbildlichen Umgang mit den eigenen oder ausgeliehenen Materialien.

An vielen Schulen gibt es auch Probleme mit den Lehrkräften, die Materialien aus dem Lehrmittelraum oder den Lehrmittelschränken, Kopiervorlagen, Bastelvorlagen usw. entnehmen und nach Gebrauch nicht an die richtige Stelle zurücklegen (können). Die KollegInnen suchen dann oftmals vergeblich nach den bewährten Materialien. Es gibt leider kein „Rezept", diese Mitarbeiter zu verändern. Aber eine Ordnung kann vielleicht

---

[37] Wir haben zum Beispiel an unserer Schule „Spaßkämpfe" verboten, weil die Unterscheidung zwischen Spaß und Ernst oft zu schwierig war. Vergleichen Sie dazu in diesem Buch das Kapitel „Veränderungen"

[38] Ein Muster dieses Formblatts finden Sie in der anliegenden CD unter der Überschrift „ 72 Formblatt Vorfall ankreuzen"

helfen:
Die Materialien zu einem Lernfeld / Unterrichtsfach erhalten eine gleiche farbige Kennzeichnung (farbige Klebepunkte: blau = Rechtschreibung, grün = Mathematik, rot = Lesen, gelb = Sachunterricht, lila = Religion usw.) und werden in einem entsprechenden gekennzeichneten Schrank oder Raum gelagert. Alle zu einem Groblernziel vorhandenen Arbeitsmittel, „passenden" Kopiervorlagen usw. werden entsprechend beschriftet und in einen Kasten gelegt. Die farbige, einheitliche Ordnung für alle Materialien der Schule kann den „vergesslichen" Lehrkräften beim Zurücklegen helfen.
Es kann auch vereinbart werden, dass alle ausgeliehenen Materialien in die Fächer der Fachkonferenzleiter gelegt werden. Diese ordnen die Lernmittel wieder ein.

SR Regeln für die Pause oder den Schulhof überwachen   SR

Es gibt keine Vorschrift über die Beaufsichtigung der SchülerInnen durch „zwei Augen". Im Normalfall reicht es aus, dass die Kinder sich beaufsichtigt „fühlen". Für die Pausenaufsicht eingeteilte Lehrkräfte sorgen selbst dafür, dass sie rechtzeitig aus dem Unterricht auf den Schulhof kommen.
Wir haben gute Erfahrungen damit gemacht, den Schulhof optisch und baulich in verschiedene Bereiche einzuteilen: Lauf-, Spiel-, Tobe- und Ruhezonen[39]. An Projekttagen spielen die Lehrkräfte in jedem Jahr wieder einzelne Stunden oder auch ganze Tage mit den SchülerInnen auf dem Schulhof, um neue oder „alte" Spiele einzuüben und damit „Probleme" in den Pausen zu vermindern.
Auch aufsichtsführende Lehrkräfte motivieren ab und zu einmal (bei wenigen Schülern auf dem Schulhof) die Kindern zu neuen Spielen.
In einer für einen Praktikumsbericht durchgeführten Untersuchung stellten Studenten auch fest, dass Kinder lieber zur Schule gehen, wenn es für Pausen bei Regen, Eis oder Schnee Alternativen zum Aufenthalt auf dem Schulhof gibt (Pausenhalle, Verbleib in der Klasse, Nachholen der Pause, sobald der Regen aufhört ...).

SR Gesundheit der Lehrkräfte fördern   SR

Viele – auch langjährig arbeitende - Lehrkräfte fühlen sich häufig durch die vielen während des Unterrichts manchmal gleichzeitig auf sie einwirkenden Eindrücke und Anforderungen überfordert und in der Folge krank und ausgebrannt. Mehrere Untersuchungen ergaben, dass zwischen 25% und 35% der Lehrer an einem „Burnout-Syndrom"[40] leiden.

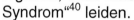

Einen großen Teil dieser Belastungen kann man abbauen, wenn Lehrkräfte lernen, in manchen Situationen konsequent zu handeln.
Sobald ich das Schild „Vorfahrt achten" bei einem Schüler oder bei einer Schülergruppe aufstelle, signalisiere ich den anderen Schülern, dass sie die „Vorfahrt" zu beachten haben. Eine Lehrkraft in den Niederlanden setzte sich als ein gleichen Zwecken dienendes Symbol einen Sommerhut auf, der ebenfalls bedeutet, dass die Lehrkraft sich jetzt voll konzentriert einem Schüler oder mehreren Schülern widmen und nicht gestört werden möchte.
Dieses Symbol behält aber nur dann seine Wirkung, wenn Lehrkräfte lernen, in diesen Situationen konsequent nicht zu reagieren, wenn im sonstigen Unterricht das Eingreifen der Lehrkraft gefordert ist. .
Dazu sind in der Klasse verschiedene Regelungen eingeführt:
- Falls ein Schüler Hilfe benötigt geht er zu mindestens zwei Mitschülern (Experten

---

[39] Vergleichen Sie dazu das Kapitel „Klassen- und Schulregeln".
[40] J. Bauer, Burnout bei schulischen Lehrkräften. In Zeitschrift PiD – Psychotherapie im Dialog", Heft 03/2009, Seite 251 - 255

des Faches) bevor er zur Lehrkraft geht. Etwa 90% ihrer Fragen können auf diese Weise beantwortet werden (siehe auch im Kapitel „Fördern und Fordern: Sozialverhalten" den Abschnitt „Helferprinzip bei Fragen").
- Bei Streitigkeiten in der Klasse gilt, dass auch die Mitschüler helfend eingreifen dürfen. Vorsorglich sollten aber „schwierige" Schüler immer in der Nähe der Lehrkraft ihren Arbeitsplatz haben und auch bei der fördernden Arbeit mit anderen Kindern schon vorsorglich in die Arbeit mit einbezogen werden.
- Sollte es in einigen Ecke des Klassenraumes unruhig werden, gilt die Regel, dass jeder Schüler und jede Lehrkraft jederzeit durch das Hochheben des Armes um Ruhe bitten kann (siehe auch im Kapitel „Fördern und Fordern: Sozialverhalten" den Abschnitt „Arm heben").

In jedem Fall sollte die Lehrkraft von sich aus entscheiden, ob sie –aus verschiedenen Gründen die Arbeit fortsetzt oder unterbricht. Durch konsequentes Handeln muss sie diese Entscheidungsfreiheit erhalten. Es darf nicht passieren, dass die Schüler durch ihr Handeln die Entscheidungen der Lehrkraft beeinflussen.

SU Konfliktfähigkeit der Lehrkraft

SU im Streit schlichten und vermitteln statt zu urteilen
Lehrkräfte, die von SchülerInnen wegen Streitigkeiten angesprochen werden, müssen sich im Rahmen der Gesamtverantwortung um diesen Vorfall kümmern. Sie versorgen zunächst immer eventuell verletzte Schüler.
Erst danach machen sie sich ein Bild von der Situation und befragen Zeugen. In einer Rolle als Vermittler zwischen den Parteien gibt es dabei keine Opfer und Täter sondern nur Beteiligte, die einen Streit ausgetragen haben. Auch Schüler, die immer wieder in Konflikte mit den Mitschülern verwickelt sind, gelten in dieser Situation als unschuldig.
Bei allen Aussagen schweigen die anderen Schüler bis die Rollen gewechselt werden. Dabei macht sich die Lehrkraft zunächst ein Bild vom Ablauf des Geschehens. Sie kann dann versuchen, zwischen den Parteien zu vermitteln, indem sie auf der einen Seite Verständnis für den Beginn des Streites zeigt und auf der anderen Seite auch deutlich macht, dass ein solcher Streit in der Schule unakzeptabel ist. Gemeinsam wird dann daran gearbeitet, ein freundliches Miteinander herzustellen. Bleiben die „Streithähne" unversöhnlich, entscheidet die Lehrkraft selbstständig über weitere Erziehungsmaßnahmen.

SU Störungen professionell nehmen
Professionell arbeitende Lehrkräfte nehmen Unterrichtsstörungen der Schüler niemals persönlich, sie bewahren Ruhe und gehen bedacht mit diesen Störungen um. Bei der Erforschung der Ursachen einer Störung beziehen diese Lehrkräfte neben den möglichen Gründen, die in der Person des Schülers liegen, auch die Mitschüler, die Unterrichtsorganisation, das eigene Lehrerverhalten, die Lernmittel usw. in eine Ursachenforschung mit ein.
Der distanzierte Umgang mit Störungen vermeidet zudem, dass Emotionen die Situation beherrschen. Diese Analyse der Probleme hilft „Magengeschwüre zu vermeiden".
Bei einem – in wenigen Ausnahmefällen – wirklich zerrütteten, persönlichen Verhältnis zwischen einem Schüler und einer Lehrkraft hilft es nur, zum Schul(halb)jahrsende eine andere Lehrkraft in diese Klasse zu schicken.

Professionelles Lehrerverhalten

SU konstruktiv Schülerinnen und Schüler kritisieren
In meiner eigenen Schulzeit gab es vor den Mitschülern Lehreraussagen wie „Ob aus dem noch mal etwas wird?", „Bei dem Vater kann man ja nichts anderes erwarten!", „Als angeblich guter Sportler zeigen sie hier aber nicht genügend Geist!" usw. Diese ironischen oder gar sarkastischen Aussagen haben mich so verletzt, dass ich mich Jahrzehnte später noch an diese Situationen erinnern kann.
Aber: Nur aus konstruktiver und ehrlicher Kritik ziehen die Betroffenen die notwendigen Schlussfolgerungen.

SU Schüler gleich und gerecht behandeln
Ein gutes Lehrerverhalten zeichnet sich auch dadurch aus, alle SchülerInnen gerecht zu behandeln. Selbstverständlich werden verschiedene Aufgaben oder Anforderungen bei unterschiedlichem Leistungsniveau gegeben. Diese Unterschiede begründen Lehrkräfte durchschaubar oder nachvollziehbar auch gegenüber den Mitschülern. Unbegründete Unter- bzw. Überforderungen oder Leistungsbewertungen einzelner Schüler werden von ihnen als willkürlich wahrgenommen.
Bei schriftlichen Leistungsnachweisen können ungerecht behandelte SchülerInnen eine Überprüfung der Bewertung fordern.

SU „Vorführung" von Schülern meiden
Viele Kolleginnen und Kollegen kennen aus der eigenen Schulzeit noch einige tägliche Rituale, bei denen die LehrerInnen die Gefühle der Schüler verletzen und schwache Leistungen einzelner SchülerInnen der Klasse „vorführten":
- Kopfrechnen: Alle Kinder stehen auf, die Lehrkraft stellt eine Aufgabe, die sich meldenden Schüler sagen eine Antwort. Ist die Antwort richtig, darf man sich setzen, bei einer falschen Antwort bleibt man weiter stehen. Zum Schluss stehen täglich noch die schwachen Rechner.
- Tafeldiktat: Zwei Schüler schreiben beim Wortdiktat an der Rückseite der Tafel, die anderen SchülerInnen schreiben im Heft. Beim Aufklappen der Tafel und Vergleichen der Wörter werden die Fehler der Tafelschreiber öffentlich. ...

Solche Verhaltensweisen stellen die Schüler bloß, führen zu Angstblockaden und Leistungsverweigerung.

SH Hilfsbereitschaft der Lehrkraft

SH für eine ruhige Arbeitsatmosphäre sorgen
Unruhige Lehrer können auch die Schüler „beunruhigen".
„Gute" Lehrkräfte
- bewegen sich ruhig durch den Klassenraum
- bitten „ruhig" um Ruhe
- geben Arbeitsmaterialien vor dem Unterricht aus
- delegieren einige Arbeiten
- legen „gelbe Karten" als Verwarnung den SchülerInnen auf den Tisch, um ihre Unterrichtsstörungen oder ihr mangelhaftes Arbeitsverhalten zu verdeutlichen
- tippen einzelnen Schülern, die zur Lehrkraft kommen sollen, auf die Schulter, damit diese wissen, dass es am Helfertisch oder Lehrertisch Hilfen gibt. Die übrigen Schüler arbeiten ungestört weiter, ...

Sie zeigen den Kindern die Ruhe, die diese brauchen, um selbst ruhig zu werden.
Kinder brauchen den Wechsel von Ruhe und Bewegung. Gerade in den letzten Schulstunden „beleben" kurze Bewegungsphasen den Unterricht. So wird durch Lachen, Bewegung und Freude, durch Klatschen, Tanzen und Singen die

Lernbereitschaft wieder hergestellt. Es gibt viele Lieder –besonders für die Grundschule- die sich durch passende Bewegungen zum Text, einfacher lernen und singen lassen. Nach einem bewegten Zwischenteil sitzen die Kinder u.a. wieder ruhiger an ihrem Platz, bewegen sich ruhiger durch die Klasse.

Für Ruhe im Klassenraum sorgt nicht allein die Lehrkraft. Auch Schülerinnen und Schüler können durch das Heben eines Armes anzeigen, dass sie sich durch die Unruhe in der Klasse gestört fühlen (siehe auch im Kapitel „Fördern und Fordern: Sozialverhalten" den Abschnitt „Arm heben").

SH   Schülern bei Schwierigkeiten helfen,   SH
Lehrkräfte, die selten den (frontalen) „Unterricht für alle" praktizieren, geben differenzierte Aufgabenstellungen und gezielte Hilfen für einzelne Schüler. Sie verstehen sich als HELFER, Trainer der Schüler und Moderatoren für den Unterricht und stellen das Lernen der SchülerInnen in den Mittelpunkt der täglichen Arbeit.

Besondere Probleme einzelner Schüler spreche ich einzeln am Lehrerschreibtisch an. Sie erhalten dort Erklärungen in einem Tafelbuch (eine Kladde im DIN-A4-Format, in das ich dauerhaft eine Erläuterung oder Übung notiere und wie eine „Tafel" nutze). Mit dem Datum und Schülernamen versehen, protokolliere ich nebenbei die Förderung einzelner Schüler.

Lehrkräfte, die den Schülern selbst immer wieder Hilfe anbieten und Hilfen geben, können hoffen, dass diese selbst wiederum anschließend zu Helfern werden. Ich möchte, dass alle etwas dazu lernen. Darum werden Aufgabenstellungen auch für einzelne Schüler – notfalls mehrfach – wiederholt.

Denn: Fehler kann man eigentlich nur machen, wenn man weiß, dass etwas falsch ist. Für mich sind falsche Lösungen immer der Ausgangspunkt für gezielte Hilfen. Ich habe aus dem Wort FEHLER für mich durch Umstellen der Buchstaben das Wort HELFER gemacht, was für den Unterricht bedeutet, dass ich Kindern, die eine Aufgabe (noch) nicht lösen oder ein Wort (noch) nicht schreiben können, von mir Hilfe erhalten, während die Schüler, die richtig rechnen, schreiben, lesen … können, von mir schwierigere Aufgaben erhalten.

SH   ermutigend und unterstützend sein   SH
Im Unterricht gehen die Lehrkräfte auf die Schüler zu, um festzustellen, wo Hilfe notwendig ist. Immer wird der erste Schritt von der Lehrkraft gemacht.

Kinder mit Lernschwierigkeiten erleben manches Tun der Lehrkräfte als verurteilend. Der Klassenlehrer oder die an einigen Schulen schon tätigen Sozialarbeiter erkunden bei diesen Kindern, wie sie die Schule und die Lehrkräfte wahrnehmen. Die Folgerungen aus der Sicht dieser Kinder helfen, die Arbeit mit ihnen oder auch das Lehrerverhalten zu verändern.

SH   motivierend sein: Lernfortschritte loben   SH
Bei Leistungskontrollen erhalten die schwächeren Schüler selten eine Rückmeldung, dass sie etwas dazu gelernt haben. Zensuren verschleiern ihre Anstrengungen und Fortschritte. Im Kapitel „Loben, loben, loben" habe ich für die Kennzeichnung einer Leistungsänderung die Pfeile (↗, ↗↗) und die Angabe der prozentual richtigen Lösungen vorgestellt.

In jedem Fall verdienen alle Schüler ein Lob, wenn sie sich angestrengt haben.

SH   auch einmal Ausnahmen machen können   SH
Nur freiwillige sich meldende Schüler dürfen ihre Kenntnisse z.B. an der Tafel zeigen. So wird vermieden, die leistungsschwachen oder noch unsicheren SchülerInnen

aufzufordern und so ihre Schwierigkeiten „öffentlich" zu machen.
Leicht werden sie sonst in der Pause oder auf dem Nachhauseweg gehänselt. Oft schämen sich die betroffenen Schüler für ihr Versagen und arbeiten dann noch weniger im Unterricht mit.

SH   **in Klassengesprächen gleichberechtigt nur ein Teilnehmer sein**   **SH**
Förderlich für das Gesprächsverhalten sind Lehrkräfte, die sich – wie die Kinder - an die Gesprächsregeln halten (Reihenfolge der Sprecher, Melden bei Fragen, Melden bei direkten Wortbeiträgen usw.) und sich als gleichberechtigte Partner auch in den Klassengesprächen verstehen. Sie lassen auch die „abschweifenden" Kinder in Ruhe ausreden und geben anschließend im Einzelgespräch (niemals vor den Mitschülern) konkrete Hinweise, wie sich in Zukunft etwas „kürzer und knapper" darstellen können.

SH   **transparente Lernanforderungen stellen**   **SH**
Hilfsbereite Lehrkräfte strukturieren klar ihren Unterricht lassen auch für die Schüler die Lernziele erkennen. Vortests zu einer Unterrichtseinheit oder zur Selbstkontrolle ausgegebene „alte" Klassenarbeiten verdeutlichen den SchülerInnen, was sie noch lernen müssen. Dadurch können sie wie auch die Lehrkräfte die Anforderungen während des Unterrichts überprüfen und bei entdeckten Schwächen gezielte Übungen durchführen. Gute LehrerInnen geben deutliche Hinweise auf die wichtigen Informationen im Unterricht, wie z.B. die in vielen Schülerbüchern abgedruckten Merksätze.

SH   **detaillierte Angaben über den Lernstand geben**   **SH**
Bei Lernkontrollen ist das Anstreichen der Fehler und die quantitative Auswertung nur der erste Schritt.[41] Verständnisvolle und hilfsbereite Lehrkräfte verschaffen sich selbst über die qualitative Auswertung der Klassenarbeit gezielte Hinweise zum Lernstand. Unter den Arbeiten wird für die Eltern und die Schüler das bisher erreichte Können und der Lernstand spezifiziert beschrieben. Hilfreich sind zudem konkrete Angaben darüber, was noch gelernt werden muss.
Beispiel:
„Du erkennst inzwischen schon gut die Namenwörter und Satzanfänge in einem Text. Auch schreibst du viele Wörter mit einem lang gesprochenen „ie" richtig. Weitere Übungen brauchst du noch, um die kurz und lang gesprochenen Vokale zu unterscheiden, damit du dann erkennst, ob danach ein oder zwei Konsonanten geschrieben werden."
Um das immer wiederkehrende Schreiben ähnlicher Kommentare zu vermeiden, legt man ein Beiblatt in die Arbeit, auf dem die erreichten Ziele und die notwendigen Übungen angekreuzt werden. Dieses Beiblatt wird für jedes Schuljahr nur einmal erarbeitet und kann dann immer wieder verwendet werden.

SH   **den Schülern die Selbstkontrolle von Arbeitsergebnissen zutrauen**   **SH**
In vielen deutschen Schulklassen tragen die Lehrkräfte mittags einen oder mehrere Heftstapel nach Hause, um sie dort zu kontrollieren. Wissenschaftliche Untersuchungen der Gewissenhaftigkeit und Genauigkeit dieser Kontrolle belegen, dass Lehrkräfte – auch in Diktaten und Mathematikarbeiten - bei den als leistungsstark eingestuften SchülerInnen wesentlich mehr „Fehler übersehen" als bei den schwächeren Klassenkameraden.

---

[41] Die Fragwürdigkeit einfachen Unterstreichens falsch geschriebener Wörter soll hier nicht weiter erläutert werden.

Ich gebe daher – abgesehen von Klassenarbeiten - den leistungsstärkeren SchülerInnen den Auftrag, ihre Lösungen mit Hilfe der in der Klasse ausliegenden Lösungshefte / -bücher[42] selbst auf die Richtigkeit zu kontrollieren und gegebenenfalls zu korrigieren. So brauche ich bei einer großen Schülergruppe mittags die Hefte nur abzuzeichnen und das Fertigstellen der Aufgaben zur Kenntnis zu nehmen. Nur bei der kleineren Gruppe der lernschwachen Schüler kontrolliere ich die Lösungen genau. An vielen Tagen erledige ich diese Tätigkeit nach Unterrichtsschluss gleich in der Schule und sortiere die Hefte sofort in die „Postfächer" der Schülerinnen und Schüler ein.

SH Positives Lernklima schaffen   **SH**
Alle unter dem Stichwort „Hilfsbereitschaft der Lehrkraft" aufgeführten Maßnahmen fördern ein positives Lernklima, bei dem die Schüler sich von den Lehrern ernst und angenommen fühlen. Die natürliche Distanz zwischen den Lehrenden und den Schülern bleibt aber immer bestehen.[43]

SF Freundlichkeit der Lehrkraft   SF

SF immer freundlich und höflich den SchülerInnen gegenübertreten   **SF**
In der Grundschule gestaltet man die Begrüßung der SchülerInnen auch dadurch freundlicher, wenn sich die Lehrkraft schon vor Unterrichtsbeginn im Klassenraum aufhält und die nach und nach einzeln eintreffenden SchülerInnen begrüßt und mit ihnen auch über Dinge redet, die außerhalb des Unterrichts liegen.

Bei vormittäglichen Einzel- oder Fachlehrerstunden begrüßt die Lehrkraft zum Unterrichtsbeginn freundlich die Klasse. Die SchülerInnen grüßen stehend oder sitzend (mit oder) ohne Namen der Lehrkraft zurück. Bei diesem Ritual ist aber darauf zu achten, dass das Grüßen von beiden Seiten ehrlich gemeint ist und nicht als „militärischer Appell" praktiziert wird.

Lehrkräfte gehen professionell freundlich auch mit „schwierigen" Schülern um. Sachliche Kritik und konkrete Hilfsangebote erfolgen immer im Einzelgespräch, um Bloßstellungen gegenüber anderen zu vermeiden. Die notwendigen Hilfen erhalten diese Schüler unaufgefordert.

Wechselseitige Hospitationen, anschließende gegenseitige „Beratungsgespräche" oder gemeinsame Fortbildungsmaßnahmen fördern und erhalten die Freude am Beruf und den Spaß beim Unterrichten. Froh gelaunte, höflich fragende und lachende Lehrkräfte erreichen mehr in ihrem Unterricht.

Diese Freundlichkeit wird den SchülerInnen auch dadurch vermittelt, wenn die gesamte Schule mit wohltuenden Farben einen „freundlichen Eindruck" macht. Arbeitsergebnisse an den Pinnwänden deuten darauf hin, dass an dieser Schule die Schülerarbeiten wertgeschätzt werden. Blumen zeigen, dass regelmäßig gearbeitet (gepflegt) wird. Bilder von Schulfeiern, gemeinsamen Unternehmungen usw. erinnern daran, dass auch immer wieder einmal gefeiert statt nur gelernt wird. Urkunden für besondere Leistungen einzelner Kinder sowie Urkunden von Auszeichnungen der Schule bringen für Besucher die Botschaft, dass besondere Anstrengungen hier an der Schule gefordert und auch anerkannt werden.

---

[42] Nähere Erläuterungen zu den Lösungsbüchern finden sie im Kapitel „Erprobte Lernmittel einsetzen".
[43] Lesen Sie hierzu auch das Kapitel „Aufbau einer emotionalen Beziehung".

Höfliche Gesten der Schüler kann man nicht erzwingen, aber vorbildliche freundliche und höfliche Lehrkräfte können einiges erreichen. Schüler dürfen es durchaus sehen, dass ein Lehrer die Bilderrahmen im Flur gerade rückt, ein neben dem Papierkorb liegendes Papierstück aufhebt und hineinwirft, auch einmal selbst die Blumen im Klassenraum gießt, die fehlenden Stühle nach Unterrichtsschluss auf den Tisch stellt usw.

Auch gemeinsame Unternehmungen wie Lehrwanderungen, Ausflüge oder mehrtägige Fahrten helfen die Arbeitsatmosphäre in einer Klasse zu verbessern und bringen einen entspannteren Umgang und mehr Freundlichkeit in die Beziehung zwischen Schülern und Lehrkräften.

SF **Schüler loben**[44] **SF**
Passionierte Lehrkräfte unterrichten meistens fröhlich, freundlich und engagiert. Sie motivieren damit die Kinder zu erhöhten Anstrengungen. Leistungen und Leistungssteigerungen – egal auf welchem Niveau- werden immer wieder gelobt. Nur dann wollen die SchülerInnen immer noch mehr schaffen.

SF **angemessene Belohnungen anwenden** **SF**
Im Lehrerpult liegt bei mir eine Kiste mit kleinen Belohnungen: Briefmarken, Ansichtskarten, Werbegeschenke, Tüten mit kleinen Süßigkeiten usw.
Aus dieser Kiste gebe ich immer dann etwas an die Kinder einer Klasse aus, wenn ich mich besonders über die Mitarbeit, das Verhalten, besondere Leistungen usw. freue.
Nach Protesten eines Zahnarztes verzichtete ich allerdings in den letzten Jahren auf „süße" Belohnungen.

Zusammenfassung zum Arbeits- und Sozialverhalten der Lehrkraft
In diesem Kapitel wurde das wichtigste „Handwerkszeug" professionell arbeitender Lehrkräfte aufgeschrieben, das notwendig ist, um Störungen im Unterricht zu vermeiden. Es wurden Vorschläge zur Verbesserung des Arbeitsverhaltens und der -organisation von Lehrkräften gemacht, aber auch Anregungen gegeben, wie der Kontakt zu den Schülern kommunikativ und konstruktiv gestaltet werden kann. Ich habe mich dabei bemüht, möglichst oft positive Formulierungen zu verwenden und wenige Fehlleistungen aufzuführen. Ähnlich wie beim Arbeits- und Sozialverhalten der Schüler möchte ich das vorbildliche Verhalten herausstellen und allen KollegInnen Anregungen geben, sich entsprechend zu verhalten.
„Offene" Unterrichtssituationen und eine „Individualisierung der Anforderungen" helfen, Unruhe, Unkonzentriertheit oder Disziplinprobleme zu vermeiden, weil die Kinder in die Arbeit einbezogen und ihre Bedürfnisse eher zugelassen werden.
Ein wichtiges Verhalten der Lehrkräfte wurde in diesem Kapitel noch nicht angesprochen. Es betrifft das Erhalten der eigenen Gesundheit trotz der vielfältigen und oft gleichzeitigen Eindrücke im Unterricht.
Viele Lehrkräfte werden unter anderem deswegen krank, weil sie ihren eigenen Ansprüchen nicht gerecht werden. Sie haben zwar gute Klasen- und Schulregeln, sind aber nicht konsequent, wenn es darum geht, eine manchmal auch längere Zeit abzuwarten, bis alle Schüler zuhören, wenn eine längere Schülerschlange am Lehrerpult ansteht oder Verstöße gegen Regeln unbeirrt und immer geahndet werden.

---

[44] Vergleiche dazu auch das Kapitel „Loben, loben, loben"

Individualisierung der Anforderungen beim Lernen

In den vergangenen 30 Jahren veränderten sich die Zusammensetzungen der Schulklassen so dramatisch, dass der früher mögliche gemeinsame Unterricht für alle Kinder heute immer seltener möglich ist. Jede Lehrkraft, die in den letzten Jahren einmal in einem 1. Schuljahr gearbeitet oder eine neue Klasse übernommen hat, kennt die „normalen" Unterschiede in den Fähigkeiten und Fertigkeiten der Schüler. Es kommen am ersten Schultag gleichzeitig Kinder zur Schule, die

- sich in ihrem Vorwissen, in ihrem Sozialverhalten und in ihrem Arbeitsverhalten um bis zu drei Jahre unterscheiden
- schon Amerika oder das Mittelmeer und die Alpen gesehen haben
- kaum Platz zum Spielen haben
- in Deutschland Asyl suchen und die Sprache (noch) nicht sprechen
- mehr als drei Jahre oder noch nie einen Kindergarten besucht haben.

Im Rahmen unserer[45] Integrationsarbeit kommen - als logische Folge des veränderten Unterrichts – auch Kinder in die Schule, die als lernbehindert, sprachbehindert oder verhaltensschwierig eingestuft werden.

Um diesen unterschiedlichen Kindern angemessener zu begegnen und damit auch Lernstörungen zu vermeiden, machen sich immer mehr KollegInnen auf den Weg, ihren Unterrichtsstil den neuen Gegebenheiten anzupassen. Sie versuchen nach Ermittlung der individuellen Lernstände in ihrem Unterricht durch Ansprache, Anforderungsniveau, Medienauswahl und Aufgabenstellung zu differenzieren, um eine „Passung" zwischen dem Können der Schülerinnen und Schüler und den aktuellen Anforderungen der Schule zu erreichen. Ziel ist es, die Lernprozesse so zu verändern, dass ein zeitversetztes Lernen auf unterschiedlichen Niveaustufen möglich wird.

Ein Unterricht, der diese unterschiedlichen Lernvoraussetzungen und Fähigkeiten der Schülerinnen und Schüler berücksichtigt, Über- oder Unterforderungen vermeidet und Verhaltensprobleme vermindern soll, kann nicht für alle gleich sein. Individuelle Fortschritte sind dabei auch wichtiger als der Vergleich mit den MitschülerInnen. Dieser Unterricht braucht offene Arbeitsformen. Ich bezeichne diesen Unterricht als „IdeAL":

I ndividualisierung
de r
A nforderungen beim
L ernen

Dabei werden verschiedene Lernwege zugelassen und die Lernprozesse den unterschiedlichen Fähigkeiten der Kinder angepasst, um Zeit zu gewinnen

- für die Förderung der lernschwachen und verhaltensschwachen SchülerInnen und
- für die Forderungen an leistungsstarke SchülerInnen.

-

> **Diese Zeit gewinne ich nur, wenn möglichst viele Schüler selbstständig arbeiten und die lernschwachen sowie die verhaltensschwierigen Schüler in kleinen Gruppen unter Anleitung der Lehrkraft arbeiten.**

---

[45] Mit den Wörtern „wir", „unsere Schule" usw. beziehe ich mich auf das Kollegium der Grundschule am Schlossplatz in Varel.

Auf dem Weg zur Individualisierung meines Unterrichts setze ich verschiedene Unterrichtsformen ein:
- Arbeit mit einem Schülerbuch
- Tagesplanarbeit
- Wochenplanarbeit und
- Arbeit mit Lernzielplänen.

Selbstständig arbeiten mit dem Schülerbuch

Begonnen habe ich die Änderung meines Unterrichts mit einem veränderten Einsatz der Schülerbücher. Grundlage für diese Umgestaltung blieben die an der Schule vorhandenen Stoffverteilungspläne. Aber hiermit begannen viele wesentliche Änderungen, da immer mehr Ideen nach und nach in den Unterricht integriert wurden, um immer mehr Zeit für leistungsschwache oder „störende" SchülerInnen zu bekommen.

Vor Unterrichtsbeginn wird an der Tafel notiert, welche Seite im Sprachbuch oder Mathematikbuch heute zur Bearbeitung ansteht, z. B.

Sprachbuch „Sprachfuchs 2", Seite 16 , Nr. 1 bis 6.
Die in der Schule nicht geschafften Arbeiten werden zu Hause erledigt.

Wer alle angegebenen Aufgaben geschafft hat, darf auch noch Nr. 7 bis 9 bearbeiten.

---

oder

Mathematik „Zahlenbuch 2", Seite 39, Nr. 1 bis 5 jeweils die Buchstaben a) und b).
Die in der Schule nicht geschafften Arbeiten werden zu Hause erledigt.

Wer alle angegebenen Aufgaben geschafft hat, darf auch noch bei Nr. 1 bis 5 die weiteren Buchstaben bearbeiten

---

Für die veränderte Arbeit erhalten die SchülerInnen zunächst einige allgemeine Tipps:
- Bearbeitet jede Seite im Schülerbuch oder Arbeitsheft von oben links nach unten rechts.
- In den meistens Schülerbüchern und Arbeitsheften sind die Aufgaben nummeriert.

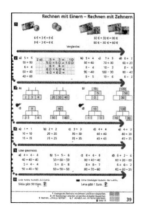 

- Bei Problemen immer zuerst den Nachbarn, die Mitschüler am Gruppentisch, vielleicht den „Experten" der Klasse und dann erst die Lehrkraft fragen.

Sobald die SchülerInnen mit dem Arbeiten beginnen, hat die Lehrkraft Zeit für Beobachtungsaufgaben oder Hilfen bei einzelnen Schülern. Am nächsten Morgen werden wie gewohnt die Hausaufgaben kontrolliert.

Weitere Neuerungen im Umgang mit einem Schülerbuch

Die oben geschilderte Arbeitsweise kann nach einigen Tagen weiter verändert werden.
Nun erhalten die Schüler in einem Fach die Aufgaben für eine Woche an die Tafel geschrieben:

Für alle: *Sprachbuch „Sprachfuchs 2"*,		**Zusätzlich für die schnellen Arbeiter:**
Seite 21, Nr. 1 bis 6	**Mo**	Nr. 6 - 7
Seite 21, Nr. 8 bis 9	**Di**	Nr. 10
Seite 22, Nr. 1 bis 5	**Mi**	Nr. 6
Seite 23, Nr. 1 bis 3	**Do**	Nr. 4
Seite 24, Nr. 1 bis 4	**Fr**	Nr. 5
Die in der Schule nicht geschafften Arbeiten werden zu Hause erledigt		

Die ersten Pläne werden noch ohne Angabe der Wochentage geschrieben. Die schnellen SchülerInnen dürfen allerdings auch weiterhin zunächst nur alle Pflicht- und erst danach alle Zusatzaufgaben bearbeiten.
Die Angabe der Wochentage gibt den SchülerInnen Rückmeldung, ob sie zu schnell oder zu langsam arbeiten. Es bleibt aber weiter eine Freude, die Kinder bei ihrem selbstständigen Arbeiten zu beobachten.

Differenzierungsmaßnahmen

Nach einigen Wochen gewöhnen sich die Schüler an die neue Art des Arbeitens und zwei neue Herausforderungen wollen gelöst sein:
- einige Schüler beginnen, ihre Mitschüler beim Arbeiten zu stören und
- weitere Schüler brauchen sehr oft zusätzliche Hilfen.

Daraufhin erhält die Klasse folgende schriftliche Arbeitsanweisung:

Für alle: *Mathematik „Zahlenbuch 2"*,		Zusätzlich für die schnellen Arbeiter:	Mit dem Lehrer arbeiten:
Seite 50	Mo		**2**, 5,**7**,**8**,9,**13**,19
Seite 51, Nr. 1 bis 4	Di	Blitzrechnen	**2**, 5,**7**,**8**,9,**13**,19
Seite 52, Nr. 1 bis 5	Mi	Nr. 6	**2**, 5,**7**,**8**,9,**13**,19
Seite 53, Nr. 1 bis 4	Mi	Nr. 5	1,6,**22**
Seite 54, Nr. 1 bis 4	Fr	Forschen und Finden	**2**, 5,**7**,**8**,9,**13**,19
Die in der Schule nicht geschafften Arbeiten werden zu Hause erledigt			

Die fett gedruckten Zahlen kennzeichnen die Nummern derjenigen SchülerInnen, die entweder zu langsam arbeiten oder ihre MitschülerInnen beim Arbeiten stören. Die normal gedruckten Nummern fordern einige leistungsstarke Schüler auf gemeinsam mit der

Lehrkraft einige zusätzliche Aufgaben zu bearbeiten. Von Woche zu Woche wird nun aber neu überlegt, welche SchülerInnen besonders gefördert und welche zusätzlich gefordert werden können.

Da die Lehrkraft in diesem Unterricht – wie im Frontalunterricht – gefordert ist, wird die Kontrolle der Aufgaben verändert, indem die Schüler nach der Fertigstellung einzelner Aufgaben durch Partnerkontrolle oder in den Lösungsbüchern selbst die Richtigkeit der Lösungen kontrollieren. Die Störungen werden weniger, wenn ein Teil der Schüler unabhängig von der Lehrkraft selbstständig arbeitet. Die Lehrkraft gewinnt Zeit, sich nur um einige verhaltens- oder lernschwache SchülerInnen zu „kümmern".

Ich halte daher die Veränderung des Unterrichts vom lehrerzentrierten Unterricht für die gesamte Klasse hin zum selbstständigen Unterricht für möglichst viele Schüler und gleichzeitiger lehrerzentrierter Arbeit mit wenigen Schülern für eine Möglichkeit, „Störungen" zu vermindern. Gerade die abwechselnde selbstständige Tätigkeit, die Arbeit mit der gesamten Klasse, auch die Gruppenarbeit oder die Einzelarbeit verunsichern die „Störer" und tragen zur größeren Ruhe bei.

Die gesamte Klasse schreibt auch weiterhin die üblichen Klassenarbeiten. Die qualitative Auswertung von Fehlern ermöglicht dem Lehrer die Einteilung der Förder- und Fordergruppen. Leistungsstarke Schülerinnen dürfen weiterhin überwiegend selbstständig arbeiten. Leistungsschwache (zu langsame) und verhaltensschwierige Schülerinnen bearbeiten die nächste Einheit unter Anleitung der Lehrkraft (lehrerzentriert, Frontalunterricht) in einer Gruppe. Eventuell reduziert man die Anforderungen für diese Schülerinnen. Im Stoffverteilungsplan/ Kerncurriculum werden üblicherweise grundlegende und weiterführende Themen/ Einheiten/ Anforderungen unterschieden.

Für die Förderung der leistungsschwachen SchülerInnen ist es angebracht, auch die „erprobten" Lernmittel aus dem Lehrmittelraum der Schule zu nutzen. Auch bleibt für die Arbeit mit Ihnen mehr Zeit, wenn die leistungsstärkeren Schülerinnen noch die Zusatzthemen bearbeiten.

Fächerübergreifendes Arbeiten mit Tages- oder Wochenplänen

Eine weitere, wichtige Veränderung ergibt sich durch das gleichzeitige Anschreiben der Aufgaben für mehrere Lernfelder, die zunächst nur an einem Tag später auch in einer Woche zu erledigen sind.

Die Aufgaben werden in der durch Pfeile vorgegebenen Reihenfolge bearbeitet, die einzelnen Symbole haben dabei folgende Bedeutung:

Individualisierung der Anforderungen beim Lernen

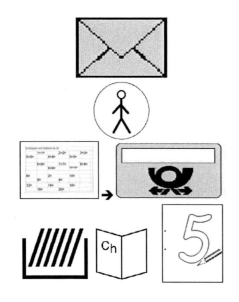

Postfach leeren

zum Stehkreis aufstellen

anschließend Arbeitsblatt zum Briefkasten bringen

Schreibvorlage aus der Kartei holen,
in der Chinakladde schreiben üben,
heute: Ziffer „5"

usw.

Gibt man den SchülerInnen einen fächerübergreifenden mit Symbolen verdeutlichten Plan für eine ganze Woche, wissen die SchülerInnen schon an fast jedem Morgen, was sie zu tun haben. Es ist nur wenig Zeit für das Erklären der nächsten Aufgaben notwendig. Die Lehrkraft gewinnt noch einmal Zeit für die Förderung kleiner Gruppen oder einzelner Kinder. Die bei der Arbeit mit dem Schülerbuch, den Tages- und Wochenplänen gemachten Erfahrungen habe ich durch Lernzielpläne weiter vereinfacht.
Auf diese Weise werden viele Stunden rhythmisiert. Näheres im nächsten Kapitel.

Lernzielpläne für den Rechtschreibunterricht

Diese Arbeitsausweise sind standardisiert aufgebaut. Deutlich erkennbar ist das Kürzel (hier „MM") zum Kennzeichnen des Lernziels und zur Zuordnung der ebenso gekennzeichneten Zusatzmaterialien. Die Rechtschreibregel wird zusammen mit einigen Musterbeispielen angegeben. Auf der Rückseite werden alle zum Lernziel passenden Seiten aus den Schülerbüchern, Übungsheften und die Lernmitteln aus dem Lehrmittelraum der Schule vermerkt. Die Reihenfolge der Aufgaben ist nach ihrer „Wichtigkeit" festgelegt.

Die SchülerInnen beginnen die angegebenen Aufgaben ohne vorherige „Einführung in die Thematik" und ohne gemeinsame Übungen. Erst bei Problemen erhalten sie zusätzliche Hilfestellungen.

Diese Lernzielpläne können viele Jahre lang immer wieder in den Klassen der gleichen Klassenstufe verwendet werden, solange keine neuen Bücher in der Schule eingeführt oder neue Arbeitsmaterialien beschafft werden.

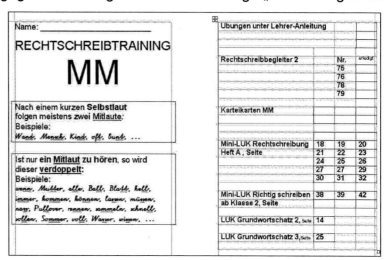

Individualisierung der Anforderungen beim Lernen

Lernzielpläne für den Mathematikunterricht

Das Symbol in der oberen linken Ecke ( ) kennzeichnet das Groblernziel (hier: Mathematik Klasse 1 Arbeitskarte Nr. ❻ „Im Zahlenraum bis 20 einfache Aufgaben rechnen". Dieses Symbol befindet sich auch auf allen Lernmittel und erleichtert den Kindern die Zuordnung der passenden Aufgaben und das Zurücklegen der Materialien.

Der individuelle Beginn der Arbeit zu diesem Lernziel wird rechts unter dem Kreis für die Schülernummer notiert. Darunter ist vorgedruckt „spätestens fertig stellen am 17.3.2005", dieses Datum kennzeichnet den Termin, an dem die Aufgaben und die Klassenarbeit zu diesem Lernziel spätestens beendet sein sollten. Diese Terminangabe entspricht dem Stoffverteilungsplan mit lehrerzentriertem Unterricht der 1970er Jahre.

Kleine Bilder kennzeichnen die verschiedenen Bücher. Darunter sind die zu bearbeitenden Seiten angegeben. Die SchülerInnen beginnen dann zeilenweise alle angegebenen Aufgaben in den verschiedenen Büchern und Arbeitsheften nacheinander zu erledigen.

Die schnelleren Schüler holen sich nach Erledigung aller Aufgaben einen Lernzieltest („NT"), um die eigenen Fähigkeiten zu überprüfen.

Arbeitskarte Werkstattunterricht

Auch der Werkstattunterricht eröffnet ein weitgehend selbstständiges und differenzierendes Arbeiten. Dabei stehen schon zu Beginn der Arbeit in der Klasse alle für das Thema zu bearbeitenden schriftlichen Aufgaben und Experimente bereit. Diese dürfen in selbstgewählter Reihenfolge in Einzel-, Partner- oder Gruppenarbeit erledigt werden.

Zunächst lesen die SchülerInnen jeweils die Arbeitsanweisungen und stellen die Aufgaben dann fertig. Sie arbeiten vorrangig an den besonders gekennzeichneten „Pflichtaufgaben" und danach erst an den (oft attraktiveren) „Zusatzaufgaben". Auf einer Arbeitskarte kreuzen die SchülerInnen die erledigten Aufgaben an und erkennen so die noch zu behandelnden Aufgaben.

Da auch im Werkstattunterricht die meisten SchülerInnen selbstständig arbeiten, besteht für die Lehrkraft auch hier die Möglichkeit, einer kleinen Gruppe SchülerInnen zu helfen, die Schwierigkeiten beim Lernen hat oder deren Arbeits- und Sozialverhalten (noch) kein selbstständiges Arbeiten zulässt. Wenigstens die besonders wichtigen Pflichtaufgaben werden auf diese „lehrerzentrierte" Weise erledigt.

Zwischendurch werden aber auch immer wieder die fortgeschrittenen SchülerInnen kurz zusammen geholt, um mit ihnen gemeinsam schwierigere Aufgaben zu lösen.

Arbeitskarten für Schüler mit Konzentrationsschwächen

In den ersten Schulwochen eines 1. Schuljahres habe ich manche SchülerInnen erlebt, die vielleicht durch die Vielzahl der Symbole im Tagesplan irritiert sind und im Laufe des Vormittags nur wenige Aufgaben erledigen.
Sie erhalten dann zur Unterstützung eine Arbeitskarte, auf der alle Aufgaben des Tages (wie auf einem „Tagesplan") mit Symbolen erläutert werden.
Je nach Leistungsvermögen und Fähigkeiten im Arbeitsverhalten können nun differenzierende Aufgabenstellungen durch die Lehrkraft gegeben werden:

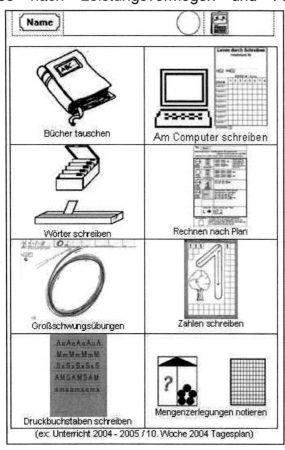

- sie stellen die Aufgaben in der vom Lehrer durch Zahlen angegebenen Reihenfolge nacheinander fertig
- sie bearbeiten die Aufgaben zeilenweise von oben nach unten oder
- sie erledigen die Aufgaben in selbst gewählter Reihenfolge.

Anschließend darf das Aufgabensymbol auf dem Plan jeweils durchgestrichen werden.

Anfangs führe ich spätestens zur Hälfte der vorgesehenen Unterrichtszeit bei diesen SchülerInnen eine Kontrolle darüber durch, ob sie schnell genug arbeiten, um bis zum Unterrichtsschluss alle Aufgaben zu schaffen. Dabei wird zunächst in mündlicher Form auf die noch verbliebene Zeit hingewiesen. Wenn auch in den darauf folgenden Tagen nicht (fast) alle Aufgaben in der Schule erledigt werden, bearbeiten sie die Aufgaben eine Zeit lang unter Anleitung der Lehrkraft.

Mit der differenzierenden Arbeit beginnen

Die Arbeit mit den Tages-, Wochen- oder Lernzielplänen im Rechtschreib- und Mathematikunterricht oder auch der Werkstattunterricht, bringt den Vorteil, dass die meisten Stunden nach der Begrüßung einfach mit der Bemerkung beginnen können: „Hat jemand Fragen? ... Dann fangt an!"
Da die SchülerInnen wissen, was sie zu tun haben, können die Lehrkräfte sich um die Kinder mit Fragen und Problemen besonders kümmern. Auch besteht täglich die Möglichkeit, eine kleine Gruppe von leistungsstarken, leistungsschwachen oder verhaltensschwierigen SchülerInnen an den Lehrertisch zu holen, um mit ihnen besondere Übungen durchzuführen. In jedem Fall bleibt fast immer genug Zeit, auf Fragen und Probleme einzelner SchülerInnen einzugehen.
Aufgabe der Lehrkraft in diesem Unterricht ist es, zu helfen und zu beraten statt zu belehren.

Rhythmisierung des Unterrichts

Selbstverständlich werden im Unterricht nicht allein Tages-, Wochen- oder Lernzielplänen bearbeitet. Aber der Schulvormittag wird möglichst so rhythmisiert, dass die SchülerInnen an vielen Tagen auf einen bestimmten Ablauf vertrauen können und auch eine Abwechslung von Konzentrations- und Entspannungsphasen möglich ist. Neben der Wandtafel ist im Klassenraum eine Magnetwand angebracht, auf der die täglich zu bearbeitenden Aufgaben mit verschiedenen Symbolen veranschaulicht werden.

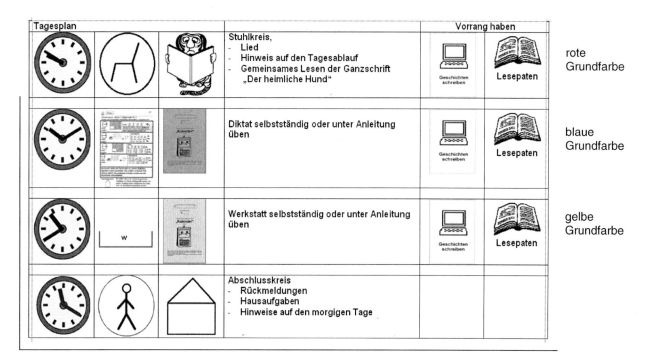

In Klasse 1 verwende ich sehr viele Symbole, damit auch die schwächeren SchülerInnen wissen, welche Aufgaben zu bearbeiten sind. In den höheren Klassen gebe ich auch schriftliche Anweisungen. Vor Unterrichtsbeginn werden nur die Karten ausgewechselt, die auf neue Aufgaben für diesen Tag hinweisen. Diese werden bei der morgendlichen Begrüßung noch gesondert erklärt und den SchülerInnen wird Gelegenheit zu Nachfragen gegeben.

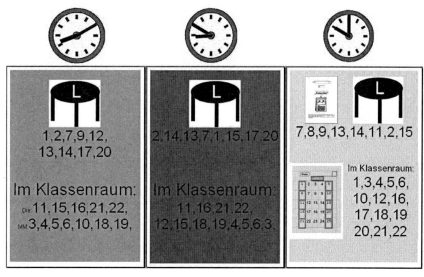

Erläuterungen zu den Symbolen:

Grundfarbe
Diese Farben kennzeichnen alle Materialien für einzelne Lernfelder:
blau = Schreibenlernen, Rechtschreiben
grün = Mathematik
gelb = Sachunterricht
rot = Lesenlernen, Umgang mit Texten
lila = Religion ...

Diese farbigen Karten geben zusätzlich noch die Uhrzeiten an, zu welchem Zeitpunkt einzelne SchülerInnen für besondere Forder- oder Fördermaßnahmen zur Lehrkraft kommen.

1,2,7,9,12,
13,14,17,20

Jeder Schüler hat seine eigene Nummer (siehe Kapitel „Unterrichtsorganisation optimieren"). Das Aufschreiben der Nummern ist schneller zu erledigen und spart Platz.

Am Lehrer- oder Hilfetisch wird schnell eine Gruppe von Schülern versammelt, um unter Anleitung der Lehrkraft zu arbeiten. Im obigen Beispiel werden die Schüler Nr. 2, 7, 13 und 14 bei allen Aufgaben angeleitet, da ihre Nummern bei allen Lernfeldern angegeben sind.

im Klassenraum
Die hier angegebenen Schüler erledigen ihre Aufgaben selbstständig im Klassenraum. Sie achten nur darauf, dass sie eventuell eine oder mehrere Aufgabe zu bestimmten Zeiten am Lehrertisch bearbeiten. Ansonsten dürfen sie die Reihenfolge der noch zu bearbeitenden Aufgaben frei auswählen. Im obigen Beispiel haben die Schüler Nr. 3, 4, 5, 6, 10, 16, 18, 19, 21 und 22 dazu drei Schulstunden Zeit.

Während in der Anfangsphase meiner Lehrertätigkeit einzelne Stundenverläufe zum Teil minutiös geplant wurden, habe ich in den letzten Jahren fast ausschließlich mit Tabellen für die Arbeit einer ganzen Woche gearbeitet und auf diese Weise den Unterricht gegliedert und akzentuiert.
Der im obigen Tagesplan- Aushang (Muster Klasse 2) angegebene Rhythmus hat sich auch an vielen anderen Tagen bewährt:

- **Gemeinsamer Beginn**, Begrüßung, Lied, erste gemeinsame Arbeit der gesamten Klasse (hier: Lesen der Ganzschrift mit differenzierenden Aufgabenstellungen für das unterschiedliche Vorlesekönnen).

- **Selbstständige Arbeit nach Plan** = die meisten Schüler bearbeiten weitgehend selbstständig durch Lernzielpläne oder Arbeitskarten vorgegebenen Aufgaben in einer selbstgewählten Reihenfolge. Auf einem gesonderten Aushang wird jeweils angegeben, welche SchülerInnen zu den angegebenen Zeiten die Übungen unter Anleitung der Lehrkraft bearbeiten.

- **Abschlusskreis** mit Nachfragen und Rückmeldungen der SchülerInnen, Hinweis auf die Hausaufgaben, Lied

Verabschiedung: Die SchülerInnen kommen einzeln zur Lehrkraft.

Raum schaffen

Kinder lernen ruhiger und intensiver, wenn sie in hellen, gut beleuchteten, sauberen, aufgeräumten und großzügigen Klassenräumen arbeiten können. Auch eine freundlich gestaltete Lernumgebung, gut durchlüftete Räume und mehr als 2 m² Platz für jeden Schüler fördern das Lernen. Eine gute Akustik, vorhandene Gruppenräume sowie körpergerechtes Mobiliar vermindern zudem auch noch Störungen des Unterrichts.

In den von mir gestalteten Klassenräumen verliert die Wandtafel ihre beherrschende Funktion (z.B. für das Abschreiben). Manche Schüler sitzen dabei mit dem Rücken zur Tafel, wenn sie an ihren schriftlichen Arbeitsaufträgen, Schülerbücher, Karteikarten usw. arbeiten.

Gruppentische an die Wand stellen

In der Klasse wird der vorhandene Raum günstiger genutzt, wenn die Schülertische (hier Gruppentische) mit einer „offenen" Seite an die Wand geschoben werden. Dabei wird Fläche auch dadurch gespart, dass einige Schülerinnen oder Schüler Rücken an Rücken sitzen (und beim Aufstehen auf den „Hintermann" achten müssen).

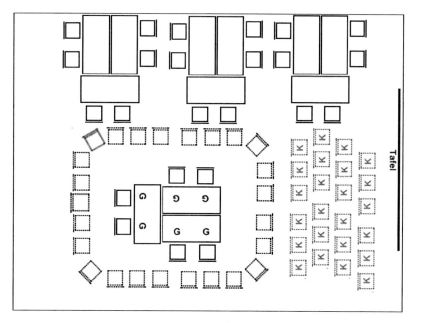

Diese Skizze verdeutlicht die an die Wand geschobenen Gruppentische. Ein Gruppentisch (G) bleibt in der Mitte der Klasse stehen. Dieser Tisch wird auch, falls kein gesonderter Arbeitstisch im Gruppen- oder Nebenraum vorhanden ist, als Lehrer- oder Hilfetisch genutzt.

Um mit der gesamten Klasse zu arbeiten, bilden die Schüler einen Stuhlkreis um den in der Klassenmitte stehenden Gruppentisch „G" (gestrichelte Stuhlskizze).

Bei den selten notwendigen Erklärungen für die gesamte Klasse setzen sich alle Kinder „wie im Kino" reihenweise vor die Tafel (in der Skizze die mit „K" markierten Stühle).

```
Der Inhaber dieses
Ausweises darf,
ohne andere Schüler
zu stören, auch
außerhalb des
Klassenraumes
arbeiten.

Name:

Klasse:_____
```

Arbeitserlaubnisausweis

Im Kapitel „Loben, loben, loben" beschreibe ich zum Lernfeld „Vorbildliche Selbstständigkeit" den Arbeitserlaubnisausweis, mit dem Schüler an beliebiger Stelle auf dem Schulgelände arbeiten dürfen.

Statt einer solchen „Belohnung" für vorbildliches Verhalten gibt man eine veränderte Karte zunächst auch vertrauensvoll an alle SchülerInnen der Klasse aus. Wird einem „störenden" Schüler die Karte weggenommen, spricht man anschließend mit ihm über das Verhalten und über eine Wartezeit für die Rückgabe der Karte. Im Allgemeinen bemühen sich aber alle SchülerInnen sehr ruhig zu arbeiten, um ihren Ausweis nicht zu verlieren.

Zusätzliche Arbeitsplätze schaffen

Um mit den Arbeitserlaubniskarten auch außerhalb des Klassenraumes zu arbeiten, werden dort zunächst einmal Arbeitsmöglichkeiten oder Arbeitsplätze geschaffen.

Am einfachsten ist es, zusätzliche Arbeitsplätze im Flur zu schaffen, wenn dort Schülertische aus dem Lager an den Fensterseiten, in Nischen usw. aufgestellt werden.[46] Genügend Licht und eine angenehme Raumtemperatur sind natürlich auch für ruhiges Arbeiten notwendig.

---

[46] Der Sicherheitsbeauftragte der Schule sollte darauf achten, dass die vorgeschriebene Breite der Flure und Gänge für Fluchtwege bestehen bleibt.

Alle „Funktionsräume" (Musik-, Werk-, Lehrmittelraum) nutze ich für weitere Arbeitsplätze in den Stunden, in denen in diesen Räumen kein Fachunterricht stattfindet. Vorher werden die in Schränken befindlichen Materialien sicherheitshalber eingeschlossen.
Während des Unterrichts nutzen die mit einem Arbeitsausweis ausgestatteten Schülerinnen die „Spieltische" zum Schreiben und Rechnen.

Lesende Schüler ziehen sich mit „Leseteppichen" (preisgünstige Teppiche ca. 60 x 100 cm, die aufgerollt nur wenig Platz beanspruchen) in andere Räume zurück und setzen oder legen sich dort auf ausgerollte Teppiche.

Auf dem Schulhof nutzen die Schüler die Bänke, Tischtennisplatten oder Spielhäuser zum Arbeiten.

Trennwände
Aus großen Pappstücken (mind. 80 x 30 cm, z.B. zwei zusammengeklebte Rückseiten der A3-formatigen Zeichenblöcke) werden Trennwände mit einer großen Mittel- und zwei Seitenwänden gefaltet.
Die Trennwände stehen in einer Ablage in der Klasse. Dort holt sich jeder Schüler bei Bedarf eine Trennwand.

 Die Symbole auf der Vorderseite zeigen, dass der betreffende Schüler zur Zeit in Ruhe arbeiten möchte und er auch im Moment nicht als „Chef einer Werkstattaufgabe", als Partner zum Bearbeiten einer Aufgabe oder zum Spielen usw. zur Verfügung steht.

 Hinter der Trennwand signalisiert das „Verkehrszeichen" dem Schüler, dass er mit dem Aufbau der Wand verspricht, leise zu arbeiten. Bei Störungen wird die Trennwand zum Lager zurück gebracht.

Die Trennwände verhindern, dass SchülerInnen mit Ranzen, Federmappen und Schülerbüchern „Burgen" auf ihrem Arbeitstisch errichten und so ihre eigene Arbeitsfläche wesentlich verkleinern.

Klassenlehrerräume
Lehrkräfte engagieren sich stärker für die wohnliche Ausgestaltung eines Klassenraumes, wenn sie davon ausgehen können, in diesem Raum längere Zeit als Klassenlehrkraft arbeiten zu dürfen. Nach einem Konferenzbeschluss erhalten die Lehrkräfte „ihren" Klassenraum auf Dauer. Dabei wird die Zusammenarbeit der Lehrkräfte begünstigt, wenn Parallelklassen möglichst nahe beieinander liegen.

Jeweils zum Schuljahreswechsel werden gegebenenfalls passende größere oder kleinere Tische und Stühle vom Hausmeister und den Mitarbeitern des städtischen Bauhofes zwischen den Klassen hin- und hergetragen. Um auf diese Arbeit verzichten zu können, ist es vorteilhaft, langfristig höhenverstellbare Stühle und Einzeltische zu beschaffen.

Die Lehrkräfte gestalten „ihren" Raum nach eigenen Vorstellungen dauerhaft mit Briefkasten, Postfächer, Eigentumsfächer oder Materialablagen. Größere Anschaffungen (neue Möbel, Computer, Arbeitsecken, Pinnwände, Klassenbüchereien usw.) werden auch dann genutzt, wenn sie erst im Jahr nach der Beantragung zur Verfügung stehen. Auch die lehrereigenen Materialsammlungen bringen sie in diesen Räumen unter.

Lehrertisch, Hilfetisch

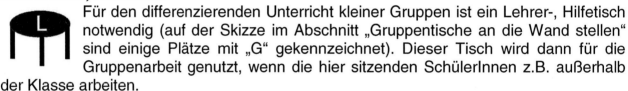

Für den differenzierenden Unterricht kleiner Gruppen ist ein Lehrer-, Hilfetisch notwendig (auf der Skizze im Abschnitt „Gruppentische an die Wand stellen" sind einige Plätze mit „G" gekennzeichnet). Dieser Tisch wird dann für die Gruppenarbeit genutzt, wenn die hier sitzenden SchülerInnen z.B. außerhalb der Klasse arbeiten.

Ich habe für den im Klassenraum integrierten Gruppenraum zwei Halbkreis-Tische angeschafft. Durch dazwischen gestellte Einzeltische vergrößere ich die Arbeitsfläche.
An diesem Tisch arbeitet die Lehrkraft mit kleinen Gruppen, die oft langfristig in vielen Lernfeldern zusätzliche Anleitungen oder Hilfe benötigen und mit denjenigen Schülern, die wegen ihres Arbeits- und Sozialverhaltens möglichst nahe bei der Lehrkraft arbeiten müssen.

Zeit haben

In jedem 1. Schuljahr starten die Schülerinnen und Schüler den Erstunterricht mit sehr unterschiedlichen Voraussetzungen. In einem geöffneten Unterricht nutzen die meisten SchülerInnen weitgehend selbstständig das Lernangebot
- „Lesen durch Schreiben"[47] mit Hilfe der Anlauttabelle,
- der Basissoftware „Erstes Verschriften"[48] und
- selbst entwickelter Vorlagen zum Erlernen der „Vereinfachten Ausgangsschrift".

Um ihren Lernstand festzustellen und die Lernfortschritte zu erkennen, schreiben sie zu verschiedenen Zeitpunkten des Schuljahres jeweils 3 verschiedene Sätze[49]:
- Ich heiße … (Name des Kindes)
- Ich bin ein Junge bzw. Mädchen.
- Oma und Opa lesen.

Für die folgende Tabelle habe ich einige Schülerleistungen abgeschrieben. Dabei wurden die Unterschiede bei den Wortlücken, der Rechtschreibung oder der Schriftart berücksichtigt:

29.10.	22.12.	7.5.	17.6.
EHSDANIELA EHS---- OMAO-----	I HSA DANIELA I HES MABA OMA OPA LSE	iCH HEiSE DANIELA ICH BIN EIN MENCHEN OMA UND OPA LESEN A	ich heise Daniela ich bin ein meschen oma und opa lesen B
EAJSE ROUVEN E---JOEF OMA-L-----	E HEI –AA OMA UND OP----	ECH HAUZE ROUVEN ECH BEN EIN JUnE OMA UND OPA LESEN	ICH HEISE ROUVEN ICH BIN EIn JUE Oma und OPA LESEn A
FE---NI JAN LEO M --- OMAU8JAN	ECHSJAN ENAJNN OMA OP---	iCHAEISEJAN ICHBENEIJUNE OmA OPA LESEN	ichaeiseJan ichBenein Junge Oma und Opa Lesen A
EIJHEISEJANA EIJBENANMETJN OMAOTOPALESEN	ICH HEISE JANA iCH BiN EiN MiTJEN OMA UND OPA LESEN A	Ich heise Jana Ich ben ein Meschen O ma und O pa lesen B	Ich heiße Jana Ich binein Mädchen Oma und Opa lesen

Beim Vergleich dieser Leistungen stellt man fest, dass diejenigen Schüler, die mit besseren Voraussetzungen in das Schuljahr gestartet sind, auch am Ende des Schuljahres bessere Leistungen bringen.
Aber ebenso erkennt man, dass ähnliche Leistungen von den SchülerInnen zu verschiedenen Zeitpunkten erbracht werden (vergleiche die Felder A und B).

---

[47] Ideen zum konkreten Unterricht stammten aus den ersten Veröffentlichungen von Jürgen Reichen, *Lesen durch Schreiben*, Zürich 1982 (Sabe-Verlag)
[48] Die Software ist im Verlag Otto Heinevetter Lehrmittel GmbH, 22089 Hamburg, erschienen.
[49] Nach einer Idee von Renate Valtin, *Schriftspracherwerb als Entwicklungsprozess*, in: *Grundschule* 12/ 1988, Seite 12-21

Diese Testergebnisse bestätigen die alte Lehrerweisheit, dass die SchülerInnen mit äußerst unterschiedlichen Leistungen in der Schule beginnen, sie in unterschiedlichem Tempo lernen, aber alle Schüler die verschiedenen Lernstufen durchlaufen müssen.

Für die Arbeit in „Integrationsklassen" habe ich die Rahmenrichtlinien der Grundschule mit den entsprechenden Vorschriften der Sonderschule verglichen und festgestellt, dass die Sonderschüler fast identische Lernziele jeweils nur **ein** oder **zwei Jahre später** bearbeiten.

Brügelmann vergleicht in diesem Zusammenhang das zeitliche Lernen der Schüler mit einer Kamelkarawane, die von einer Oase zur anderen unterwegs ist. Das Kamel, das als erstes die Oase verlässt, kommt auch meistens als erstes in der neuen Oase an. Die Reihenfolge der Tiere ändert sich beim Gang durch die Wüste nur unwesentlich.

These 1:

Jeder Schüler braucht „seine" Zeit zum Lernen.

These 2:

Als Lehrkraft brauche ich Zeit, um den Schülern zu helfen.

Daher wurde mein Unterricht immer wieder umgestaltet, um Freiräume zu schaffen, in denen ich mich um einzelne Schüler oder Schülergruppen kümmere und mir bewusst auch Zeit für erzieherische Ziele nehme.

Mit einigen methodischen Hilfen gewinne ich Zeit.

Lesepaten

Die dafür geworbenen Erwachsenen (Eltern, Großeltern, aber auch andere interessierte Personen, die sich engagieren möchten) kommen an bestimmten Tagen und zu bestimmten Stunden in die Klasse. Sie setzen sich in den Flur oder in einen Nebenraum. Schon zum Beginn des Unterrichts legen die Schülerinnen und Schüler ihre Vorleseausweise auf das Lehrerpult. In der dadurch vorgegebenen Reihenfolge gehen jeweils zwei Kinder zum Vorlesen. Ein Schüler liest dort vor, während der zweite nur zuhört oder leise mitliest. Nach dem Vorlesen erhält jeder Schüler vom Lesepaten eine Bestätigung in seinem Vorleseausweis (Namenszeichen, kleine Zeichnung, Sticker o. ä.). Danach beginnt der zunächst zuhörende Schüler mit dem Vorlesen, während der bisherige Leser zurück in den Klassenraum geht. Dort legt er seinen Vorleseausweis wieder unter den Stapel am Lehrerpult. Er nimmt in jedem Fall den obersten Vorleseausweis mit und legt diesen wortlos beim nächsten Schüler auf den Tisch. Dieses ist für ihn das Signal, möglichst alle Arbeiten zu unterbrechen und zum Lesepaten zu gehen, denn das Vorlesen ist vorrangig vor allen anderen Arbeiten[50]. Alle zurück kehrenden Schüler setzen dann die zuvor unterbrochenen Aufgaben am Arbeitsplatz fort.

Schüler, die aus verschiedenen Gründen ihre anderen Arbeiten fortsetzen wollen, legen ihren Vorleseausweis wieder unter den Stapel am Lehrerpult und bringen dem nächsten Schüler einen Ausweis.

---

[50] Vergleichen Sie dazu auch den Tagesplan im Kapitel „Rhythmisierung des Unterrichts".

Schüler nummerieren
Im Kapitel „Unterrichtsorganisation optimieren" habe ich näher erläutert, dass zu Beginn des ersten Schuljahres jeder Schüler von mir eine eigene Nummer erhält. Diese Methode trägt auch zu erheblichen Zeitgewinnen bei, wenn die SchülerInnen selbstständig ihre abzugebenden Hefte in der Zahlenfolge auf den Lehrertisch legen und schnell kontrolliert werden kann, ob einzelne Hefte dann fehlen.

Arbeitsanweisungen über Symbole[51]
Eine weitere Möglichkeit der Lehrkraft, auch in den ersten Klassen schon Zeit zu gewinnen, gibt es über „symbolische Arbeitsanweisungen"[52]. Diese werden für alle sichtbar an jedem Morgen im Klassenraum aufgehängt. Sie kennzeichnen die Lehr- und Lernmittel, die Sozialformen, Arbeitsplätze und eventuell auch noch die Uhrzeiten. Die als Tages-, Wochen- oder Lernzielplan vorgegebenen Aufgaben werden selbstständig in selbst gewählter Reihenfolge erledigt.

Einige Beispiele für die symbolischen Arbeitsanweisungen:

Arbeitsplatz

Am **Lehrer- oder Hilfetisch** wird unter Anleitung der Lehrkraft mit den SchülerInnen gearbeitet, die besonders gefördert oder gefordert werden müssen.

Stuhlkreis für längeres gemeinsames Arbeiten

„**Kino-Sitzreihen**" vor der Tafel

Aufgabenarten

Pflichtaufgaben werden von allen Schülern bearbeitet, sie enthalten die grundlegenden Anforderungen),

Zusatzaufgaben werden zusätzlich von den schnelleren Schülern bearbeitet und beinhalten erhöhte Anforderungen) und

Wahlaufgaben dürfen von allen Schülerinnen frühestens nach dem Erledigen der Pflichtaufgaben bearbeitet werden).

Tätigkeit

lesen

---
[51] Eine Auswahl der Symbole finden sie auf der CD.
[52] Siehe auch das Kapitel „Rhythmisierung des Unterrichts"

Zeit haben

 **kontrollieren**: Lösungskontrolle, auf der Rückseite nachsehen

 Hausaufgaben erledigen

 Indianergang oder **Schleichgang** für Schreib- oder Rechenübungen, bei denen die SchülerInnen durch die Klasse gehen.

Sozialformen

 Einzelarbeit

 Partnerarbeit

 Gruppenarbeit

Lernmittel

 Schreibvorlage für das Üben von Ziffern oder Buchstaben

 Kartei: Sachunterricht, Mathematik, Rechtschreibung mit selbstgefertigten Karteikarten (aus alten Schülerbüchern) mit Lösungen auf der Rückseite

 Rechenheft

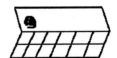 **Mini-LÜK-Kasten**

 „Wortschatzkiste": darin werden die kleinen Karteikarten zum Üben des Rechtschreib-Wortschatzes aufbewahrt

 VA-Schreibheft: das DIN-A4 große Schreib-Lernheft zum Üben der „Vereinfachten Ausgangsschrift"

Regelmäßige Aufgaben

Schul- und Hausaufgaben erledigen[53]
Ich lege großen Wert darauf, dass möglichst viele Schüler die Tagesaufgaben (inklusive der Hausaufgaben) schon während der Unterrichtszeit schaffen oder wenigstens beginnen. Besonders die „schnellen" Lerner verschaffen sich auf diese Weise zusätzliche „Freizeit". Dennoch bleiben bei den schriftlichen Aufträgen das sorgfältige und genaue Arbeiten und die Sauberkeit wichtigste Trainingsaspekte. Auch Verlässlichkeit wird dadurch geübt, dass Aufgaben zu einem vereinbarten Zeitpunkt fertig gestellt werden müssen.

Hausaufgaben-Betreuung
Für SchülerInnen, die zu Hause keinen angemessenen Arbeitsplatz haben und dort ihre Aufgaben nicht in Ruhe fertig stellen können, wurde an der Schule eine „Hausaufgabenbetreuung" eingerichtet, bei der die Schüler unter Aufsicht einer erwachsenen Person (Eltern, ABM-Kraft, Sozialpädagogen u.a..) die Hausaufgaben anfertigen. Falls die Schüler innerhalb der vorgesehenen Zeit (Klasse 1 bis 4 maximal 45 Minuten) trotz ununterbrochenen Arbeitens die Aufgaben nicht schaffen, schreiben die Erwachsenen unter der Arbeit eine kurze Notiz und dokumentierten auf diese Weise die Bemühungen der Schüler.

Schul- und Hausaufgaben kontrollieren
Hausaufgaben und sonstige schriftliche Arbeiten werden von den Lehrkräften regelmäßig – möglichst täglich – kontrolliert.
Für alle Lernfelder, die im Laufe eines Schuljahres mehr als ein Heft benötigen, schaffen die SchülerInnen schon zu Beginn des Schuljahres zwei Hefte an. Diese werden mit verschiedenen Markierungen (z.B. rote und grüne Punkte, Kreise) versehen.

Auf einem Poster an der Stirnseite der Klasse sehen die Schüler an jedem Morgen, in welchem Heft heute im Unterricht gearbeitet wird. Das andere Heft wird schon vor Unterrichtsbeginn zur Kontrolle abgegeben. Damit wird keine Unterrichtszeit für das Einsammeln und Ausgeben der Hefte verschwendet.

Montag	Dienstag	Mittwoch	Donnerstag	Freitag
grün	rot	grün	rot	grün

---

[53] Zur Organisation des Unterrichts siehe auch die Anmerkungen im Kapitel „Professionelles Lehrerverhalten".

Jeweils am nächsten Morgen holen sich die SchülerInnen die kontrollierten Hefte aus den Postfächern und arbeiten damit an diesem Tag in der Schule. Nicht fertig gestellte Hausaufgaben werden jeweils zum nächsten Tag nachgeholt. Diese kulante Regel gilt allerdings nur für diejenigen Schüler, die vor Unterrichtsbeginn bei der Lehrkraft die vergessenen Hausaufgaben anmelden.

Die regelmäßig anzufertigenden schriftlichen Schul- und Hausaufgaben dienen zur Vertiefung sowie zur Übung und Motivation. Sie sollen lebensnah und produktiv sein, um die freie Arbeit oder den Wochenplan- bzw. Lernzielplanunterricht zu ergänzen. Durch Aufgaben zum Erkunden, Befragen, Aufsuchen, Beobachten, Versuchen und Experimentieren wird die freie Arbeit fortgesetzt.

Die Lehrkräfte kontrollieren die Hausaufgaben und die in offenen Arbeitsformen angefertigten Aufgaben, auch um einen Überblick darüber bekommen, ob die richtigen Lösungswege benutzt werden oder sonstige Schwierigkeiten vorhanden sind. Sie erkennen so rechtzeitig, welchen Schülern noch geholfen werden muss. Die Schüler erhalten bei jeder Kontrolle eine Rückmeldung über ihr sorgfältiges und genaues, sauberes und pünktliches Arbeiten.

Heftabgabe
Während des Unterrichts stecken die Schülerinnen und Schüler alle Hefte, Arbeitsblätter usw. in den Briefkasten der Lehrkraft. Dickere Arbeitshefte, Schülerbücher usw. stapeln sie in einen neben dem Briefkasten stehenden Ablagekorb.
Die jeweils vor Unterrichtsbeginn am Lehrerpult zur Kontrolle abzugebenden Hefte mit den Hausaufgaben legen sie auf dem Lehrerpult an die mit dem nebenstehenden Schild markierte Stelle.

> **Hier werden alle Hefte und Bücher (auch Hausaufgaben) abgelegt, die nachgesehen werden sollen.**

Heftführung
Viele SchülerInnen brauchen nur wenige Anweisungen, um ihre Hefte sorgfältig zu führen. Als allgemeine Anweisungen reichen für viele aus:
- beginne immer oben links mit dem Arbeiten
- schreibe alle Seiten möglichst voll
- beginne eine neue Aufgabe auf der neuen Seite, wenn nur noch wenige Zeilen Platz verbleiben
- beginne möglichst immer am linken Rand und schreibt die Zeilen bis zum rechten Rand voll

Die SchülerInnen, die weitere Anweisungen benötigen, werden in kleinen Gruppen oder einzeln unter Anleitung der Lehrkraft im differenzierenden Unterricht gefördert.

Belohnungen für in der Schule angefertigte Aufgaben
Täglich zum Unterrichtsschluss verabschieden sich (fast) alle Kinder persönlich von der Lehrkraft. Dabei gebe ich bei jedem Kind mit wenigen Worten eine Rückmeldung über das am Vormittag gezeigte Arbeitsverhalten (positiv / negativ). Ich bemühe mich in diesen Gesprächen um möglichst positive Formulierungen - auch bei Kritik -, damit die Kinder für weiteres fleißiges Arbeiten motiviert werden.[54]

---

[54] Mehr dazu auch in den Kapiteln „Aufbau einer emotionalen Beziehung" und „Loben, loben, loben: Vorbildliches Arbeitsverhalten loben".

Regeln in der Klasse und in der Schule

Vorbemerkungen

Schon für das Kleinkind ist es wichtig, dass es in einem „abgegrenzten Schonraum seine eigene Kraft und Persönlichkeit entdecken kann und befähigt wird, die Einmaligkeit seiner Persönlichkeit zu entwickeln, obwohl Regeln Grenzen setzen. Auf Regeln stoßen wir in unserem ganzen Leben. Ohne Regeln ist das Zusammenleben nicht denkbar. „[…] ohne Einhalten von Regeln kann ich nicht schreiben, lesen, rechnen lernen, […].", so Jirina Prekop und Christel Schweizer in ihrem Buch *Kinder sind Gäste, die nach dem Weg fragen.*[55]

Auch in Familien mit altersunterschiedlichen Kindern erleichtern Regeln das Zusammenleben. In vielen Klassen werden Kinder mit unterschiedlicher Herkunft und Erziehung, unterschiedlichen Wertvorstellungen und Vorlieben gemeinsam unterrichtet. Hier sind wie in jeder Gemeinschaft Regeln notwendig, die das Zusammenleben erleichtern.

Die Regeln der Schule bieten den Kindern Verhaltenssicherheit und ermöglichen ihnen, sich zugehörig, heimisch, wohl zu fühlen usw.. Für die tägliche Arbeit sind die im Kapitel „Kinder brauchen Regeln" beschriebenen Lernziele für das Arbeits- und Sozialverhalten aber viel zu umfangreich. Einige „wichtige" Regeln werden von allen gemeinsam erarbeitet. Bevor viele Vorgänge in den Klassen und Schulen geregelt werden, können auch passive, d.h. organisatorische oder bauliche Maßnahmen dazu beitragen, einige Störungen des Schulbetriebs zu vermindern oder zu vermeiden.

Die Analyse von Klassenregeln aus vielen verschiedenen Schulen und Klassen ergab, dass darin in erster Linie das Sozialverhalten organisiert wird. Sie regeln das Zusammenleben und –arbeiten sowie das Verhalten im Konfliktfall. Die Lernbereiche Freundlichkeit, Kontaktfähigkeit und Hilfsbereitschaft sind oft nur mit Appellen vorhanden.

Ebenso sind viele Schulregeln so aufgebaut, dass sie das Zusammenleben und viele mögliche Konfliktsituationen erleichtert werden.

Grundsätzlich sollten nur Konflikte durch Regeln für die Klassen und Schulen geordnet werden.

In jedem Fall müssen die Regeln auf den Elternabenden vorgestellt werden. In manchen Schulen gibt es inzwischen Schulverträge, in denen auch die Erziehungsberechtigten durch ihre Unterschrift die Verbindlichkeit der Schulordnung und Klassenregeln unterstreichen.[56]

---

[55] Jirina Prekop / Christel Schweizer, *Kinder sind Gäste, die nach dem Weg fragen*, München (dtv), 1999, Seite 41
[56] Ein Muster dazu finden Sie auf der beiliegenden CD unter „78 Schulvertrag".

Im Folgenden werde ich zunächst auf die im Leitbild zusammengefassten Rechte und Pflichten der Schüler sowie auf die Erarbeitung und den Umgang mit Regeln in der Klasse eingehen und anschließend Beispiele für organisatorische und bauliche Veränderungen des Schulbetriebs vorstellen. Alle gemeinsam mit den Schülerinnen und Schülern entwickelten Klassen- und Schulregeln sollten immer positiv formuliert sein und das „gewünschte" Verhalten beschreiben.

Leitbild „Rechte und Pflichten der Schüler"

In einem Leitbild einigen sich Lehrkräfte, Erziehungsberechtigte und Schüler auf ein Leitbild für ihre Rechte und Pflichten.

Aus den hier vorgestellten Mustern für das Schülerverhalten werden die konkreten Klassen- und Schulregeln abgeleitet. Die nachfolgenden Rechte und Pflichten der Schüler entsprechen in Ihrer Reihenfolge den Leitbildern für Eltern (siehe Kapitel „Kinder brauchen Regeln") und denen für die Lehrkräfte (siehe Kapitel „Professionelles Lehrerverhalten").

Die Rechte und Pflichten der Schüler sind nach dem Leitgedanken „Freiheit in Verantwortung" beschrieben. Jeder kann seine Rechte nur so lange in Anspruch nehmen, so lange er bereit ist, seine Pflichten einzuhalten.

Vorbild

- Ich verhalte mich in der Klasse und auf dem Schulgelände vorbildlich.

A — Arbeitsverhalten
AM — Arbeitsmotivation

- Ich möchte viel lernen. – Also schaffe ich möglichst viele Aufgaben im Unterricht.

AS — Selbstständigkeit

- Ich möchte selbstständig werden. – Also erledige ich meine Aufgaben alleine und hole mir Hilfe, wenn ich Hilfe brauche.

AD — Konzentration

- Ich möchte ungestört arbeiten. – Also arbeite ich ausdauernd an meinen Aufgaben (Klasse 1: ca. 10 Minuten; Klasse 2: ca. 15 Minuten; Klasse 3: ca. 20 Minuten; Klasse 4: ca. 30 Minuten).

AV — Sorgfalt

- Ich möchte sorgfältig in sauberer Umgebung arbeiten. – Also komme ich ausgeschlafen und pünktlich zur Schule. Ich gehe sorgsam mit meinem Eigentum, den Sachen anderer und mit den Materialien der Schule um.

| **AG** | **Gewissenhaftigkeit** | **AG** |

- Ich möchte sicher sein, Aufgaben richtig gelöst zu haben. – Also erledige ich ordentlich meine Aufgaben und kontrolliere möglichst oft alleine oder mit Partnern meine Lösungen. Ich frage nach, wenn etwas unklar ist.

| **AG** | **Arbeitsgeschwindigkeit** | **AG** |

- Ich möchte schnell mit meinen Ausfgaben fertig sein. - Also erledige ich an jedem Tag möglichst viele Aufgaben in der Schule.

| **S** | **Sozialverhalten** | **S** |
| **SK** | **Kontaktfähigkeit** | **SK** |

- Ich freue mich, dass ich jeden Tag mit Kindern zusammen bin. – Also arbeite und spiele ich gemeinsam mit Ihnen und lasse auch neue Kinder daran teilnehmen.

| **SR** | **Regeln vereinbaren und einhalten** | **SR** |

- Ich möchte möglichst oft frei und selbstbestimmt lernen und mich gerne in der Schule aufhalten. - Also halte ich die Klassen- und Schulregeln ein und vermeide es, den Unterricht zu stören.

| **SU** | **Konfliktverhalten** | **SU** |

- Ich möchte ungestört und ohne Angst in der Schule lernen und leben. – Also arbeite ich selbst ruhig im Klassenraum und auf den Fluren. Im Streitfall bin ich fair und rede mit meinem Gegenüber. Ich wende keine Gewalt an.

| **SH** | **Hilfsbereitschaft** | **SH** |

- Ich freue mich, wenn mir einmal geholfen wird. – Also bin auch ich ehrlich, hilfsbereit und rücksichtsvoll zu meinen Mitschülern. Ich spreche leise und nehme dabei Rücksicht.

| **SF** | **Freundlichkeit** | **SF** |

- Ich möchte mich in der Schule wohl fühlen und freundlich behandelt werden. – Also verhalte ich mich anderen gegenüber freundlich (begrüßen, bedanken, entschuldigen...) und respektvoll.

Aus diesen Leitbildern werden gemeinsam mit den Schülerinnen und Schülern unter Beteiligung der Eltern die Klassen- und Schulregeln entwickelt. Explizit für die Klassen geregelt werden müssen in den meisten Fällen nur die Lernfelder Hilfsbereitschaft, Regeln vereinbaren und einhalten sowie das Konfliktverhalten.

Regeln für die Klasse

Gemeinsames Entwickeln von Regeln für die Klasse

Mit folgenden Fragen hat eine Studentengruppe in einem dritten Schuljahr Impulse für eine Diskussion über Klassenregeln gegeben:
- Muss eine Ordnung sein?
- Welche Aufgabe hat eine Ordnung?
- Warum gibt es eine Ordnung für den Straßenverkehr?
- Welche Ordnung gibt es für das Kinderzimmer?
- Wer fordert diese Ordnung?
- Welche Gefühle steigen in dir hoch?
- Welche Ordnung finde ich gut? Warum?
- Welche Ordnung finde ich blöd? Warum?

Einige Regeln für das Zusammenleben in der Klasse (Klassenregeln)
Die von der Klasse entwickelten Regeln enthalten noch viele Verbote, z.B.:
- Es darf niemand geschlagen oder geärgert werden.
- Wir rennen und toben nicht.

Als Lehrkraft achte ich beim Entwickeln der Klassenregeln darauf, sie möglichst positiv zu formulieren, um den Kindern Hinweise auf ein gewünschtes Verhalten zu geben! Zudem werden alle Regeln als „Ich-Regeln" formuliert. Wir-Regeln gelten bei manchen Schülern nur für die Mitschüler und nie für sich selbst. Daher bieten Ich-Regeln eine größere Verbindlichkeit und durch die positiven Formulierungen auch genauere Verhaltensanweisungen.

Regeln verbindlich machen
Das gemeinsame Entwickeln von Regeln in einer Klasse oder das Vorgeben von Regeln durch die Lehrkräfte setzt dem Verhalten der Gruppe Grenzen und gibt ihm Richtungen vor. Diese Maßnahmen erhalten eine größere Verbindlichkeit, wenn die schriftlich fixierten Regeln anschließend von allen Beteiligten (auch den Lehrkräften) in einer kleinen feierlichen Stunde unterschrieben werden.

<u>**Klassenregeln:**</u>

- **Ich spreche leise und nehme Rücksicht auf die Mitschüler.**
- **Ich melde mich und warte bis ich dran komme.**
- **Ich höre zu und lasse andere ausreden.**
- **Ich lasse meine Mitschüler in Ruhe arbeiten.**
- **Ich achte die Arbeit der Mitschüler.**
- **Ich arbeite am Platz oder mit dem Ausweis.**
- **Ich gehe <u>allein</u> zur Toilette.**
- **Ich halte meinen Arbeitsplatz sauber.**
- **Ich gehe sorgsam mit den Arbeitsmitteln um.**
- **Ich halte mich an die STOPP- REGEL.**

Ich erkenne die vereinbarten Regeln an und werde mich daran halten.

Unterschrift:_____

Symbole veranschaulichen Regeln[57]

Für die Veranschaulichung der Klassen- und Schulregeln nutze ich die von den Verkehrszeichen im Straßenverkehr bekannten Grundformen. In die weißen Felder werden Symbole eingefügt, die besondere Situationen in der Klasse oder das Zusammenleben in der Schule kennzeichnen.

 Verbote sind gekennzeichnet durch runde Schilder mit einem roten Rand,

 Achtungsschilder sind dreieckig mit einem roten Rand und weißem Innenfeld.

 Gebotsschilder haben eine blaue Grundfarbe.

So hängen in meinem Klassenraum an exponierter Stelle die nachfolgenden Zeichen, die jeweils eine der Klassenregel symbolisieren. Da die Klassenregeln das Sozialverhalten fördern und steuern sollen, erhalten sie eine blaue Grundfarbe, in die jeweils mit einem Symbol die gemeinte Regel veranschaulicht wird.

Ich spreche leise und nehme Rücksicht auf die Mitschüler.		Ich arbeite an Platz oder mit dem Ausweis.	
Ich melde mich und warte bis ich dran kommen:		Ich gehe <u>allein</u> zur Toilette.	
Ich höre zu und lasse andere ausreden.		Ich halte meinen Arbeitsplatz sauber.	
Ich lasse meine Mitschüler in Ruhe arbeiten.		Ich gehe sorgsam mit den Arbeitsmitteln um.	
Ich achte die Arbeit der Mitschüler.		Ich halte mich an die STOPP-REGEL.	

Eigentumskennzeichnung

Um Diebstähle von Schülermaterialien zu verhindern, werden alle Materialien mit einer dauerhaften Eigentumskennzeichnungen versehen:

---

[57] Viele auch weitere Symbole finden Sie auf der beiliegenden CD im Ordner „79 Cliparts Symbole" im Unterordner „76 Verkehrszeichen"

- die Erziehungsberechtigten schreiben mit einem wasserfesten Stift den Namen Ihres Kindes (oder ein Kürzel) auf alle Gegenstände (einschließlich der Blei- und Buntstifte)
- die Lehrkräfte kennzeichnen auch ihre in die Schule mitgebrachte Materialien mit einem Namenszeichen
- Gegenstände der Schule sind grundsätzlich mit einer dauerhaften Inventarnummer (Wertgegenstände) oder einer Nummer der Einkaufsliste (Gegenstände von geringerem Wert) gestempelt.

Die im Kapitel „Unterrichtsorganisation optimieren" beschriebene „Fundsachenkiste" hilft, in der Klasse „gefundene" Gegenstände auch anonym abzulegen und so den Eigentümern wieder zurück zu geben. Auf diese Weise erhalte auch ich manchmal mehrere Wochen nach einem Unterricht einzelne Karteikarten oder Unterrichtsmaterialien zurück.

Einige Regeln für besonders Unterrichtssituationen oder Räume

(Grundfarbe blau)

Werkstatt-Regeln
- Ich arbeite leise
- Bei Schwierigkeiten
    - frage ich erst meinen Nachbarn oder einen Schüler am Gruppentisch,
    - dann frage ich den „Chef" der Aufgabe oder einen Experten,
    - zum Schluss meine Lehrerin.
- Ich beende die Arbeit, die ich mir ausgesucht habe.
- Ich lege die Materialien nach der Arbeit vollständig und ordentlich an den richtigen Platz zurück. [58]

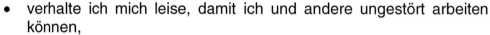
(Grundfarbe blau)

Regeln im Computerraum
Wenn ich im Computerraum arbeite...
- verhalte ich mich leise, damit ich und andere ungestört arbeiten können,
- gehe ich mit den Geräte vorsichtig um,
- achte ich darauf, dass ich nach meiner Arbeit
    a) den PC ordnungsmäß herunterfahre,
    b) den Bildschirm ausschalte, damit wikr Strom sparen,
    c) die Tastatur einfahre,
    d) Den Stuhl zurück an den PC-Tisch schiebe.

(Grundfarbe blau)

Büchereiregeln
1. Ich bin leise und verhalte mich auch ruhig.
2. Ich darf mir ein Buch pro Büchereibesuch ausleihen.
5. Ich behandle die Bücher gut.
6. Ich bringe das Buch pünktlich zurück.

---

[58] Die Werkstatt-Regeln, Regeln im Computerraum und die Büchereiregeln wurden weiter entwickelt nach Aushängen in der Grundschule Wirdum.

Schulregeln

Einige Beispiele von Schulregeln, die noch verbessert werden können

Auch im Schulgebäude und auf dem Schulgelände sind Regeln notwendig, die das Zusammenleben erleichtern. In manchen Schulen wird durch eine „öffentliche" Schulordnung versucht, auch Kleinigkeiten genau zu regeln:

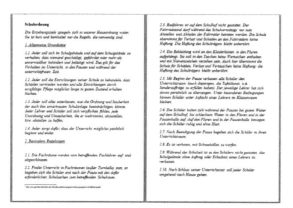
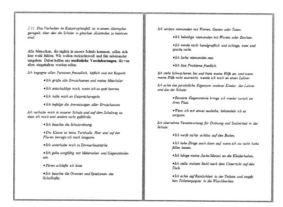

Diese „ausführlichen" Schulordnungen führen in den meisten Fällen dazu, dass viele Lehrer, Eltern und Schüler gegen die Regeln verstoßen, da es schwierig ist, alle Vorschriften „im Kopf" zu haben. So können die Schüler auch die Lehrkräfte gegeneinander ausspielen, indem sie behaupten, dass sie bei den anderen Lehrern „bestimmte Dinge" aber dürfen." Im Laufe meiner Lehrertätigkeit habe ich festgestellt, dass in einer Schule nur dann Ordnungen aufgestellt werden müssen, wenn es Probleme gibt. Schulen sollten sich öffentlich auf wenige, „wichtige" Regeln beschränken, die dann aber konsequent eingehalten werden.

In der Schule geltenden Regeln werden auf den Elternabenden vor Beginn des 1. Schuljahres und in den darauf folgenden Jahren jeweils auf dem ersten Elternabend für alle Eltern erläutert. Für die Schülerinnen und Schüler der Klassen ist in der Schulordnung jährlich einmal eine Information und Wiederholung der Schul- und Klassenregeln vorgeschrieben.

Passive Maßnahmen der Schule

Bevor das Verhalten in der Schule durch Regeln gelenkt wird, können durch Hinweise im Schulgebäude aber auch durch Baumaßnahmen manche Situationen auch so gestaltet werden, dass es selten zu Konflikten kommen kann.

Veränderungen für die Spielpausen
Einige der nachfolgenden Ideen lernte ich bei Hospitationen in anderen Schulen – besonders in niederländischen Schulen - kennen. Die positiven Erfahrungen der KollegInnen führten oft zu einer schnellen Umsetzung in unsere Schulwirklichkeit.

Spielgeräteausgabe mit Pfandmarken

Durch verschiedene Spenden werden Spielgeräte für die Schule beschafft (vom Tischtennisschläger über Jonglierbälle bis hin zum Einrad). Um einen sorgfältigen Umgang mit diesen Geräten zu erreichen, erhalten alle Kinder der Schule eine persönliche „Pfandmarke".

Jeweils zwei oder drei Kinder aus den dritten und vierten Klassen betreuen nach einer vorgegebenen Ordnung die Spielgeräteausgabe. Zum Pausenbeginn erhalten die Kinder gegen Abgabe einer Pfandmarke ein Spielgerät. Nach dem Spielen bekommen sie die Pfandmarken gegen die ausgeliehenen Spielgeräte wieder zurück. So bleiben die Spielsachen vollständig und werden auch von den spielenden Kindern geschont.

Die Kinder der Spielgeräteausgabe übernehmen Verantwortung und verbessern durch ihren Einsatz das Gemeinschaftsleben.[59] Seit Anschaffung der ersten Spielsachen hat sich die Anzahl der Konflikte verringert und die Zahl der gemeinsamen Spiele erhöht.

Umbau des Schulhofes für eine „aktive" Pause

Bei der Umgestaltung des Schulhofes werden die Ausgänge mit „Sperrgittern" versehen, die verhindern, dass SchülerInnen ungebremst „auf die Straße rennen". Fahrräder stellen sie im abgetrennten Zugangsbereich ab.
Das von Straßen umgebene Schulgelände lässt keine Ballspiele auf dem Schulhof zu. Stattdessen werden verschiedene Zonen auf dem Schulhof eingerichtet:

Ruhezone: Den Rand des Schulhofes gliedern Bänke, Spielhäuschen, kleine Tische usw. Dort ziehen sich die Schüler zurück, die in der Pause in Ruhe miteinander reden oder gemeinsam mit anderen Kindern Karten spielen oder sich ruhig beschäftigen.

Laufzone: In einem Bereich rund um das Schulgebäude gibt es keine Hindernisse oder aufgemalte Spielfelder, die das Rennen und Laufen der SchülerInnen stören. Richtungspfeile geben die Laufrichtung an und verhindern Zusammenstöße.

Spielzone: In zwei Bereichen mit Spielgeräten toben sich die Kinder aus. Hier gibt es auf der einen Seite Schaukeln, Reck, Klettergerüste usw. und an der anderen Stelle eine Kletterburg mit Hängebrücke sowie zwei Tischtennisplatten.

Eingangszone: Die Schüler betreten in den Pausen diesen Bereich nur, wenn sie zur Spielgeräteausgabe gehen oder die Toilette aufsuchen wollen. Am Ende der Pausen stellen sie sich dort klassenweise auf und werden dann von den Lehrkräften ins Gebäude abgeholt.

Fahrradplatz: Fahrräder werden im Zugangsbereich abgestellt. Dort dürfen sich vor und nach dem Unterricht nur die Radfahrer aufhalten.

Grünanlage: Die Randflächen bilden durch intensive Bepflanzungen eine natürliche Barriere für das Verlassen des Schulhofes. Die rund um die einzelnen Zonen

---

[59] Siehe auch das Kapitel „Loben, loben, loben: Hilfsbereitschaft".

stehenden Bäume, Büsche und Blumen brauchen besondere Schonung. Diese Flächen werden durch Telefonmasten eingefasst und mit Holzhäcksel abgedeckt. Sie bilden so eine optische Grenze, die die Schüler zur Schonung der Anpflanzungen anhält.

Die Kinder respektieren weitgehend diese „Zonen" und es gibt weniger Auseinandersetzungen zwischen den „aktiven" und „ruhigen" SchülerInnen.

Spielanregungen geben

Durch das Angebot meiner Fortbildungskurse komme ich in viele verschiedene Schulen und lerne weitere Ideen für Verbesserungen unserer Schule kennen. In der Grundschule Hambühren waren an den Wänden für den Ausgang zum Schulhof große Poster ausgehängt, auf denen durch Fotos und kleine Texte Anregungen für mögliche Pausenspiele gegeben werden. Dieses Poster steht dann auch für eine Schule, in der durch Anregungen das „gewünschte" Verhalten der Schülerinnen und Schüler gefördert wird.

„halbierte" Pausen

Bei dem Besuch einer niederländischen „Basisschool" wunderten sich alle KollegInnen über die Ruhe auf dem Schulhof während der Pause. Auf Nachfrage erfuhren wir, dass die „große" Pause (30 Minuten) halbiert wird, indem die Hälfte der Klassen in den ersten 15 Minuten auf den Schulhof geht und dort spielt, während die anderen Klassen in dieser Zeit im Klassenraum gemeinsam frühstücken.

Daraufhin hat auch unsere Schule die getrennte große Pause eingeführt, bei der in der 1. Hälfte die Klassen 1 und 3 auf dem Schulhof spielen, die Klassen 2 und 4 gleichzeitig in der Klasse (unter Aufsicht) frühstücken. Für die zweite Hälfte wird gewechselt: Klassen 2 und 4 sind draußen, Klasse 1 und 3 im Klassenraum.

Zwei bis vier frühstückende Klassen (z.B. ein Flur) beaufsichtigt je nach den „Problemen" eine Lehrkraft. In dieser Zeit haben die draußen spielenden Kinder mehr Platz: Die „halbierten" Pausen reduzieren die Anzahl der Vorfälle auf dem Schulhof um über 70% (siehe auch: Konfliktverhalten).

Gemeinsames Pausenende

Um ein geordnetes Betreten der Schule nach dem Pausenende zu gewährleisten, stellen sich die Schüler einer Klasse jeweils zu zweit nebeneinander in ihrem farbig gekennzeichneten Bereich vor dem Eingang der Schule auf, dem „Klassenwarteraum".

Sie werden dort von den Lehrkräften abgeholt und gemeinsam zur Klasse geführt. Nach Absprache holt auch nur eine Lehrkraft die Schüler zweier nebeneinander liegender Klassen ab.

Veränderungen im Schulgebäude

Oft sind es nur Kleinigkeiten, die die „Bewegungen" im Schulgebäude so lenken, dass es möglichst selten zu „Zusammenstößen" kommt.

Pfeile und Zahlen auf den Treppenstufen

Auf die Treppenstufen werden die Zahlen 1 bis 30 so aufgemalt, dass die Schüler beim Rauf- und Runtergehen auf der rechten Seite diese Zahlen lesen. Sie erinnern daran, auf der Treppe rechts zu gehen und somit Zusammenstöße zu vermindern.

Selbstständiges Betreten der Klasse vor Unterrichtsbeginn

Viele Lehrkräfte der Grundschulen sind oft schon vor dem Unterrichtsbeginn in ihren Klassen. Um die Drängeleien beim Betreten der Schule nach dem Klingelzeichen zu verhindern, dürfen die Schüler selbstständig in den Klassenraum gehen, sobald die Lehrkraft durch ein vereinbartes Zeichen das Signal gibt, dass er/ sie sich in der Klasse befindet. Die möglichen Signale (das Licht im Klassenraum wird angemacht, ein Fenster wird geöffnet, die Lehrkraft ruft die Schüler vom Schuleingang her zusammen, ...) beobachten die wartenden Schüler vom Schulhof.

Verschlossene Außentüren

Die Außentüren des Schulgebäudes werden während des Unterrichts aus Sicherheitsgründen verschlossen, damit schulfremde Personen vom Betreten des Gebäudes abgehalten werden. Nur auf ein Klingelzeichen wird die Tür während des laufenden Unterrichts von einem Erwachsenen (Sekretärin, Schulleiter, Hausmeister, Lehrer) geöffnet, von innen lassen sich die Türen jederzeit öffnen.

Ausschmücken der Schule

Alle Schüler und Lehrkräfte schmücken das Schulgebäude und die Klassen durch eigene Materialien (überwiegend Arbeitsergebnisse aus dem Kunst-, Werk- und Textilarbeitsunterricht) aus. Sie verbessern die Identifizierung mit der Schule und beeinflussen positiv das Arbeitsverhalten und Sozialverhalten.

Beschädigungen umgehend beseitigen

Auch der Hausmeister beseitigt umgehend an den Nachmittagen oder Nächten (von schulfremden Personen) außen am Gebäude oder auf dem Schulgelände vorgenommene Beschädigungen. Möglichst schon vor dem morgendlichen Eintreffen der ersten Schüler entfernt er Verunreinigungen oder beseitigt Zerstörungen.[60]

---

[60] Siehe dazu auch Kapitel „Professionelles Lehrerverhalten: Sich für die Schule einsetzen".

abgeschlossene Klassentüren

In vielen Klassen werden Bücher und Lernspiele eingesetzt, die auf Regalen im Klassenraum liegen, damit die Schüler in den „offenen" Unterrichtsphasen darauf selbstständig zugreifen. Auch Materialien der SchülerInnen liegen den gesamten Vormittag auf oder unter den Tischen. An der Grundschule bleiben glücklicherweise Diebstähle und Beschädigungen auf Einzelfälle beschränkt.

Die Schulordnung verlangt ausdrücklich das Verschließen unbeaufsichtigter Räume. Dennoch werden damit Diebstähle oder Beschädigungen während Unterrichtsvormittags aber nicht in jedem Fall verhindert.

„Gestaltung" der Toilettenräume

Bei einem Besuch der Grundschule Ahausen fielen die vielen im „Hundertwasserstil" gestalteten Wandbemalungen auf. Besonders auffällig war jedoch die Sauberkeit, Helligkeit und Gestaltung der Toilettenräume.

Die auf dem linken Bild zu sehenden Wandornamente sind Schülerarbeiten, bei denen Fliesenreste als Wandmosaike von Schülerinnen und Schülern der Schule gestaltet wurden. Auf den Toiletten wurden diese „Bilder" fest an der Wand verankert. Ähnliche Gestaltungselemente finden sich in dieser Schule an vielen Wänden wieder. Zusätzliche Helligkeit durch Lampen und Lichtschächte verhindern das Zerstören oder Verdrecken durch die Schülerinnen und Schüler.

An anderen Schulen ist die Toilettenbenutzung durch zusätzliche viele Regeln organisiert. Manchmal könnten einzelne Wörter die Anweisungen verbessern:

„Wir halten die Toiletten sauber.	„Ich halte die Toiletten sauber.
Wir zerstören sie nicht!	Ich freue mich über heile und saubere Toiletten.
Hier ist kein Spielplatz.	Spielen kann ich auf dem Schulhof!
Wir achten auch auf andere."	Ich achte auch auf andere!

Garderobenschilder

Oft stellen die Garderoben vor den Klassenräumen ein ständiges Ärgernis dar, weil Schüler ihre Garderobe nicht aufhängen und dann Kleidungsstücke und andere Gegenstände auf dem Boden herumliegen. Ich freue mich dann bei den Besuchen in Schulen, wenn auch für Ordnung vor den Klassenräumen gesorgt wird.

In unserer Schule haben wir eine Kombination von Symbolen und Namen an den Garderoben eingeführt. Dabei repräsentierte das Symbol den jeweiligen Namensanlaut des Schülers.

Ohne diese Hinweise auf den Kindernamen müssen Lehrkräfte oft in die Klasse fragen: „Wer hat schon wieder sein Zeug nicht richtig aufgehängt?" Die Garderobenschilder ermöglichen dagegen das Loben derjenigen Kinder, die sich richtig verhalten und ihre Garderobe an den Haken hängen. Es dauert zwar etwas länger die Namen der Schülerinnen und Schüler vorzulesen, die ihr Zeug richtig aufgehängt haben, aber die „vergesslichen" Schüler werden nicht beschämt und können sich in den nächsten Tagen freuen, wenn auch ihr Name lobend erwähnt wird.

Wenige, „wichtige" durch Symbole verdeutlichte Regeln

An vielen Schulen gibt es mehrseitige Schulregeln, in denen vorab vieles von den Lehrkräften geregelt ist. Ich habe mich dagegen bemüht, möglichst wenige Regeln zu erarbeiten, die dann aber auch von allen Beteiligten in der Schule gekannt und befolgt werden. Falls dann im Laufe der Zeit bestimmte Konflikte häufiger auftreten, können die dafür notwendigen Regelungen schnell nachgeschoben werden.

Folgende Regeln haben sich an „meiner" Schule als besonders wichtig herausgestellt. Auch sie werden durch große in den verschiedenen Räumen aushängende Symbole den Schülerinnen und Schülern immer wieder in Erinnerung gerufen.

Verbot für Ranzen tragende Eltern

(roter Kreis)

In den vergangenen Schuljahren bringen immer mehr Eltern zu Beginn des 1. Schuljahres vor Unterrichtsbeginn ihre Kinder in den Klassenraum (was durchaus erwünscht ist). Sie tragen dabei aber die Ranzen bis zum Tisch des Kindes und packen dort zum Teil auch noch die Materialien aus dem Ranzen aus. Dieses Verhalten verhindert aber, die gemeinsamen Schulwege mit anderen Schülern aber auch die Entwicklung eines

Klassen-und Schulregeln

selbstständigen und selbstbewussten Schülerseins, da die Aufmerksamkeit des Kindes auf die Eltern fixiert bleibt. Daraufhin haben wir an den Schultüren das nebenstehende Verkehrsschild mit folgendem Text befestigt:

Ab hier lassen Eltern ihre Kinder alleine weitergehen!

Wir möchten, dass die Kinder

- selbstständig werden
- alleine ihre Materialien vor Unterrichtsbeginn bereitlegen
- möglichst schnell Zeit für ihre Mitschüler haben
- alleine auf eigene und fremde Materialien in der Klasse aufpassen
- alleine auf der Treppe die richtige Seite benutzen.

Selbstverständlich können Sie in die Klasse kommen, wenn Sie etwas mit den Lehrkräften zu besprechen haben. Denken Sie aber an den pünktlichen Unterrichtsbeginn.

Bei dieser Regel erscheint es besonders wichtig, dass in den ersten Tagen nach Beginn des neuen Schuljahres die Schulleitung die Einhaltung dieser Regel z. B. in der Pausenhalle überwacht und Eltern freundlich aber bestimmt darauf aufmerksam macht, dass diese Regel zum Wohle ihrer Kinder beschlossen worden ist.

Einige Lehrkräfte mögen sich an dem „Verbot" für die Eltern stören, aber wie auch in vielen anderen Schulen blieben die folgenden Bitten wirkungslos:

- Ich bin schon groß. Ich kann allein ins Klassenzimmer gehen. Ich kann meine Schultasche selbst tragen. Ich kann allein aus der Schule kommen. – Ich freue mich aber, wenn du draußen auf mich wartest (GS Kirchwalsede).
- Liebe Eltern! Ich bin schon groß. Ich kann allein in meinen Klassenraum gehen.Ich kann meine Schultasche allein tragen. Ich kann allein aus der Schule kommen. Ich freue mich, wenn du draußen oder in der Halle auf mich wartest (GS Hemslingen).
- Liebe Eltern! Ab hier kann ich alleine gehen! (GS Hesel)
- Foto: GS Aschen
- Liebe Mama, lieber Papa! Ich bin schon groß. Ich kann meine Schultasche alleine Tragen. Ich kann alleine in meine Klasse gehen. Ich freue mich aber, wenn du nach der Schule draußen oder zu Hause auf mich wartest. Bitte halte dich nicht im Schulgebäude auf, denn der Unterricht findet oft in Grupen in den Fluren statt. Danke! (Pestalozzi Grundschule, Stade)
- Liebe Eltern und Erziehungsberechtigte! Aus Gründen der Erziehung zur Selbstständigkeit und aus Sicherheitsgründen verabschieden und empfangen sie bitte ihre Kinder vor der Schule. Sie werden ansonsten durch das Kollegium angesprochen (Astrid-Lindgren-Grundschule, Holzminden).

„Spaßkämpfe" sind verboten

(roter Kreis)

Um Nachforschungen über die Ursache von Vorfällen auf dem Schulgelände zu vermeiden, sind „Spaßkämpfe" verboten, d.h. SchülerInnen können sich nicht damit heraus reden, dass sie die MitschülerIn „nur so aus Spaß" ärgern.

Damit die von vielen Erwachsenen für notwendig erachteten „Kämpfe" – besonders für die Jungen – ermöglicht werden, gibt es immer wieder entweder auf einem besonderen Bereich des Schulhofs oder in der Turnhalle Möglichkeiten zum Kämpfen. Diese Raufereien finden jedoch immer unter Anleitung der Lehrkräfte nach vorher vereinbarten Regeln statt:

- Immer steht der Spaß im Vordergrund: wir tun dem Partner nicht weh!
- Jede Teilnahme an den Kämpfen ist freiwillig. Niemand wird zu einem Kampf gezwungen.
- Es gibt bei diesen Kämpfen keine Gegner – nur Partner! Wir kämpfen miteinander.
- Beim Kämpfen darf man drücken, schieben, ziehen oder täuschen.
- Jeder darf einen Kampfpartner ohne Gründe ablehnen.
- Es kämpfen immer Jungen gegen Jungen und Mädchen gegen Mädchen.
- Vor dem Kampf begrüßen sich die Partner durch eine Verbeugung.
- Sagt ein Partner „Stopp!" oder schlägt er mit der flachen Hand auf den Boden, ist der Kampf zu Ende.
- Auf den Sportmatten vermeiden lange Hosen für beide Partner Schürfwunden.

- Folgende „Kämpfe" sind erlaubt:
  - Schieben: Beide Partner liegen auf dem Bauch. Sie dürfen sich nur an den Händen und Armen anfassen und dann versuchen, den Partner über eine hintere Linie (oder von der Matte) zu schieben.
  - Ball wegnehmen: Ein Partner hält den Ball, der andere Partner darf nur den Ball anfassen und versuchen, ihn aus den Armen zu nehmen.
  - Rücken: Beide Partner sitzen Rücken an Rücken und versuchen, jeweils den anderen über eine vorher vereinbarte Linie zu schieben.
  - Ball wegschlagen: Ein Partnerhält einen Ball zwischen seinen Knieen, der Partner muss versuchen, den Ball weg zu schlagen.
  - Armdrücken: Beide Partner liegen auf dem Bauch und versuchen, den Arm des anderen auf den Boden zu drücken.
  - Kampf um den Ring: Ein Kind steht im Ring. Der Außenstehende soll dieses Kind aus dem Ring schieben oder ziehen.

Der letzte Schläger wird bestraft

(roter Kreis)

Um langwierige Ursachenforschungen in Streitfällen zu vereinfachen und die Anzahl der „Täter" zu vermindern, muss grundsätzlich nur der „letzte Täter" mit Folgen für seine Tat rechnen. Ich will dadurch erreichen, dass sich schon das „erste Opfer" an eine Person seines Vertrauens (Klassenlehrkraft, aufsichtsführende Lehrkraft, Schulleitung) wendet, um möglichst schnell körperliche Auseinandersetzungen zu beenden. Die Schüler lernen in der Schule Formen des „anderen" Wehrens (selbstbewusst auftreten, laut schreien, um Hilfe bitten …).

Fast alljährlich gibt es wegen dieser Regel Auseinandersetzungen mit den Erziehungsberechtigten, die das Recht ihrer Kinder zum „Zurückschlagen" einfordern. Es wird jedoch u.a. darauf hingewiesen, dass an dieser Schule diese Regel für alle gilt und von allen SchülerInnen auf dem Schulgelände zu beachten ist. Es scheint ein langer Prozess zu sein, bis auch in dieser Generation die Gewalt zur Lösung von Problemen unakzeptabel wird.

STOPP-Regel

Immer wieder werden einzelne, besonders körperlich schwächere Schüler von Mitschülern bedroht. Damit die Schwächeren dann eine Chance haben, sich zu wehren, sagen sie bei physischen oder psychischen Bedrohungen oder wenn ihnen etwas missfällt zu ihrem Gegenüber: „Stopp!" oder „Stopp, hör auf!" Sie signalisieren der Gegenseite, dass jetzt Grenzen überschritten werden und bei „Stopp" sofort Schluss sein muss.

(rote Grundfarbe)

Diese wenigen Regeln können von allen beachtet werden. In manchen Schulen werden diese und weitere Regeln in einem umfangreichen Katalog als „Rechte" und „Pflichten" bezeichnet.[61]

Poster mit Schlagworten lassen Regelsammlungen reduzieren

Einige Schulen haben die Sammlung der Schulregeln auf einige wesentliche Punkte reduziert und symbolisieren durch einzelne Poster, wie sich alle Beteiligten in der Schule zu verhalten haben:

- langsam und leise
- schön und sauber
- freundlich und friedlich
- fair und fleißig

[62]

[63]

Einige Schulregeln für besonders Situationen

Wie in der Klasse gibt es auch für die gesamte Schule Regelungen für bestimmte Situationen oder Bereiche:

---

[61] Siehe dazu auf beiliegender CD die Datei „78 Rechte- und Pflichtenkatalog"
[62] Foto aus der Grundschule Büppel
[63] Fotos aus der Grundschule Hambühren bei Celle

Pausenregel: Fußballspielen auf dem Schulhof

(Grundfarbe blau)

Viele Schulhöfe sind in ihrer Größe beschränkt und haben oft keine gesonderte Spielfläche zum Fußballspielen. Dann können Regeln helfen, dass bestimmte Klassen zu bestimmten Zeiten jeweils spielen dürfen.

1. große Pause: Klassen 1a/ 1b und 2a/ 2b,
2. große Pause: Klassen 3a/ 3b und 4a/ 4b,

Klasse 2 holt die Tore, Klasse 4 bringt die Tore in die Schule.

Alle, die möchten, dürfen mitspielen, wenn sie der richtigen Klasse angehören.

Bei Streit oder Schlägereien wird von der Aufsicht ein Spielverbot für eine Woche ausgesprochen. Dies gilt nur für streitende Gruppen.

Die Klassensprecher organisieren den Dienstplan der Schiedsrichter.[64]

Verhalten im Schulbus und an den Haltestellen

(Grundfarbe blau)

Unsere Regeln im Bus
1. Ich bin höflich und rücksichtsvoll zu den Mitfahrern.
2. Ich wende niemals Gewalt an.
3. Ich achte das Eigentum anderer.
4. Ich sitze leise und ruhig auf meinem Platz.
5. Mein Ranzen steht immer auf den Fußboden.
6. Ich esse und trinke vor oder nach der Busfahrt.
7. Ich halte den Bus sauber.
8. Ich höre auf den Busfahrer und lasse ihn in Ruhe fahren. t[65]

Das „Leben" mit Schulregeln

Neben der Verwendung von Symbolen und Postern gibt es weitere Ideen, die die an der Schule geltenden Regeln möglichst oft in das Blickfeld der Schülerinnen und Schüler kommen lassen.

 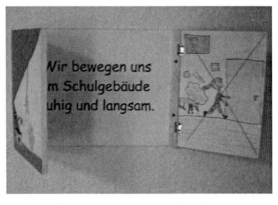

In einer Wandvitrine ist das o.a. Haus so gestaltet, dass in jedem Fenster nach dem Aufklappen der „Fensterläden" jeweils eine Regel zu finden ist. Schülerinnen und Schüler

---

[64] Diese Regeln wurden weiter entwickelt nach einem Aushang in der Grundschule Hechthausen
[65] Diese Regeln wurden weiter entwickelt nach Ideen von Schülerinnen und Schülern der 3. Und 4. Klasse der Kantor-Helmke-Schule in Rothenburg/ Wümme

haben dazu an den Innenseiten der Fensterläden zu den Regeln passende Situationen aufgezeichnet.

Durch die beweglichen Fensterläden ergibt sich an jedem Tag ein neues Bild, wenn nur einzelne Läden geöffnet oder verschlossen wurden[66], das dazu verleiten kann, immer wieder einmal die Regeln anzusehen.

Einüben der Regeln

Eine weitere Möglichkeit die geltenden Schulregeln möglichst oft in die Erinnerung der Schüler zu rufen sind die „Regeln der Woche" oder „Regeln des Monats". Dabei wird jeweils eine Regel in der Schulversammlung oder in den einzelnen Klassen besonders besprochen und anschließend durch ein an verschiedenen Stellen im Schulgebäude aufgehängtes Plakat veranschaulicht.[67]

Schulverträge

In einigen Schulen gibt es inzwischen „Schulverträge", in denen Eltern und Schüler die Kenntnis der Regeln schriftlich bestätigen[68].

Da aber Klassen- und Schulregeln durch aktuelle Ereignisse häufig den neuen Gegebenheiten angepasst werden müssen, können die Leitbilder „Rechte und Pflichten der Eltern", „Rechte und Pflichten der Lehrkräfte" und „Rechte und Pflichten der Schüler" als Grundlage für Vereinbarungen zwischen allen Beteiligten in der Schule dienen.

Schlussbemerkung

Schulen sollten deutlich herausstellen, dass bei Regelverstößen Konsequenzen folgen (siehe dazu das Kapitel „Konsequenzen).

---

[66] Fotos aus der Grundschule Langendamm bei Nienburg
[67] Fotos aus der Grundschule Hambühren
[68] Diesen Schulvertrag mit Erläuterungen finden Sie auf der beiliegenden CD unter „78 Schulvertrag"

„Erprobte" Lernmittel einsetzen

Auch die in der Schule verwendeten Lehr- und Lernmittel beeinflussen das Verhalten der SchülerInnen. Einige Materialien habe ich beispielhaft ausgewählt und eine Zuordnung nach dem überwiegenden Einsatz in meinen Klassen oder Gruppen vorgenommen. Diese Präsentationen sollen als Anregungen verstanden werden. Aus den Beschreibungen zu den Lernmitteln gewinnen Sie vielleicht Ideen für den zielgerichteten Einsatz der an Ihrer Schule vorhandenen Materialien. Viele der vorgestellten Arbeitsmittel lassen sich zum Training in mehreren Lernfeldern einsetzen. Schwerpunkte des Einsatzes bleiben natürlich die einzelnen Unterrichtsfächer. Die SchülerInnen trainieren bei einer zielgerichteten Auswahl der Lernmittel aber gleichzeitig auch ihr Arbeits- und Sozialverhalten.[69]

A — Lernmittel zum Training des Arbeitsverhaltens

AM — Lernmittel zum Training der Arbeitsmotivation

Über die Wirkung unterschiedlich gestalteter Lernmittel auf das Arbeitsverhalten berichtete die Lehrerin Eva Harbort[70] in einer Fortbildungsveranstaltung schon 1981 in Grafschaft / Schortens. Für sie war es wichtig, dass auch schwächere SchülerInnen im Unterricht möglichst häufig Erfolgserlebnisse haben. Schon am Abend nach dem Vortrag begann ich, die ersten Arbeitsmittel mit verkleinerten Aufgabenmengen für meinen Unterricht herzustellen, um möglichst allen Schülern auf verschiedenen Niveaustufen Erfolgserlebnisse zu verschaffen.

Einige Lernmittel zum Training der Arbeitsmotivation:
- Zerteilte Arbeitsblätter
- Kleine Buchstabenhefte
- Kleine Rechenhefte
- Binnendifferenzierte Arbeit mit Ganzschriften

AS — Lernmittel zum Training der Selbstständigkeit

Selbst erklärende Arbeitsmittel ermöglichen ein weitgehend eigenständiges Arbeiten. Auch bei der Arbeit in Schülerbüchern und Arbeitsheften gilt, dass die Kinder sie immer zunächst von links oben nach rechts unten verstehend lesen und danach mit dem Bearbeiten beginnen. Lösungshefte geben Ideen auch schon für den richtigen Lösungsweg der Aufgaben.[71]

---

[69] Um das Buch nicht zu überfrachten, finden Sie den kompletten Aufsatz mit vielen Beschreibungen von Lernmitteln auf der beiliegenden CD als pdf-Datei unter „79 erprobte Lernmittel einsetzen".
[70] Sie lebt inzwischen in Achim bei Bremen.
[71] Vergleiche dazu das Kapitel „Professionelles Lehrerverhalten: den SchülerInnen die Selbstkontrolle von Arbeitsergebnissen zutrauen".

Durch einen gut organisierten Unterricht ist jederzeit deutlich erkennbar, welche Aufgabe jeweils als nächste bearbeitet wird.[72] Kleine, symbolische Arbeitsanweisungen entlasten dabei die Lehrkräfte von langwierigen Erklärungen.

Auch „begreifbare" Lernmittel unterstützen Schüler, die Schwierigkeiten haben, nur über die Augen (optisch) oder über die Ohren (akustisch) etwas zu lernen.

Viele der vorgestellten Materialien sind nur einmal in der Klasse vorhanden und setzen damit voraus, dass in offenen Arbeitsformen (Stationslernen, Werkstattunterricht, Gruppenarbeit usw.) weitgehend selbstständig und ohne ständige Anleitung durch die Lehrkraft ausgewählt und dann gearbeitet wird.

Einige Lernmittel zum Training der Selbstständigkeit
- Schreibvorlagen
- Arbeit am Computer
- „gezinkte" Memorys[73]
- Hosentaschenalphabet[74]
- Wortkartenschieber[75]
- Flechtvorlagen
- Faltbuch/ mechanische Reihen
- Steckwürfel
- Bastelbücher

Lernmittel zum Training der Konzentration

In den Spielstunden der ersten Schuljahre beobachtet man, dass fast alle Kinder motiviert die käuflichen Spiele alleine, mit einem Partner oder in einer Gruppe bearbeiten. Auch sonst „schwierige" SchülerInnen sind meistens konzentriert bei der Sache. Diese grundlegende Motivation hilft beim Training der Konzentrationsfähigkeit, da manche Spiele eine gewisse Ausdauer, das genaue und differenzierende Sehen oder Hören und manchmal auch das Nachdenken vor dem Handeln verlangen.

Einige Lernmittel zum Training der Konzentration
- Memoryspiele
- Dominospiele
- Packesel
- Kim-Spiele
- fehlende Teile in einem Bild erkennen: „Original und Fälschung"

---

[72] Siehe dazu die Kapitel „Individualisierung der Anforderungen beim Lernen" und „Rhythmisierung des Unterrichts"
[73] „Memory" ist eine vom Ravensburger Verlag eingetragene Marke. Der Begriff wird in dieser Arbeit aber als umgangssprachlicher Gattungsname für Spiele nach ähnlichem Spielprinzip verwendet.
[74] Die ersten Hosentaschenalphabete habe ich zusammen mit einer Studentengruppe unter Anleitung von Dr. Heinz Giese 1977 erstmals in einem ersten Schuljahr eingesetzt. Später gab es weitere Anregungen dazu in den Broschüren von Jürgen Reichen, Lesen durch Schreiben, Sabe-Verlag, Zürich 1981.
[75] Die Idee für die Platzhalterkarten stammt aus den fibelunabhängigen Materialien von Dörte Arp / Ingeborg Wolf-Weber, Schreiben, Lesen, Selbertun, Curio-Verlag Erziehung und Wissenschaft, Hamburg, o. J.

- einfache Sudokus raten
- „Schau genau"- / „Differix"-Spiel [76]
- Übungshefte „Konzentration"[77]
- Audilex[78]
- Bildergeschichten ordnen
- Anlegespiele
- Bingo-Spiel
- Bilderhilfen für Lieder und Gedichte

AV Training der Sorgfalt durch Spiele und einen bewussten Umgang mit Lernmitteln AV

Viele Schulen haben Gedanken des Umweltschutzes in ihr Schulprogramm aufgenommen. Dazu gehört meistens auch die Verminderung der Verbrauchs- oder Wegwerfmaterialien. Viele Arbeitsblätter lassen sich leicht umgestalten und als Dauermaterial mehrfach einsetzen. Die SchülerInnen werden immer wieder um die Schonung dieser Materialien gebeten, die später auch in Parallelklassen oder nachfolgenden Jahrgängen eingesetzt werden. Sie achten und schonen diese Teile, weil sie selbst auch nur mit sauberen und ästhetischen Lernmitteln arbeiten mögen.

Ging es zu Beginn der Veränderung meines Unterrichts noch darum, überhaupt Arbeitsmittel für die Hand der Schüler zu bekommen, bieten die vielfältigen Angebote der Lehrmittelverlage inzwischen auch viele Arbeitsmittel, die neben der Vermittlung von Lerninhalten auch gleichzeitig das ästhetische Empfinden fördern.

Leider kommt es auch heute noch immer wieder vor, dass Kopien von Kopien an die Schüler ausgegeben, handschriftliche oder mit Schreibmaschine hergestellte Kopiervorlagen verwendet oder auch verschmutzte Arbeitsmaterialien im Unterricht bereitgestellt werden.

Maria Montessori stellte bei den didaktischen Kriterien, die sie für Arbeitsmaterialien in Anspruch nahm, die Ästhetik weit in den Vordergrund. Der Aufforderungscharakter eines Lernmittels ist größer, wenn neben einer abwechslungsreichen Aufgabenstellung auch die äußere Gestaltung vorbildlich ist. So arbeiten SchülerInnen in den Freiarbeitsphasen z.B. eher mit mehrfarbigen als mit einfarbigen Arbeitsmitteln.

Bei der Auswahl der Arbeitsmittel ist darauf zu achten, dass sie den Schüler auch emotional ansprechen:[79]

- bunte Bilder
- klare Gliederung
- angemessener Textumfang
- deutliche Arbeitsanweisungen
- übersichtliche Aufbewahrung

---

[76] http://www.ravensburger.de/
[77] Die Kopiervorlagen für ein Übungsheft finden Sie auf der beiliegenden CD.
[78] Bezugsquelle: http://www.audilex.de
[79] Ideen für ästhetische Arbeitsmittel lieferte u. a. das Buch von Christel Fisgus und Gertrud Kraft, „Hilf mir es selbst zu tun!", Verlag Ludwig Auer, Donauwörth, 1995

- Handlichkeit (z. B. Platzbedarf: A5 ist einfacher als A4 zu handhaben)

Denn nur Schüler, die gerne mit den Materialien arbeiten, arbeiten selbständig. Die Arbeitsmittel (besonders selbst hergestellte Karteien und Arbeitsblätter) „verschönere" ich nach folgenden Kriterien:
- Farbige Papiere verwenden!
- Verschiedenfarbiges Papier aufkleben (Passepartout-Charakter)!
- Verschiedene Schrifttypen verwenden!
- Mit Aufklebern und Bildern Arbeitsblätter und Karteikarten auflockern!
- Lernmittel sauber und offen verpacken!
-

Einige Lernmittel und Hilfen zum Training der Sorgfalt:
- Arbeitsblätter mit Folienstiften bearbeiten
- Perlen zählen
- 1x1-Stern
- Fadenbuch
- Kinderbücher aufteilen
- Sichthüllen

AG Lernmittel zum Training der Gewissenhaftigkeit und Selbstkontrolle AG

Die selbstständige Kontrolle der eigenen Lösungen bringt für die SchülerInnen mehrere Vorteile:

- sie erfahren während oder schon kurz nach Beendigung der Arbeit, ob sie auf dem richtigen Weg sind oder richtig gearbeitet haben,
- sie können – ohne dass es von anderen bemerkt wird - falsche Lösungen korrigieren und die Lösungswege schnell verändern,
- sie arbeiten für sich selbst (und nicht für den Lehrer): sie selbst wollen erfahren, ob sie etwas können, ohne dass die Lehrkraft dieses eventuell mit Beurteilungen verbindet.

Langfristig erweist es sich als vorteilhaft, schon bei der Anschaffung oder Herstellung von neuen Unterrichtsmaterialien auf eine mögliche, selbstständige Kontrolle der Lösungen durch die Schüler zu achten.

Einige Lernmittel und Hilfen zum Training der Gewissenhaftigkeit und Selbstkontrolle
- Quizbücher
- Gummibandspiele[80]
- Zerlegungsschachteln
- Knickzettel
- Klammerkarten
- Umgang mit den Lösungsbüchern, -heften

---

[80] Diese Spiele gibt es in ähnlicher Form zu kaufen, z. B. beim Mildenberger-Verlag, Postfach 2020, 77610 Offenbach oder Beenen-Lehrmittel, Issumer Weg 19, 4234 Alpen 2

| **S** | **Lernmittel zum Training des Sozialverhaltens** | **S** |

| **SR** | **Lernmittel zum Training „Regeln vereinbaren und einhalten"** | **SR** |

Zum Training dieses Lernziels eignen sich fast alle käuflichen Gesellschaftsspiele. Beim gemeinsamen Spielen lernen die Schülerinnen und Schüler, Regeln einzuhalten und auch einmal ohne Murren zu verlieren.

Einige dieser käuflichen Spiele wandle ich ab für Unterrichtszwecke. Es geht dann um Aufgaben, die in einem direkten Zusammenhang mit dem Unterricht stehen. Die meisten Spiele fordern eine vertrauensvolle Partnerkontrolle, bei der die MitspielerInnen untereinander entscheiden, ob eine Antwort als richtig akzeptiert wird.

Einige Lernmittel und Hilfen zum Training „Regeln vereinbaren und einhalten"
- Anlaut-Würfelspiel [81]
- Rechenskat
- Leiternspiel
- Schmetterlingsspiel [82]
- Silben ärgern uns nicht

Ich beschränke mich an dieser Stelle bei der Auswahl der „erprobten Lernmitteln" auf Ideen für den Einsatz bei den schwerwiegendsten Störungen des Unterrichts. Noch viele weitere Ideen finden Sie auf der beiliegenden CD.

---

[81] Eine Kopiervorlage für dieses Spiel finden Sie auf der beiliegenden CD unter „79 Anlautwürfelspiele"
[82] Eine Kopiervorlage für dieses Spiel finden Sie auf der beiliegenden CD unter „79 Schmetterlingsspiel"

Fördern und Fordern

Viele Herausforderungen im Unterricht sind durch das mangelhafte Arbeits- und Sozialverhalten der Schülerinnen und Schüler bedingt. Aus der Analyse der Förderpläne kann ich erkennen, dass beim Arbeitsverhalten

die geringe Konzentrationsfähigkeit

als Hauptursache vieler Unterrichtsbelastungen auszumachen ist.[83]

Das Zusammenleben in der Schulgemeinschaft wird nur wenig durch mangelnde Kontaktfähigkeit oder Freundlichkeit der Schülerinnen und Schüler gestört. Wesentlich schwerwiegender sind die täglichen Belastungen durch

- Verstöße gegen die Regeln der Schule und Klasse
- das Verhalten bei Konflikten sowie
- die geringe Rücksichtnahme auf die Gruppe.

Bei den Fördermaßnahmen für die gesamte Klasse oder eine zu fördernde Gruppe werden im folgenden Kapitel schwerpunktmäßig Trainingsmaßnahmen

- **zur Steigerung der Konzentration**
- **zum Einhalten von Regeln**
- **zur Vermeidung von Konflikten sowie**
- **zur Förderung der Hilfsbereitschaft und Rücksichtnahme**

dargestellt. Sie stellen eine Auswahl aus der Vielzahl möglicher Übungen dar und dienen beim Erstellen der Förderpläne „Handeln/ Training" dazu, für einen Einzelfall besonders viel versprechende Aufgaben auszuwählen.

Einzelne Schüler beeinflussen zudem durch Selbstbeobachtung (mit oder ohne weitere Hilfen der Lehrkraft) das eigene Handeln.

---

[83] Vergleiche dazu auch das Kapitel „Unterrichtsstörungen".

Fördern und Fordern: Arbeitsverhalten

Übungen zur Steigerung der Konzentration[84]

Die Konzentrationsübungen untergliedere ich in die Schwerpunkte
- a) Aufgaben ausdauernd bearbeiten
- b) alle Sinne einsetzen (hören und sehen)
- c) erst überlegen – dann arbeiten
- d) ruhiger werden.

Alle in diesem Kapitel dargestellten Übungen können sowohl mit der gesamten Klasse als auch in einer Gruppe unter Anleitung einer Lehrkraft durchgeführt werden.[85]

Konzentrationsübungen in einer Klasse oder Gruppe sind aber nur dann sinnvoll, wenn weitere Faktoren für die mangelhafte Ausdauer durch andere Maßnahmen zunächst einmal ausgeschlossen werden:

- eine nicht altersgerechte Beschulung durch Wiederholung oder Überspringen einer Klasse
- mangelnde Schulfähigkeit durch Zurückstellung in den Schulkindergarten oder Durchlaufen der Eingangsstufe in drei statt zwei Schuljahren
- sonderpädagogischer Förderbedarf nach einer entsprechende Überprüfung der Sonderschule bzw. des Förderzentrums
- falscher Ehrgeiz der Erziehungsberechtigten durch ein Gespräch über gemeinsame Erziehungsziele der Eltern und der Schule.

a) Aufgaben ausdauernd bearbeiten

Meditieren / Traumreisen
Alle Kinder machen schon zu Beginn der ersten Klasse begeistert „Traumreisen" mit.
Vor den Übungen dürfen alle Kinder entscheiden, ob sie mitmachen wollen und versprechen mindestens fünf Minuten lang völlig ruhig zu bleiben oder ob sie lieber am Tisch im Flur arbeiten möchten. Fast immer entscheiden sich auch die unruhigen Kinder für ein Verbleiben. Stören sie dennoch, lege ich während der Übung meine Hand auf ihren Kopf oder ihre Schulter, um sie zu beruhigen und sie damit auch an ihr Versprechen zu erinnern.

Bei dieser Übung setzen sich alle Kinder zunächst bequem auf ihren Stuhl und legen den Kopf auf die verschränkten Arme auf den Tisch. Alternativ dürfen sie sich für die Dauer der Traumreise auf einen Leseteppich auf den Fußboden legen.

Der Erzähler / die Erzählerin stimmt die Kinder mit folgenden Worten ein: „Wir schließen unsere Augen und werden ganz ruhig (Pause). Auf einmal sehen wir …".
… Wassertropfen auf dem Weg zu einem Fluss, … durch die Erde grabende Regenwürmer, … zum Himmel fliegende Raketen, ….einen vor dem Fenster sitzenden Vogel, …ein auf einer Blumenwiese liegendes Kind. Noch viele andere Dinge können

---

[84] Auf der beiliegenden CD gibt es auch Übungen zu weiteren Lernzielen des Arbeitsverhaltens.
[85] Übungen zum Arbeitsverhalten mit Materialien finden sie im Kapitel „Erprobte Lernmittel einsetzen".

es sein, die sich zu einer kleinen „Traumreise" aufmachen und einiges erleben. Der Phantasie des Erzählers sind dabei keine Grenzen gesetzt, wenn es um Ausflüge in die Wolken, auf die Bäume, über die Stadt, auf den Rücken eines Tieres usw. geht.

Ich beende die Traumreisen jeweils mit den Worten: „… landet wieder in der Klasse. Ich mache langsam die Augen auf, recke und strecke mich einmal, sehe meine Mitschüler und lache." Sobald alle Kinder wieder an ihren Plätzen sitzen, erzählen sie die verschiedenen Erlebnisse und lassen ihre Mitschüler daran teilhaben.

Konzentration wieder herstellen

Lässt bei einigen SchülerInnen im Laufe der Unterrichtsstunde die Aufmerksamkeit nach, so lege ich Ihnen die abgebildete Mutmachkarte wortlos auf den Tisch. Der betreffende Schüler geht ruhig in den Nebenraum und liest dort noch einmal auf dem Plakat, was zu tun ist, um konzentrierter weiter zu arbeiten.

Wenn ich besser konzentriert arbeiten möchte,
- suche ich mir einen Arbeitsplatz im Schweigeraum
- trinke ich etwas
- hole ich mir eine Trennwand
- gehe ich auf den Schulhof und atme mehrfach kräftig ein und aus
- hole ich mir ein Sitzkissen
- …

gesundes Frühstück

Auf den Elternabenden zu Beginn des neuen Schuljahres informiere ich die Eltern darüber, welche Bedeutung ein gesundes Frühstück und ein gesundes Pausenbrot für das Lernen der Kinder haben. Kohlenhydratreiche Speisen und wenig Fett (d.h. Milch- und Getreideprodukte, Obst, Gemüse, …) heben den Blutzuckerspiegel an und bringen die Gehirnzellen in Topform, da die Kohlenhydrate nur langsam freigesetzt werden. Zuckerhaltige Getränke (Cola, Limonade, …) sollten durch Wasser, ungesüßte oder verdünnte Fruchtsäfte oder leichte Tees ersetzt werden, da Zucker zwar kurzfristig Energie bereitstellt, die Konzentration aber sofort danach wieder in den Keller fällt.

In den gemeinsamen Frühstückspausen („Gemeinsam schmausen in den Pausen") stelle ich diejenigen Kinder besonders heraus, die ein leichtes, gesundes Frühstück mitbringen. Ich „freue mich" darüber, dass diese Kinder in den nächsten Schulstunden besonders gut mitarbeiten und viel lernen können.

Kinder mit kalorienreichen Speisen (Weißbrot mit Nuss-Nougat-Creme, Schokoriegel, Marmeladenbrote, Kuchen, Müsliriegel…) spreche ich einzeln darauf an, dass es ihnen vielleicht schwer fallen wird, sich nach diesem Frühstück zu konzentrieren.

Nach einigen Tagen bringen fast alle Kinder ein gesünderes Frühstück mit. Auf dem nächsten Elternabend muss man dann eventuell die Kritik am Einmischen in die familiären Speisepläne ertragen. Aber auch danach versuche ich telefonisch oder persönlich (leider manchmal ohne Erfolg) immer wieder bei möglichst allen Kindern zu erreichen, dass ihnen ein gesundes Frühstück mitgegeben wird.

AD **b) alle Sinne einsetzen (hören)** AD

AD **Wecker suchen** AD
Alle Mitspieler gehen in den Flur. Im Klassenraum wird ein aufgezogener alter Wecker (mit einem geräuschvollen Laufwerk) versteckt. Beim Betreten des Klassenraumes verhalten sich alle Mitschüler so leise, dass sie möglichst die Weckergeräusche hören und auch orten. Diejenigen Kinder, die den Wecker finden, setzen sich still an ihren Platz. Sie können auch einige Umwege machen, um die Mitspieler zu verwirren. Der erste Finder darf in der nächsten Runde den Wecker verstecken.

AD **Richtung einer Geräuschquelle angeben** AD
Die Lehrkraft (oder ein Schüler) schleicht mit einem deutlich tickenden Wecker durch den Klassenraum. Die SchülerInnen sitzen mit geschlossenen Augen auf ihrem Stuhl und versuchen mit dem ausgestreckten Arm, die Richtung zur Geräuschquelle zu zeigen.

AD **Geräusche erraten / beschreiben** AD
Die Schüler legen ihre Köpfe über die verschränkten Arme auf den Tisch, schließen die Augen und raten Geräusche.
Die Lehrkraft stellt sich hinter die Tafel und
- knittert, zerreißt, faltet, knüllt, reibt, glättet, …Papier
- klopft mit den Fingerspitzen an die Tafel
- malt mit der Kreide vorsichtig einen geraden Strich, einen Kreis, eine schnelle Spirale oder nur einen Punkt, …

Beim Geräuscheraten dürfen auch verschiedene Gegenstände zu Boden fallen: Stecknadel, Kreide, Kugel, u.a. Ebenso identifizieren die Schüler bei geöffneten Fenstern oder Türen die Geräusche auf der Straße oder im Schulgebäude.
Jeweils auf ein vereinbartes Klopfzeichen hin heben die Schüler die Köpfe und melden sich dann ruhig, um ihre Antwort zu geben.

AD **Stilleübungen** AD
Ebenso wie beim Meditieren oder den Traumreisen dürfen die SchülerInnen sich entscheiden, ob sie „Stille aushalten" und die Mitschüler ungestört lassen oder lieber im Flur arbeiten wollen. Mehr Schüler machen ausdauernd diese Übung mit, wenn sie kurz zuvor z. B. im Sportunterricht oder in der Pause sich richtig ausgetobt haben.
Für die Stilleübungen setzen sich die SchülerInnen bequem auf ihren Stuhl, verschränken die Arme auf den Tisch und legen darauf ihren Kopf. Sie schließen dann die Augen und werden ganz ruhig.

Nun nehmen sie die Stille wahr, es gibt keine Erzählungen und keine Geräusche. Sie werden einfach für einige Minuten ganz ruhig und hängen dabei ihren eigenen Gedanken nach. Diese Übungen werden an manchen Tagen durch meditative Musik unterstützt. Mit der Stille wird „ein Teil dessen zurückgeholt […], was Schule eigentlich (lateinisch 'schola' oder griechisch 'schole') war: Einhalt, Ruhe und Muße!"[86] So beschreibt es Jürgen Waschkowitz in seinem Aufsatz *Stille in der Klasse*.

---

[86] Jürgen Waschkowitz, *Stille in der Klasse*, in: *Lehrmittel aktuell*, La 21 (1995), H.4, Seite 12-13

Stille Post, Flüstergruß
Im Sitzkreis werden häufiger Übungen durchgeführt, bei denen ich einem neben mir sitzenden Kind ein möglichst mehrsilbiges Wort ins Ohr flüsterte. Alle Kinder flüstern dann reihum das verstandene Wort dem nächsten Schüler wieder ins Ohr. Das geschieht ohne weitere Nachfragen, es wird das weitergesagt, was man verstanden hat. Oft ergeben sich am Ende des Flüsterkreises kuriose Wörter. Meistens haben die besonders schlecht hörenden oder sprechenden Schüler, die Wörter verändert. Neben Übungen zur Konzentrationsfähigkeit sind bei ihnen dann Untersuchungen bei Fachärzten gefordert.

Rhythmisches bewegen
Kinder, die beim Überprüfen der Konzentrations- und Durchgliederungsfähigkeit durch wenig rhythmisches Klatschen auffallen, brauchen dringend zusätzliche Hilfen.[87]
Zunächst einmal beginne ich mit den einfachsten Rhythmen, die ich sehr langsam durchführe und noch durch übertriebene Bewegungen der Arme oder Hände betone. Auch das rhythmische Gehen ist eine Variation zum Training der Konzentrations- und Durchgliederungsfähigkeit. Durch rhythmisches Zählen oder silbenweises Sprechen von Wörtern wird das Klatschen ebenfalls unterstützt. Ziel ist es, dass die SchülerInnen mehrsilbige Wörter betont silbenweise gehen, klatschen und sprechen, um beim Schreiben Haltepunkte (kleine Pausen) zwischen den Silben zu haben, in denen die Schreibweise der nächsten Silbe vorausschauend bedacht wird.

Das Ende eines Klanges erkennen
Die SchülerInnen schließen die Augen und legen den Kopf auf die Tischplatte. Einen Unterarm halten sie neben dem Kopf nach oben. Ein Mitschüler rollt dann eine Kugel über den Boden oder über den Tisch. Sobald die Kinder meinen, dass die Rollgeräusche verklungen sind, klappen sie ihren Arm auf die Tischplatte.
Mit dieser Übung stellt man leichtere Hörschwierigkeiten fest und kann die betroffenen SchülerInnen zur genaueren Untersuchung zum Ohrenarzt schicken.

b) alle Sinne einsetzen (genau sehen)

Gegenstand suchen
Für die auf dem Flur wartenden SchülerInnen wird im Klassenraum ein Gegenstand so versteckt, dass nur bei genauer Suche ein Teil davon gesehen wird. Die SchülerInnen schleichen dann in der Klasse herum und suchen. Sobald sie den Gegenstand entdecken, setzten sie sich, ohne die Mitschüler etwas merken zu lassen, auf ihren Stuhl. Der erste Finder darf in der nächsten Runde den Gegenstand verstecken.

Verfolgen des Zeigefingers mit den Augen
Die Schüler schließen ein Auge und verfolgen einäugig die beliebigen Bewegungen des eigenen Zeigefingers. Sie verfolgen dabei fortlaufend das „Ziel", ohne sich ablenken zu lassen. Das sehende Auge wird zwischendurch einmal gewechselt.

Variation: Alle Mitspieler sitzen frontal zum Spielleiter. Dieser zeigt den Zeigefinger und macht mit den Armen große Bewegungen. Die Schüler verfolgen wieder einäugig die Handbewegungen der Lehrkraft.

---

[87] Vergleiche dazu den rhythmischen Klatsch-„Test der Konzentrations- und Durchgliederungsfähigkeit" im Kapitel „Stärken und Schwächen" erkennen.

AD **Fotograf und Kamera** AD
Jeweils ein Schüler („Fotograf") führt einen Mitschüler („Kamera") mit geschlossenen Augen zu einer beliebigen Stelle in der Klasse, auf dem Schulhof, im Wald usw. und richtet dessen Kopf in eine gewünschte Richtung. Dann klopft der „Fotograf" einmal kurz auf die Schulter der „Kamera". In dieser Zeit darf der berührte Mitschüler die Augen öffnen und merkt sich möglichst viele Dinge in seinem Blickfeld. Sobald ein zweites Mal auf die Schulter geklopft wird, schließt das „Kamera"-Kind wieder die Augen. Erst nachdem es sich um 180° gedreht hat, darf es die Augen öffnen und dem „Fotografen" erzählen, was zu sehen war.

Variation: „Die Kamera" wird nach dem „Foto" gedreht oder weg geführt und findet dann selbst die Stelle wieder, die vorher angesehen wurde.

AD **Kim-Spiele** AD
Dieses Spiel lässt sich optimal für (fast) alle Themen des Sachunterrichts umsetzen. Dazu werden Gegenstände gesucht, die zum Sachthema passen, z.B.
Wetter: Thermometer, Sonnencreme, Handschuhe, Stiefel, Sonnenbrille usw.,
Bäume: verschiedene Blätter und Früchte, Rindenstücke usw..

Stehen diese Gegenstände nicht oder nicht in ausreichender Zahl zur Verfügung, werden dafür auch Bilder aus Zeitschriften ausgeschnitten. Ich fertige oft auch einfache, thematisch passende Bildkarten an, die anschließend auch für die Rechtschreibübungen genutzt werden.

Zunächst liegen die Gegenstände oder Karten verdeckt auf dem Tisch. Nach dem Aufdecken merken sich alle Mitspieler möglichst viele Gegenstände. Vor dem nächsten Aufdecken wird ein Gegenstand oder ein Bild unbemerkt von den Kindern aus der Menge weggenommen. Gewinner ist, wer nach dem Aufdecken dieses Teil möglichst schnell benennt.

Neben der Konzentrations- wird hier auch die Sprech- und Sprachfähigkeit gefördert. Die immer geringer werdende Anzahl der zu merkenden Bilder bzw. Gegenstände gibt auch den konzentrationsschwächeren SchülerInnen die Chance zur richtigen Antwort.

Variation: An die zugedeckte Innentafel werden vor Unterrichtsbeginn Gegenständen gemalt. Die Kinder betrachten die Bilder eine Minute lang bei völliger Stille. Nach dem Zuklappen der Tafel malen sie möglichst viele Gegenstände auf einen eigenen Zettel oder schreiben die Namen der Gegenstände auf.

AD **Original und Fälschung** AD
Bei diesem auch in vielen Zeitschriften abgedruckten Rätselspiel sollen die gegenüber dem „Original" eines Bildes in der passenden „Fälschung" die veränderten Stellen oder fehlenden Teile entdeckt werden. Diese Aufgabe erfordert je nach Schwierigkeit des Bildes u.a. auch nach der Anzahl der Veränderungen mehr oder weniger Konzentration.

Einfache Bilder:

c) erst überlegen – dann arbeiten

Spiel „Alle Vögel fliegen hoch"

Alle SchülerInnen sitzen an ihren Tischen und klopfen mit beiden Händen leise auf die Tischplatte. Der Spielleiter (oder ein Kind, das das letzte Spiel gewonnen hat) nennt jetzt „fliegende" Gegenstände, bei denen jeweils die Arme nach oben gehoben werden:
- Alle Hühner fliegen hoch!
- Alle Raketen fliegen hoch!
- Alle Wellensittiche fliegen hoch! ...

Wird aber ein flugunfähiger Gegenstand genannt, müssen die Hände unten bleiben:
- Alle Autos fliegen hoch.

Mehrere Male hintereinander werden fliegende Gegenstände genannt und unvermutet dann ein Gegenstand, der nicht fliegen kann. Kinder mit guter Konzentration halten die Hände am Tisch, während unkonzentrierte Kinder ohne nachzudenken, die Hände in die Luft reißen. Je häufiger diese Übungen aber mit ihnen gemacht werden, umso mehr konzentrieren sie sich.

O'Grady-Spiel

Eine Variation des obigen Spieles ist das O'Grady-Spiel. Dabei spielt die Lehrkraft den vertrottelten O'Grady. Dieser kündigt eine von den Kindern nachzumachende Bewegung an und macht auch diese Übungen selbst mit.
Manchmal bewegt er sich aber anders, als er ansagt. Die SchülerInnen lernen dabei auf die Ansagen zu achten und nur die angesagten Bewegungen zu machen.

d) ruhiger werden[88]

Übungsfolge

Die SchülerInnen trainieren die nachfolgenden Übungen, um in Stresssituationen ruhiger zu werden:

1. Hände auf den Tisch (oder die Oberschenkel) legen! Kinn auf die Brust! Bis 5 zählen!
2. Hände auf die Ohren legen! Kinn auf die Brust! Bis 10 zählen!
3. Hände vor die Augen legen! Kinn auf die Brust! Bis 15 zählen!

Diese Übungen werden oft wiederholt und auch auf den Elternabenden den Erziehungsberechtigten vorgeführt, damit diese einfachen Übungen auch außerhalb der Schule genutzt werden, um wieder zur Ruhe und zu sich selbst zu finden.

Elternarbeit

Bei einigen SchülerInnen bringen auch die schulischen Übungen keinen Fortschritt der Konzentrationsfähigkeit. Dann spreche ich mit den betreffenden Eltern und schlage ihnen einige Hilfen zur Förderung der Konzentration vor: gesundes Frühstück, Meditationen, Memoryspiele, Dominospiele, Türme bauen, Kinder-Sudokus usw.
Außerdem helfen Sport und körperliche Bewegung am Nachmittag (statt vor dem Fernseher oder dem Computer zu sitzen), die „Konzentrationsfähigkeit" wesentlich zu verbessern.

---

[88] aus: Rainer Winkel, *Unterrichtsstörungen – Zwölf Tipps für die Praxis*, Sonderauflage für den GEW-Landeverband Niedersachsen, Juli 2000, Seite 14

S | Fördern und Fordern: Sozialverhalten | S

Zu Beginn eines ersten Schuljahres stelle ich immer wieder fest, dass nur wenige Kinder die Voraussetzungen für das Zusammenleben in einer Gemeinschaft mitbringen. Es gibt dann häufig Konflikte in der Schule, weil
- Regeln kaum beachtet werden
- Konflikten zu selten aus dem Weg gegangen und
- Hilfsbereitschaft zu wenig „gelebt" wird.

Die von mir dazu gesammelten Übungen setze ich sowohl in der Klasse als auch in kleineren Gruppen im Förderunterricht ein.

Bei den folgenden Übungen beschränke ich mich wegen der größeren Übersichtlichkeit auf die Aspekte des Sozialverhaltens, von denen die meisten Störungen des Unterrichts ausgehen: „Einhalten von Regeln", „Vermeiden von Konflikten und Hilfsbereitschaft".[89]

SR | Übungen zum Einhalten von Regeln | SR

Übungen zu diesem Lernziel werden untergliedert in
a) Betreten und Verlassen des Gebäudes und des Schulhofs
b) Arbeitsverhalten

SR   **a) Betreten und Verlassen des Gebäudes und des Schulhofs**   **SR**

SR   **Betreten und Verlassen des Gebäudes**   **SR**

Die Schule darf nur über die Türen, die durch ein blaues Schild mit weißem Pfeil gekennzeichnet sind, verlassen und betreten werden. Die roten Schilder kennzeichnen die Türen, die nur von der anderen Seite benutzt werden.

SR   **Der Schulhof als Spielhof**   **SR**

In den ersten vier Schuljahren nehme ich mir immer wieder die Zeit, mit allen Kindern auf den Schulhof zu spielen, damit sie auch den Schulhof auch wirklich spielen und leichter andere Kinder kennen lernen. Besonders wichtig sind mir dabei die Spiele, bei denen man zu zweit oder in einer Gruppe spielt.

An manchen Tagen lenke ich dieses Spiel durch besondere Anweisungen
- „Heute spielt der Tisch am Fenster mit dem neuen Kind!",
- „Heute spielen alle ausländischen Schüler mit mindestens einem deutschen Kind!" oder
- „Heute spielen Kevin, Jacqueline und Tobias mit Murat!".

Folgende Spiele kann ich empfehlen:

- <u>Schaukeln</u>: Einer schaukelt, der andere schubst an (anschließend wechseln)
  <u>Seilspringen</u>: Am Schulgebäude sind mehrere Haken befestigt, in denen ein langes Seil befestigt wird, damit einer dieses in Bewegung setzt und mehrere

---

[89] Übungen zur „Verbesserung der Kontaktfähigkeit" und „Übungen zur Verbesserung der Freundlichkeit" finden Sie auf der beiliegenden CD.

Mitspieler über das Seil hüpfen.
- Tischtennisspielen: In der Spielgeräteausgabe erhält man Tischtennisschläger und Bälle, mit denen man auf den Betontischen spielen kann

- Gummitwist: Zwei Schüler stellen sich gegenüber im Abstand von etwa einem Meter auf, um ihre Kniekehlen wird ein Gummibandkreis gelegt, ein drittes Kind springt auf verschiedene Weisen über das Gummiband.
- Himmel und Hölle: Ein auf dem Schulhof aufgemaltes Spielfeld fordert das Hüpfen von Feld zu Feld nach gemeinsam vereinbarten Regeln.
- Zielwerfen mit kleinen Steinen: Auf dem Sandboden wird ein Kreis (= Mal, ca. 20 cm Durchmesser) und in einiger Entfernung eine Abwurflinie gezeichnet. Von der Linie aus werden möglichst viele Steine direkt ins Mal geworfen.
- Ticker / Krieger: Ein Spieler ist der „Jäger", die anderen sind die „Gejagten". Der „Jäger" versucht, seine Mitspieler zu „kriegen" (an die Schulter zu „ticken"). Dieses Kind wird dadurch auch zu Jäger bis zum Schluss fast alle Kinder gemeinsam nur noch ein Kind „jagen".

SR Gemeinsames Kennen lernen der Spielgeräteausgabe   SR
Alle Klassenlehrer der ersten Klassen gehen während des Unterrichts in die Spielgerätesausgabe, damit die Schulanfänger diese zunächst einmal ohne die größeren MitschülerInnen kennen lernen. Anschließend wird während des Unterrichts jeweils ein Spiel oder Spielgerät für die Klasse geholt und einige Kinder stellen die damit möglichen Spiele vor. So lernen sie nach und nach die Spielsachen kennen und wissen, welche Teile sie sich in den Pausen gerne holen.

SR Müll vermeiden und vermindern   SR
Im Kerncurriculum des Landes Niedersachsen sind bis zum Ende des vierten Schuljahres Kenntnisse und Fertigkeiten gefordert, die ein Umweltbewusstsein beim Kind entwickeln (Abfallproblem, etc.). Unter anderem sollen die SchülerInnen Umweltschutzmaßnahmen im Schulumfeld durchführen (z. B. Müll sammeln und sortieren, …).
Für das 3. Schuljahr haben wir eine Werkstatt zum Thema „Müll: vermeiden, vermindern und verwerten" entwickelt. Ziel ist es dabei auch, den Schulhof, das Gebäude und die Klassen sauber zu halten und bei den SchülerInnen die Bereitschaft zu wecken, als „Umweltfreund" auch einmal den Müll der Mitschüler (besonders aber den Müll der nachmittäglichen Besucher des Schulhofs) mit Zange und Eimer einzusammeln.

SR Toilettenregeln   SR
„Es ist erlaubt, dass Kinder auch während der Unterrichtsstunde zur Toilette gehen. Daher habe ich – gemeinsam mit den Kindern – einige Regeln entwickelt, die ein selbstständiges, die Klasse nicht störendes, Aufsuchen der Toiletten ermöglichen, so darf beispielsweise immer nur ein Kind gehen und ein wechselweise rot-grünes Schild zeigt an, ob gerade ein anderes Kind auf der Toilette ist." [90]

---

[90] Mehr zum Regelwerk erfahren Sie in dem Kapitel „Unterrichtsorganisation optimieren"

Fördern und Fordern: Sozialverhalten

SR **b) Verhalten während des Unterrichts** **SR**

SR **Vorfahrt achten** **SR**

In offenen Arbeitsformen, in denen die Lehrkraft nur nacheinander mit einzelnen Schülern arbeitet, lernen es die anderen Schüler sehr schnell, sich am Lehrerpult, am Hilfetisch usw. anzustellen. Sie halten die vereinbarten Regeln ein, weil auch sie vielleicht einmal Hilfe von der Lehrkraft benötigen und dann mit ihr in Ruhe arbeiten möchten:

Vorfahrt achten!
(rotes Dreieck)

- höchstens 4 Schüler stellen sich an
- in der Reihe wird geschwiegen
- es darf beim „Vordermann" zugesehen werden, wenn diesem etwas von der Lehrerin oder vom Lehrer erklärt wird.

Geregelt wird diese Vorfahrt durch zwei abwechselnd am Pult zu sehende Zeichen.

Jetzt habe ich Zeit!
(grüner Punkt)

„Vorfahrt achten" bedeutet, dass jetzt vielleicht etwas länger auf Hilfe der Lehrkraft gewartet werden muss, weil die Arbeit mit anderen Kindern (auch mit einer Gruppe) zur Zeit vorrangig ist und es vielleicht günstiger ist den Tischnachbarn, den Experten usw. zu fragen. Ist das Schild „Jetzt habe ich Zeit" zu sehen, können die Kinder sofort zur Lehrkraft kommen.

SR **Umgang mit Arbeitsmitteln** **SR**

Das „STOPP"-Zeichen an den Regalen und Schränken signalisiert, dass hier Materialien der Lehrkraft untergebracht sind. Diese Schränke oder Schubladen bleiben für die Schüler verschlossen.

SR **Werkstattarbeit** **SR**

Die Werkstattarbeit wird überwiegend im Sachunterricht aber auch im Deutsch- und Mathematikunterricht praktiziert. Dabei stehen den SchülerInnen vor der ersten Stunde zum Thema schon alle im Verlauf der nächsten Wochen zu bearbeitenden Aufgaben zur Verfügung. Bei 20 SchülerInnen habe ich jede der mindestens 21 Aufgaben jeweils in einen nummerierten Ablagekorb gelegt. Diese Kästen stehen in einem Regal an den Plätzen mit der gleichen Nummer.

Die Aufgaben einer neuen Werkstatt werden nacheinander von der Lehrkraft einmal allen Kindern gemeinsam vorgestellt. Alle SchülerInnen können dabei Fragen stellen oder auch etwas anmerken. Für jede Aufgabe wird ein „Chef" aus den Interessenten für die Aufgabe ausgewählt. Dabei wird aber möglichst darauf geachtet, dass die leistungsstärkeren Schüler die „Pflichtaufgaben" betreuen. Bei Fragen oder Problemen beim Lösen einer Werkstattaufgabe werden zunächst der „Chef" und erst danach die Lehrkraft gefragt.

Haben an einem Tag zu viele Mitschüler Probleme bei einer Aufgabe und fragen nach, erläutert der „Chef" diese Aufgabe spätestens in der nächsten Stunde noch einmal für alle Mitschüler.

Übungen zum Vermeiden von Konflikten

Die Übungen wurden untergliedert in
- a) Streiten
- b) Streitigkeiten aus dem Weg gehen / Streit vermeiden
- c) Streit schlichten / vermitteln

a) streiten

„Der letzte Schläger" wird bestraft

Mit den SchülerInnen und besonders auf den Elternabenden wird die folgende Grundregel für das Verhalten in Konflikten ausführlich besprochen. Für viele Erwachsene (und damit auch für die Kinder) gilt sonst leider immer noch, dass im Falle eines Angriffs oder einer Beleidigung immer zurück geschlagen werden darf.

Ich durchbreche diese Gewaltspirale auch, um unergiebige „Nachforschungen" nach der allerersten Ursache für einen Streit zu vermeiden. Mit vielen „Zeugen" einer Gewalttat bleiben Konflikte oft ungeklärt, da die „Freunde" zur Klärung der Ursache oder des Streitbeginns oft befangen sind.

In einem Konferenzbeschluss wird geregelt, dass Streitigkeiten niemals mit körperlicher Gewalt oder Bedrohungen für andere gelöst werden dürfen. Als Schulleiter entwickelte ich daraus die Regel:

„Der letzte Schläger wird bestraft."

Diese Aussage führt (in vielen Fällen) dazu, dass sich das erste „Opfer" schon bei den Lehrkräften meldet, ohne zurückzuschlagen. Die Erwachsenen greifen sofort nach der „ersten Tat" ein. Die „Gewaltspirale" wird durchbrochen, bei der „Streithähne" schließlich fast immer zu Tätern und Opfern werden. Auch die „STOPP"-Regel trägt dazu bei, Konflikte im Entstehen zu beenden und weitere Gewalt zu vermeiden.[91]

a) streiten

„Faustlos"-Programm[92]

Ein wichtiger Teil der Unterrichtsarbeit in der Grundschule ist die Vermittlung sozialer Kompetenz.

In der Universität Heidelberg (Institut für psychosomatische Kooperationsforschung) wurde unter dem Stichwort

„Faustlos"

ein Curriculum zur Gewaltprävention entwickelt.

Mit diesem Programm werden GrundschullehrerInnen als Erzieher in die Pflicht genommen. Die Faust ist dabei ein Symbol. Mit dem Öffnen der Hand und Schließen zu einer Faust geben die Lehrkräfte einen symbolischen Startschuss für Rollenspiele und Gespräche. Dabei lernen die Schüler, dass sie im Streitfall sprechen und überlegen statt zu prügeln.

Selbstbewusstsein stärken – Streit vermeiden

Je selbstbewusster SchülerInnen auftreten, umso seltener sind sie in Streitigkeiten oder schwerere Konflikte verwickelt.

Auch die Schule kann dazu beitragen. In den vergangenen Jahren wurde in der Schule regelmäßig das Theaterstück „Mein Körper gehört mir!"[93] aufgeführt. Während es dabei

---

[91] Vergleiche dazu auch das Kapitel „Klassen- und Schulregeln: Der letzte Schläger wird bestraft".
[92] Weitere Informationen über das „Faustlos"-Programm auf http://www.faustlos.de/

in erster Linie um den sexuellen Missbrauch geht, lernen die Schüler dabei das „Nein-Sagen" sowie einige Ideen für Körpersprache/ Körperhaltung, Mimik, Gestik und Sprache für ein besseres Selbstbewusstsein. Damit können sie auch in schulischen Streitsituationen besser bestehen.

SU Wut-Stühle

Nach einem Streit auf dem Schulhof, bei dem zwei Schüler mit Aggressionen noch in den Klassenraum kommen, stelle ich zwei Stühle gegenüber hin, auf die sich die beiden Kontrahenten mit der Anweisung hinsetzen: „Hier habt ihr Wut- und Ärger-Stühle, setzt euch hin und sagt euch gegenseitig, worüber ihr wütend seid. Erst, wenn ihr euch geeinigt habt, dürft ihr aufstehen!" Um Störungen der Mitschüler und für den weiteren Unterrichtsverlauf zu vermeiden, stelle ich in vielen Fällen ein solches Stühlepaar auch im Flur, in der Pausenhalle und an anderen Orten außerhalb des Klassenraumes auf.

SU Anti-Wut-Übungen

Auch der Sportunterricht baut Aggressionen ab, mit denen SchülerInnen sonst in den Klassenraum kommen. Dort
- werfen sie Bälle mehrfach mit voller Wucht gegen die Wand
- machen zwei SchülerInnen miteinander Schattenboxen
- schlagen sie auf ein „Wut"-Kissen drauf
- ballen sie immer wieder mehrfach die Hände zu Fäusten, ...

SU Umgang mit Mobbing / Hänseleien

Gibt es an der Schule Probleme mit dem Mobbing einzelner SchülerInnen, so
- werden Opfer und Täter für eine Zeit lang möglichst räumlich getrennt (Unterricht in der Nachbarklasse, mehrere Tische im Klassenraum zwischen den beiden SchülerInnen usw.)
- stärken wir das Selbstbewusstsein des „Opfers" („Stopp!"-Sagen)
- sensibilisieren wir die Mitschüler, dass sie als Zeugen immer einschreiten und dem Täter entgegentreten und
- setzen dem Täter Grenzen aber bieten auch gleichzeitig Hilfen an.

Das „Buch des Jahres 2005" zur Gewaltprävention in Berlin ist die „Berliner Anti-Mobbing-Fibel" für Grundschulen,[94] die zusammen mit dem Mitmachbuch „Der Fürchtevogel"[95] und den dazu erhältlichen Unterrichtsmaterialien eine gute Grundlage für eine Projektwoche darstellt. Häufigster Aufhänger für Beleidigungen und Spott unter SchülerInnen sind nach einer Umfrage des LBS-Kinderbarometers in Münster[96] Äußerlichkeiten wie Übergewicht, Kleidung, Frisur.

SU „Mensch ärgere dich nicht"-Spiel

Das Gesellschaftsspiel lässt sich gut für Kinder einsetzen, die sich häufig über das Verhalten ihrer Mitschüler aufregen oder ärgern.
Im Spiel – unter Aufsicht oder Mitspielen eines Erwachsenen - lernen sie, das „Ärgern" über das Verfehlen eines Zieles, über den Rauswurf einer Spielfigur usw. in Grenzen zu halten und nach dem Spiel sofort zu vergessen. Sie lernen dabei aber auch, dass Ärgern zum Leben dazu gehört, aber nicht jeder Ärger zu einem Streit führen muss.

---

[93] Kontakt: Theaterpädagogische Werkstatt Osnabrück, www.meinkoerpergehoertmir.de
[94] Walter Taglieber, *Berliner Anti-Mobbing-Fibel*, hrsg. vom *Berliner Landesinstitut für Schule und Medien* (www.lisum.de)
[95] Marianne Riemann, *Der Fürchtevogel*, Luftbild-Verlag Berlin 2003, ISBN 3-936828-51-2
[96] Bericht *Nordwest-Zeitung Oldenburg* vom 15.5.08

Fördern und Fordern: Sozialverhalten

SU **b) Streit vermeiden** SU

SU **„Fair play" im Sportunterricht** SU
Besonders der Sportunterricht bietet in den verschiedenen Spielen viele Möglichkeiten den wort- und gewaltlosen Streit zu üben, ohne dass die Konkurrenten sich anschließend böse sind.

SU **Eselstreit** [97] SU
In diesem Kooperationsspiel spielen jeweils 2 Spieler pro Durchgang (Dauer jeweils 2 min). Dabei erkennen die Spieler, dass Kooperation mehr Erfolg bringt als Konkurrenz.

An die vier Wände eines Raumes werden jeweils gegenüber zwei Tische und zwei Stühle gestellt. Aus der Gruppe werden zwei etwa gleich starke Spieler ausgewählt, die restlichen Schüler setzen sich an die Wände und schauen zu. Die beiden Spieler werden mit einem Spanngurt um die Hüfte Rücken an Rücken in einem Abstand von ca. 50 cm zusammengebunden. Jedem Spieler werden ein Tisch und ein Stuhl zugewiesen. Auf den Tischen liegen jeweils 20 Bonbons. Die Spieler stehen zu Anfang des Spiels in der Mitte des Raumes.

Spielanweisung: „Der Spanngurt bleibt angebunden. In einer Minute holt ihr möglichst viele Bonbons von dem Tisch auf euren Stuhl. Ihr dürft immer nur ein Bonbon auf einmal holen und dieses zuerst auf euren Stuhl legen, bevor ihr ein weiteres nehmt."
Für den ersten Spieldurchgang werden zwei Spieler ausgewählt, die dieses Spiel als Konkurrenzspiel auffassen, damit die folgenden Spielrunden ebenfalls als Konkurrenzspiel gespielt werden. Nach jeder Spielrunde wird die Beute gezählt und an der Tafel notiert. Nachdem alle Schüler dieses Spiel gespielt haben, verteilt die Lehrkraft an die Teams jeweils „Eselkarten"[98] mit dem Hinweis, dass man dieses Spiel erfolgreicher spielen kann. Das Team, das auf die kooperative Lösung kommt, darf dieses Spiel nun kooperativ spielen. In einer Auswertungsphase wird über verschiedene Konfliktlösungen (Sieg-Niederlage-Schema, konstruktive Lösung) gesprochen.

SU **c) Streit schlichten / vermitteln** SU
Schwierig erscheint es mir, in der Grundschule mit Streitschlichtern zu arbeiten. Gute Erfahrungen bringen die besonders gelobten Schülerinnen und Schüler, die bei Streitigkeiten von sich aus einschreiten, um die „Streithähne" zu trennen oder auch zum Vertragen aufzurufen.[99]

---

[97] www.zebis.ch/download.php?id=3222
[98] Die Bildvorlagen sind von der Homepage http://www.konflikttraining-fuer-jungen.de/konflikt.html#
[99] Vergleiche dazu auch das Kapitel „Konsequenzen: Einfache Konsequenzen".

SH Übungen zur Hilfsbereitschaft und zum Rücksichtnehmen

Symbolisiert werden die „Hilfsangebote" durch Schilder und Symbole auf blauem Grund. Das wichtigste Symbol ist dem Verkehrszeichen „Fußgängerüberweg" entlehnt, in das weiße Feld kann man mit Symbolen die diversen Hilfsmöglichkeiten für die SchülerInnen kennzeichnen. Die gesammelten Übungen zum Training der Hilfsbereitschaft und Rücksichtnahme wurden untergliedert in

a) Übernahme von Verantwortung
b) Ruhe schaffen
c) flüstern
d) ruhig bewegen
e) Meldeverhalten
f) Gesprächsverhalten

Die Teillernziele „flüstern" und „ruhig im Klassenraum bewegen" wurden bewusst dem Lernfeld „Übungen zur Hilfsbereitschaft und Rücksichtnahme" zugeordnet. Es geht bei diesen Übungen darum, dass die Schüler durch Flüstern und ruhige Bewegen sich und ihren Mitschülern beim Arbeiten helfen (können).

SH a) Übernahme von Verantwortung

SH Helferprinzip bei Fragen

Diese Symbolkette erinnert die SchülerInnen daran, auf welche Weise sie in „offenen" Unterrichtssituationen, in der Freiarbeit, in der Stillarbeit o. ä. Hilfe erhalten.
Auf diese Weise schaffen die Lehrkräfte sich die „Freiräume" für die Arbeit mit einzelnen Schülern oder kleinen Schülergruppen.[100]

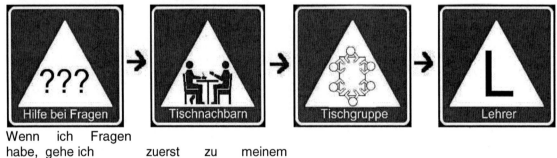

Wenn ich Fragen habe, gehe ich zuerst zu meinem Tischnachbarn, dann frage ich die anderen Schüler an meinem Tisch bevor ich zur Lehrkraft gehe.

SH „Chefsystem" beim Werkstattunterricht

Beim Vorstellen der Aufgaben einer neuen Werkstatt melden sich die Schülerinnen und Schüler, die eine Aufgabe besonders gerne bearbeiten wollen. Sie werden als "Chef" dieser Aufgabe bestimmt und bearbeiten diese auch zuerst.
In den nächsten Tagen gehen die anderen Schüler bei Problemen und Fragen beim Bearbeiten dieser Aufgabe zum „Chef" und erbitten dort Hilfe. Auf diese Weise wird die Lehrkraft von weiteren Erklärungen entlastet. Bei vielen Nachfragen erklären die „Chefs" die Aufgabe für alle Mitschüler noch einmal.

---

[100] Mehr Informationen zu diesem Thema auch im Kapitel „Individualisierung der Anforderungen beim Lernen".

Dieser Helferunterricht ist besonders wirksam, da die Tutoren vom Erklären und Helfen selbst profitieren und die Kooperation gefördert wird. In höheren Klassen oder bei Problemen im Arbeitsverhalten einzelner oder mehrerer Schüler kennzeichnen die „Chefs" durch ihr Namenszeichen auf der Werkstattkontrollkarte, dass die Aufgabe als erledigt angesehen werden kann.

SH Helfertafel SH

An einer Pinnwand in der Klasse werden kleine weiß-blaue Symbolkarten befestigt, die bestimmte von den Schülern zu erledigende Hilfsarbeiten in der Klasse symbolisieren.[101] Folgende Aufgaben werden sogar von den Schulanfängern als Klassendienste bzw. Klassenämter erledigt:

- Eigentumsfächer der Mitschüler aufräumen bzw. diese an Ordnung erinnern
- Wetterkarte einstellen
- Kalenderblatt abreißen, aufkleben, neuen Tag befestigen
- die Lehrkraft an das Vorlesen erinnern
- in den Pausen die Fenster öffnen und schließen
- Blumen gießen, Pflanzen pflegen
- Tiere pflegen
- Bücher in der Leseecke ordnen
- Ranzen vor der Klasse ordentlich aufstellen
- Mülleimer nach Unterrichtsschluss zur Sammelstelle bringen
- Klasse nach Unterrichtsschluss aufräumen und ausfegen

Jeweils höchstens zwei Schüler setzen jeweils zum Wochenbeginn ihre mit einem Namensschild versehene Klammer an das entsprechende Symbol und versprechen damit, diese Aufgabe in dieser Woche zu erledigen. Es kann auch ein regelmäßiger Wechsel der Aufgaben stattfinden. Dann werden die Klammern jeweils ein Feld weiter gesetzt, jeder Tisch erledigt ein Helferamt an einem bestimmten Wochentag (Montagstisch, ...) usw. Bewährt hat sich im 1. Schuljahr auch die längerfristige Verteilung der Klassenämter an bestimmte „verantwortungsbewusste" Schüler.

Viele weitere Aufgaben lassen sich noch an die Schüler übertragen:
- Helfer beim Kunstunterricht (Zeitungen auslegen, Wasser hinstellen, aufräumen)
- Arbeitsblätter verteilen und / oder einsammeln
- Karteien, Freiarbeitsmaterialien ordnen
- Garderobe ordnen, aufräumen
- Getränkeausgabe
- Kiste mit leeren Trinkflaschen zur Sammelstelle bringen
- Tafeldienst
- Datumsstempel weiterstellen

Lehrkräfte müssen immer wieder Kreativität beweisen, wenn es darum geht, Helferaufgaben für die Kinder der Klasse zu „erfinden". Ich mache seit vielen Jahren gute Erfahrungen mit den Helferdiensten besonders auch bei den sonst „störenden" Schülern. Beinahe täglich ist es dann möglich diese Schüler für die Erledigung der „wichtigen" Aufgabe zu loben und so auch für andere Arbeiten zu motivieren.

---

[101] Meine Symbole für die Helfertafel finden Sie auf der beiliegenden CD im Ordner „Cliparts Symbole / Helfertafel".

SH b) Ruhe schaffen

SH Ruhe vor Unterrichtsbeginn

An unserer Schule können die Schüler schon vor dem 1. Klingelzeichen die Schule betreten. Es ist vereinbart, dass sie selbstständig in den Klassenraum gehen dürfen, sobald die Lehrkraft das Licht im Klassenraum einschaltet oder ein besonderes Zeichen an die Fenster hängt, um zu demonstrieren, dass jetzt eine Lehrerin oder ein Lehrer im Klassenraum anwesend ist. In dieser Zeit des Eintreffens ist es oft laut, da die Schüler untereinander etwas zu erzählen oder vorzuführen haben.

Über einen CD-Player mit Lautsprecher wird vor Unterrichtsbeginn häufig ruhige, klassische Musik abgespielt. Bei vielen dieser Stücke wird es in der Kommensphase im Klassenraum merklich leiser.

SH Unruhe im „offenen" Unterricht

In meinem „offenen" Unterricht hatte ich häufig das Gefühl, dass eine größere Unruhe in der Klasse durch herumlaufende oder mit den Nachbarn (leise) sprechende Mitschüler herrschte als in „lehrerzentrierten" Situationen. Bei Hospitationen in meinem Unterricht stellten die Besucher jedoch immer wieder die besondere Arbeitsruhe heraus.

Das erlaubte Bewegen und Sprechen in vielen Phasen des Unterrichts wird durch die Regel gelenkt: „Ich darf im Klassenraum herumgehen oder sprechen, wenn es notwendig ist und meine Mitschüler in Ruhe weiterarbeiten können!" Daher bemühen sich (fast) alle Kinder um große Rücksichtnahme.

SH Arm heben

In vielen Klassen ist es üblich, dass bei Unruhen akustische Signale (mündliche Bitte um Ruhe, Glockenton, ...) für Ruhe sorgen. Diese müssen aber lauter sein als der lauteste Schüler.

Ich verwende seit Jahren „optische" Signale, indem ich (oder auch ein Schüler) den Arm hebt, um damit anzudeuten, dass es in der Klasse zu laut ist. Dazu zeigen die auf den Daumen gelegten Mittel- und Ringfinger den geschlossenen Mund und der nach oben gestreckte kleine Finger und Zeigefinger die gespitzten Ohren. Es gilt dann folgende Regeln: Jeder, der einen erhobenen Arm sieht, setzt sich leise auf seinen Platz und hebt ebenfalls den Arm. Immer mehr Mitschüler bemerken dann, dass es leiser wird, und werden auch ruhig.

In der Einführungsphase dauert es naturgemäß etwas länger bis die gesamte Klasse ruhig ist. Aber nach einiger Zeit spielt sich dieses Ritual so gut in der Klasse ein, dass die Kinder fast so schnell wie beim „Ruhe"-Rufen leise werden. An unserer Schule praktizieren fast alle KollegInnen dieses Verfahren. Die Eltern und Kindern lernen diese Möglichkeit spätestens am Tag der Einschulung das erste Mal kennen, wenn die Einschulungsfeier beginnt und ohne Lautsprecheranlage alle Beteiligten auf diese Weise so ruhig werden, dass in „normaler" Lautstärke die Begrüßung beginnt.

SH Leise Schüler[102]

 Die Schilder, „Leiser Schüler" oder „Leiser Tisch", bekommen all diejenigen auf den Tisch gestellt, die leise arbeiten oder leise arbeiten möchten. Die Schilder bleiben so lange auf dem Tisch, wie alle  Partner leise arbeiten. Am Ende des Tages werden die Schüler besonders gelobt, die die Schilder bis zum Unterrichtsende behalten haben.[103]

---

[102] Eine Kopiervorlage finden Sie auf beiliegender CD unter „Kopiervorlage Großes Lob Leiser Schüler".
[103] Zum Einsatz im Unterricht siehe auch „Loben, loben, loben: Hilfsbereitschaft loben".

SH Trennwand

Mit den im Kapitel „Raum schaffen" beschriebenen Trennwänden vergrößern die SchülerInnen nicht nur ihre Arbeitsfläche. Die Pappwände symbolisieren auch, dass ein Schüler in dieser Phase niemanden stören und in Ruhe arbeiten möchte. Dazu wird eine solche Trennwand aus der Ablage geholt und am Arbeitsplatz hingestellt.

Das rot umrahmte Verlehrsschild auf der Vorderseite zeigt an, dass der betreffende Schüler in Ruhe arbeiten und als „Chef einer Werkstattaufgabe", als Partner zum Bearbeiten einer Aufgabe oder als Spielpartner zurzeit nicht angesprochen werden möchte.

Mit dem Holen der Trennwand verspricht der betreffende Schüler aber auch, dass er leise arbeiten will. An dieses Versprechen erinnert ihn das einfarbige Schild auf der für ihn sichtbaren Innenseite.

SH Einrichtung eines „Schweigeraumes"

Im Klassenraum herumlaufende Kinder oder auch das gemeinsame Bearbeiten von Aufgaben vergrößern in den „offenen" Unterrichtszeiten die Unruhe im Klassenraum, auch wenn sich alle SchülerInnen und Lehrkräfte um Rücksichtnahme und Ruhe bemühen. Daher wird eine ruhige Alternative für die Schüler geboten, die gerne ungestört arbeiten wollen. Ein Funktionsraum, der am Vormittag nicht in jeder Stunde belegt ist, kann zum „Schweigeraum" erklärt werden.

Ein ähnlicher Raum lässt sich an den meisten Schulen einrichten: in Gruppenräumen, im Flur, in der Pausenhalle oder auch in Lehrmittelräumen (mit Schränken für die Materialien), in die ein Arbeitstisch hineingestellt wird.
In diesen Schweigeraum dürfen sich die SchülerInnen zurückziehen, wenn sie versprechen – für die gesamte dort zu verbringende Zeit - zu schweigen.

SH Ruhe-Spiel

Alle Kinder legen sich mit dem Rücken auf den Fußboden (dabei sind kleine, in der Klasse vorhandene, eingerollte Teppiche von Nutzen). Sie bleiben jetzt möglichst ruhig und unbeweglich liegen, auch wenn die Lehrkraft oder ein Schüler mit einer Feder sie am Ohr, an der Nase, unter dem Kinn, auf der Hand usw. kitzeln. Wer dabei lacht oder sich bewegt, setzt sich in den Außenkreis und wartet dort leise bis zum Ende des Spiels. Der zuletzt am Boden liegende Schüler darf beim nächsten Mal mit der Feder seine Mitschüler „ärgern".

SH Still sein I

Auch die offene Klassentür kann ein „Ruhe-Signal" sein. Mit dem Öffnen der Tür zeigen die Kinder allen anderen Schülern der Schule, dass sie „still" sein können.

SH Still sein II

Auch ein Wettbewerb kann beruhigen: Alle Schüler legen den Kopf mit verschränkten Armen auf die Tischplatte, werden dann ganz leise. Diejenigen SchülerInnen, die es schaffen, mehr als anfangs 5 (später mehr) Minuten still zu sein, erhalten eine Urkunde oder werden in anderer Weise belohnt. Wer Geräusche macht, setzt sich aufrecht hin, bleibt aber dennoch möglichst leise.

SH Tiere in der Klasse

Die Haltung von Tieren im Klassenraum verbessert wesentlich die Ruhe in der Klasse. Die Kinder lernen, dass sich die Tiere nur wohl fühlen, wenn es ruhig ist. Jede Störung beunruhigt sie. Ich habe zeitweilig in verschiedenen Klassen Wellensittiche, Mäuse und Eichenseidenspinner gehalten. Alle Kinder beteiligen sich an der Pflege. In der Grundschule Grabow (Sachsen-Anhalt) wurden Mitte der 1990er Jahre in einem breiten Flur Küken aufgezogen. Die Kinder dieser Schule verhielten sich vorbildlich ruhig.

SH c) flüstern

Es bewährt sich, ab und zu „Flüsterstunden" mit den Kindern zu machen. Dabei werden alle Lehreranweisungen, alle Antworten der SchülerInnen, alle Schülergespräche usw. geflüstert. Für die SchülerInnen ist es meistens ein großer Spaß, eine solche „andere" Stunde zu erleben. Sie freuen sich darauf und sind in den folgenden Stunden und Tagen oft deutlich ruhiger, da sie dann freiwillig miteinander nur noch leise flüstern.

SH d) ruhig bewegen

SH ruhig auf dem Stuhl sitzen

Um das ruhigere Sitzen zu fördern werden die SchülerInnen in das „richtige" Sitzen eingewiesen:
- das Gesäß möglichst weit zurück an die Stuhllehne drücken
- die Beine ruhig nebeneinander flach auf den Boden stellen
- beim Zuhören den Rücken an die Sitzlehne lehnen.
- den Stuhl dann soweit vom Tisch entfernt stellen, dass beim leicht vorgeneigten Sitzen etwa eine Handbreit Platz zwischen Bauch und Tisch bleiben

In spielerischer Form wird das ruhige „zuhörende" Sitzen geübt, indem alle Kinder eine möglichst lange Zeit bewegungslos auf dem Platz sitzen und Kinder, die diese Ruhe am längsten durchhalten eine besondere Auszeichnung bekommen.

SH Schleichgang

Seit vielen Jahren hänge ich Abschreibtexte, Mathematikaufgaben oder auch Lösungen zur Selbstkontrolle an die Tafel oder auch in weit entfernten Räumen auf. Je länger die Wege, umso länger müssen die SchülerInnen etwas im Kopf behalten. Dieses Merktraining wird in vielen Aufsätzen als „Laufdiktat", „Laufaufgabe" o. ä. beschrieben. Bei den ersten dazu durchgeführten Übungen begannen die Schüler wirklich zu laufen und brachten damit eine große Unruhe in die Klasse.
Jetzt halte ich die Schüler, die sich bei den verschiedenen Gelegenheiten im Klassenraum bewegen zum „Schleichen" (Indianergang o. ä.) an. Da auch schon in den ersten Schulwochen die Schüler „Diktate" schreiben, bei denen die abzumalende Form, die Buchstaben, ein Wort o. ä. an vom Schülerarbeitsplatz entfernten Stellen aufgehängt sind, habe ich das „Laufdiktat" zu einem ruhigeren „Schleichdiktat" umbenannt. Das Bild

des „schleichenden" Indianers erinnert die SchülerInnen zudem immer wieder an das ruhigere Gehen.

SH Stuhl tragen SH

Die SchülerInnen üben (und werden später immer wieder dazu angehalten), zum Gesprächskreis, zum „Kino" vor der Tafel usw. ihren Stuhl so vor dem Bauch zu tragen, dass die Lehne zur Seite zeigt. Beim Gehen sehen sie über den Stuhl und vermeiden das Berühren der Mitschüler.

SH e) Meldeverhalten: Melderegeln einhalten SH

In den ersten Schulwochen des 1. Schuljahres wird das Melden und das einzeln nacheinander Sprechen trainiert. In der Gemeinschaft können nicht alle jederzeit etwas sagen.

Wer etwas sagen möchte, meldet sich mit einer erhobenen Hand, bis er/sie von der Lehrkraft zum Sprechen aufgefordert wird.

Wenn man etwas sagen darf, wartet man so lange, bis alle Mitschüler ruhig geworden sind und zuhören. Für alle Schüler, die sich „richtig" melden, gibt es die Urkunde „Meldelob"[104].

SH f) Gesprächsverhalten SH

SH Sprecherfolge festlegen SH

Im frontalen Unterricht bestimmt die Lehrkraft, welche SchülerIn als nächste etwas sagen darf. Für Klassengespräche (Morgenkreis, Montagskreis, Gesprächskreis usw.) werden aber Regeln aufgestellt, die die Reihenfolge der Sprecher festlegen. Beim „Kreisgespräch" bietet es sich an, dass jeweils der nächste, rechts (oder links) sitzende Schüler etwas sagen darf.

SH Gesprächsleiter festlegen SH

In den Klassengesprächen übernehmen auch einzelne, verantwortungsbewusste oder von der Klasse gewählte SchülerInnen die Gesprächsleitung, steuern die Reihenfolge und die Zwischenbemerkungen oder ermahnen auch unruhige Mitschüler. In einem Fall brachte es für einen unruhigen und oft störenden Schüler einen großen Erfolg bei der Leitung der Klassengespräche, als er plötzlich seine unruhigen Mitschüler ermahnte.

SH „Sprechtiger" oder Sprechstein SH

Bei Klassengesprächen im Morgenkreis, Abschlusskreis oder bei der Erarbeitung von Inhalten verwende ich einen „Sprechtiger" („Sprechstein" o. ä.). Dieser wird reihum von einem Kind zum nächsten weiter gegeben. Es darf nur dasjenige Kind sprechen, das die Figur in den Händen hält. Schüler, die in diesem Moment nichts sagen wollen, geben die Figur einfach an den nächsten weiter.

Es erweist sich aber als wenig hilfreich für ruhiges Arbeiten, wenn die Figur, der Stein usw. von einem Kind zum nächsten geworfen wird.

---

[104] Siehe dazu das Kapitel „Loben, loben, loben". Auf der beiliegenden CD finden Sie die Kopiervorlage „50 Urkunde Meldelob".

SH   direktes Antworten auf einen Schülerbeitrag   SH

Um direktes Antworten oder Fragen zu dem Gesagten eines Mitschülers zu ermöglichen, habe ich das Melden mit beiden Armen eingeführt.
Beim einfachen Melden können die Gesprächsleiter eventuell „wichtige" Zwischenbemerkungen einzelner SchülerInnen übersehen. Das beidarmige Melden weist darauf hin, dass direkt zu dem letzten Redebeitrag etwas gesagt oder gefragt wird. Dieses Verfahren belebt die Gespräche und übt die Rede und direkte Widerrede. Die ursprüngliche Gesprächsfolge bleibt nach solchen „Zwischenbemerkungen" aber erhalten.

S   Eine Möglichkeit: „Wenn der Geduldsfaden reißt…"   S

Babette Danckwerts[105] beschreibt eine Übung, die sie in vielen Situationen zum Training des Sozialverhaltens einsetzt. Sie kommt als Fachlehrerin in eine Klasse:
„Drei Jungen laufen ziellos durch den Klassenraum, können sich für keines meiner Angebote (Freiarbeit, d. Verf.) entscheiden, albern miteinander herum und stören damit die, die sich bereits in ihre Arbeit vertieft haben. Die ersten Beschwerden kommen. Ich rede mit denen und ermahne sie. Doch schon nach kurzer Zeit wiederholt sich das Spiel. Ich bin genervt und drohe, dass mir gleich der Geduldsfaden reißt und sie dann mit unangenehmen Konsequenzen zu rechnen hätten."
Im Gespräch mit den Kindern beschreibt sie dann die Länge ihrer Geduld mit einem Händeabstand. Am nächsten Tag befestigt sie an der Tafel einen Wollfaden mit den Worten: „So viel Geduld habe ich heute. … Ihr müsst mithelfen, dass der Geduldsfaden nicht reißt. Das kann sehr leicht passieren, wenn die Unruhe in der Klasse groß wird, dass wir nicht mehr ungestört miteinander arbeiten können. In diesem Fall schneide ich nach und nach ein Stück vom Geduldsfaden ab…."
Seitdem hat Babette Danckwerts „immer einen Geduldsfaden in der Klasse. Vergesse ich ihn aufzuhängen, organisiert ein Kind einen Faden. … Es ist nicht mehr nur mein Geduldsfaden, sondern der der Klassengemeinschaft.
Geduld ist sichtbar geworden – für manche Kinder sicher wirkungsvoller als eindringliche Appelle."

---

[105] Babette Danckwerts, *Wenn der Geduldfaden reißt…*, In: *Grundschule Heft* 3/1995, S. 46

Selbstbeobachtung

Anmerkungen zum bisher veränderten Unterricht

In allen Klassen ist das Loben für die Lehrkräfte die erste und wichtigste Stufe zum Erreichen eines positiven Arbeits- und Sozialverhaltens.[106] Aus den weiteren, fortlaufenden Schülerbeobachtungen werden für die „störenden" Schüler die Förderpläne erstellt.[107]

Nach methodischen Veränderungen des Unterrichts[108] und Übungen zum Sozial- und Arbeitsverhalten[109] für die gesamte Klasse oder eine kleinere Fördergruppe können die meisten SchülerInnen in einem schülerorientierten Unterricht weitgehend selbstständig und selbstbestimmt ihre Aufgaben erledigen.

Die nachfolgenden Anmerkungen beziehen sich je nach Zusammensetzung der Klasse auf die 10 – 30 % der SchülerInnen einer Klasse, deren Arbeits- und Sozialverhalten auch nach der gemeinsamen Übungsphase nicht meinen Erwartungen entspricht (= Lernziele nicht erreicht). In diesem Kapitel stelle ich die zweite Stufe des Verhaltenstrainings vor, in der SchülerInnen und Lehrkräfte zur Beobachtung des eigenen Verhaltens aufgefordert sind.

Pädagogische Gespräche

Wenn alle bisherigen Maßnahmen zum Vermindern oder Abstellen der Unterrichtsstörungen vergeblich bleiben, beginne ich ein „pädagogisches Gespräch" mit dem Schüler oder der Schülerin.

1. Gespräch: Vereinbarungen zur Förderplanung
Zur Vorbereitung und zum Protokollieren wird das Formular „Förderplan Arbeits- und Sozialverhalten" genutzt.[110]

- zuhören beim Vortragen der beobachteten Störung:
  Zunächst beschreibt die Lehrkraft möglichst handlungsorientiert mit einigen Beispielen die Auffälligkeiten (das unerwünschte, negative Verhalten).

- in offener Auseinandersetzung Ursachen vermuten:
  Im Laufe des Gesprächs versucht der Schüler, sich einmal selbst in die kritisierte Situation hineinzuversetzen und dabei das eigene Verhalten zu begründen. Sie erfahren dabei, warum sich andere (Mitschüler, Lehrkräfte, andere Erwachsene …) physisch oder psychisch bedroht oder sonst wie unwohl gefühlt haben. Diese offene, kognitive Auseinandersetzung mit dem eigenen Verhalten, das Empfinden oder Teilen der Gefühle und Folgen für die Betroffenen fördert das Einfühlungsvermögen.

---

[106] In diesem Buch habe ich ein ganzes Kapitel dieser Strategie und ihrer Umsetzung im Unterricht gewidmet. Vergleiche dazu: „Loben, loben, loben".
[107] Siehe dazu das Kapitel „Stärken und Schwächen erkennen".
[108] Nähere Erläuterungen finden Sie in diesem Buch in dem Kapitel „Unterricht verändern".
[109] Siehe dazu das Kapitel „Fördern und Fordern".
[110] Beschreibung dazu im Kapitel „Unterrichtsstörungen".

- einfühlendes aber nicht wertendes Verstehen:
  In ihrer Reaktion setzt sich die Lehrkraft ebenfalls in die kritisierten Situationen hinein, beschreibt die gerade gehörten Abläufe, Gründe und Gefühle, signalisiert dabei aber kein Verständnis für das Verhalten des Schülers.

- erwünschtes Verhalten gegenüberstellen:
  Die Lehrkraft stellt dem negativen Schülerverhalten das eigentlich gewünschte, positive Verhaltens gegenüber. Dadurch erhält der Schüler Hinweise auf das von ihm erwartete Tun.

- Handeln und Training in nächster Zukunft:
  Ziel des pädagogischen Gesprächs ist es, den Schüler zur selbstständigen Änderung seines Verhaltens zu bewegen. Dazu können in den nächsten Tagen und Wochen auch die in diesem Kapitel vorgestellten Möglichkeiten der Selbstbeobachtung und Selbstbeeinflussung beitragen.
  Gemeinsam wird eine Förderplanung schriftlich vereinbart. Darin wird auch der Termin zur Überprüfung der erhofften Verhaltensänderung festgelegt. Schließlich unterschreiben Schüler und Lehrkraft am Ende des Gesprächs den Förderplan.

2. Vereinbarung bei immer wiederkehrendem, störenden Verhalten
  Einzelne SchülerInnen fallen immer wieder durch gleich bleibende, massive Störungen auf (laut durch die Klasse rufen, unruhiges Verhalten bei ruhiger Arbeit der Klasse, Anstoßen oder Schlagen der Mitschüler usw.). Sie werden genauer beobachtet,[111] um eventuell die den Störungen vorhergehenden Situationen zu analysieren.
  In einigen Fällen werden Absprachen mit dem betreffenden Schüler getroffen, um sein bisher gezeigtes Verhalten zu entschärfen. Dazu bekommt er „Erlaubniskarten" (siehe weiter unten) und Vorgaben, wie die Erlaubnis in den folgenden Wochen verändert wird:

  - Ich darf auf eine Lehrerfrage als erster antworten!
    (Es werden z.B. zwei dieser Karten in jeder Stunde ausgegeben. Nach etwa 14 Tagen erhält er Karten, dass er als zweiter, dritter ... an die Reihe kommt.)
  - Ich darf im Gesprächskreis direkt neben der Lehrkraft sitzen!
    (Nach etwa 4 Wochen darf sich wöchentlich jeweils ein weiteres Kind dazwischen setzen.)
  - Ich darf eine dringende Antwort ungefragt in die Klasse rufen!
    (Zunächst gibt es eine Karte in jeder Stunde, nach 14 Tagen nur noch zwei Karten für den gesamten Vormittag.)
  - ...

  Ziel ist es, dass „störende" Schüler langfristig ihr bisher gezeigtes Verhalten „vergessen".

3. Opfer-Täter-Gespräch
  Werden Mitschüler zu „Opfern" eines aggressiven Schülers haben sich Opfer-Täter-Gespräche bewährt, bei denen sich die beiden SchülerInnen direkt

---
[111] Vergleiche dazu das Kapitel „Unterrichtsstörungen: Beobachtungsbogen II".

gegenüber sitzen. Die Lehrkraft moderiert dieses Gespräch, bei dem zunächst der „Täter" sich ruhig die Beschreibung des Vorfalls und die Empfindungen des „Opfers" anhört. Erst anschließend darf er auf die Vorwürfe reagieren. Entscheidend bei diesem Gespräch wird es sein, dass der Täter Einsicht in sein falsches Verhalten zeigt. Dazu führt die Lehrkraft das Gespräch in ruhiger und sachlicher Art, damit die Beteiligten offen über ihre Gefühle sprechen und sich vielleicht auch hinterher „vertragen", entschuldigen oder auch eine Wiedergutmachung vereinbaren können.

4. Streitschlichter

In der Grundschule können die Lehrkräfte oder ältere, ausgebildete SchülerInnen als Schlichter fungieren.

Dieses Streitschlichten geschieht nach folgenden Regeln:
- Beide Parteien stellen ohne Dazwischenreden des anderen ihre Sichtweise dar.
- Durch „Ich-Botschaften" verdeutlichen sie die Hintergründe des Streits. Die Streitschlichter können so Auslöser von Aggressionen eruieren und die Probleme, die tatsächlich hinter den Konflikten stecken, herausfinden.
- Beide Streitparteien schlagen Lösungen des Streits vor.
- Mit Hilfe des Streitschlichters einigen sich die Streithähne auf eine Übereinkunft.
- Diese Übereinkunft wird aufgeschrieben und von allen Parteien unterschrieben.

In Einzelfällen können auch alle Mitschüler z. B. in der Klassengemeinschaft an der Konfliktregelung (Schlichtung und Aufarbeitung von Konflikten) beteiligt werden.

Selbstbeobachtung der Schüler

Die im „pädagogischen Gespräch" vereinbarten Ziele sind gerade bei den „störenden" Schülern nur selten präsent, da die „offensichtliche Störung" oft einher geht mit weiteren Problemen im Arbeits- oder Sozialverhalten. Sie brauchen „Signale", die sie immer wieder auf das gewünschte Verhalten hinweisen.

Die Selbstbeobachtung steht unter dem Motto:

„Denke jeden Tag daran, was du bei dir ändern willst!"

Dazu habe ich verschiedene Karten und Pläne selbst entwickelt, die die SchülerInnen täglich an die zuvor im „pädagogischen Gespräch" gemachten mündlichen (aber auch schriftlich niedergelegten) Vereinbarungen erinnern.
Alle diese Trainingsmaßnahmen sind mittelfristig angelegt, um auch andauernde Änderungen zu erreichen. In der Phase der Selbstbeobachtung gibt es auch noch keine Konsequenzen.

Die Selbstbeobachtung wird von allen Kindern einer Klasse durchgeführt. Für einige Schüler gibt es Mutmachkarten, für andere Erlaubniskarten und für eine kleine Gruppe die Karten der „Wahrnehmungsdetektive" oder Trainingsausweise. Damit wird vermieden, dass alle SchülerInnen „Erlaubniskarten" haben wollen, obwohl sie diese überhaupt nicht benötigen.

Alle in den folgenden Ausführungen vorgestellten Karten und Ausweise können in vielen Bereichen zum Training des Arbeits- und Sozialverhaltens eingesetzt werden. Die dargestellten Beispiele mögen die Leser anregen, Karten für die Situationen in der eigenen Klasse zu entwickeln. Ich habe nur einige der von mir ausgegebenen Karten beispielhaft aufgelistet.

Mutmachkarten: ängstlichen Kindern helfen

Immer wieder fallen in den Klassen ängstliche, mutlose oder schüchterne Kinder auf. Um deren Arbeits- und Sozialverhalten zu fördern, habe ich „Mutmachkarten" entwickelt. Entscheidend für die Wirkung der Mutmachkarten bleibt aber, dass die SchülerInnen Vertrauen zu den Lehrkräften haben und ihnen ihre Sorgen und Nöte auch mitteilen.

Vor der Ausgabe der Karten werden den betroffenen Schülern die auf der „passenden" Karte dargestellten Figuren und Symbole gezeigt, um sie zum Erzählen anzuregen. Dabei wird das Gespräch von der Lehrkraft auf Situationen gelenkt, in denen die Kinder sich ängstlich, unkonzentriert, mutlos usw. gezeigt haben, damit sie sich mit den dargestellten Figuren identifizieren können.
Sie erhalten die entsprechende Karte mit der positiven Verhaltensanweisung von der Lehrkraft überreicht. Diese wird in der Hosentasche, in der Federtasche (im Portemonnaie) oder (vorher laminiert) an einem Halsband täglich mitgenommen oder vor dem Arbeiten auf den Tisch gelegt.

In „kritischen" Situationen erinnern sie sich an diese Karte, legen ihre Hand auf die Karte und verhalten sich dann möglichst so, wie es zuvor mit ihnen besprochen worden ist.

Die Texte der Karten werden immer wieder den aktuellen Situationen in den verschiedenen Klassen angepasst. Auf diese Weise können Lehrkräfte feststellen, dass auch vermeintlich stärkere Schüler ohne Selbstbewusstsein sind. Aber dennoch gilt für jeden Menschen der Leitsatz:

„Ob du dich als wertvoll empfindest, bestimmst du ganz allein, denn es heißt SELBSTwertgefühl und nicht FREMDwertgefühl!"

Fast alle im Lernzielkatalog „Arbeits- und Sozialverhalten" aufgeführten Ziele lassen sich als „Mutmachkarten" herstellen. Bei mir wurden diese Instruktionskarten auf weißem Karton geschrieben. Dann genügte es bei manchen Kindern auch, unbedruckte, weiße Karten mit einem gezielten, mündlichen Hinweis zu übergeben.

Selbstbeobachtung

Beispiele für Mutmachkarten[112]

AS | **Stärkung des Selbstbewusstseins** | **AS**

Ob ich das kann?
Ich bin nicht ganz sicher!
Ich kann das nicht!
Ich muß es nur wollen!!!

Morgen vielleicht,
jetzt nicht,
heute!

Ich sage auch einmal
etwas, wenn ich nicht
ganz sicher bin!

AD | **Stärkung der Konzentrationsfähigkeit** | **AD**

Ich schaue mir meine
Aufgaben zuerst genau
an, dann weiß ich, was
ich machen soll.

Ich höre genau auf die
Lehrkraft und meine
MitschülerInnen und weiß
dann, was ich machen soll.

Ich gehe in den
Nebenraum, um die
Konzentrationshinweise
zu lesen!

AG | **Stärkung bei Unsicherheiten** | **AG**

Wenn ich Hilfe brauche,
bitte ich darum!

Ich frage einen
Mitschüler, wenn ich
etwas von ihm möchte!

SU | **Starkmachen für Streitigkeiten** | **SU**

STOPP!

Wenn mir etwas nicht
gefällt, sage ich: STOPP!"

SH | **Verbesserung des Meldeverhaltens** | **SH**

Wenn ich etwas weiß,
darf ich mich auch
trauen, das zu sagen!

---

[112] Die Cliparts für diese Mutmachkarten finden Sie auf beiliegender CD unter „Mutmachkarten"

Erlaubniskarten

Schwieriger gestaltet sich der Umgang mit einzelnen SchülerInnen, die durch ein immer wiederkehrendes, störendes Verhalten in der Klasse auffallen und bei denen auch die „pädagogischen" Gespräche keine Änderung erbringen:
- T. schreit laut kreischend durch die Klasse.
- T. geht im Laufe einer Unterrichtsstunde mehrfach zur Toilette.
- T. isst während des Unterrichts.
- T. stört die Tischnachbarn durch lautes Reden.
- T. rennt während des Unterrichts wiederholt durch den Klassenraum.
- …

Nach den üblichen Ermahnungen, dem nochmaligen Besprechen der Klassen- oder Schulordnung usw., können die „Erlaubniskarten"[113] eine Möglichkeit zur Veränderung des störenden Verhaltens sein.

Mit dem betreffenden Schüler wird besprochen, welche Störung für die Klasse sehr belastend ist. In der folgenden Übungsphase erhalten die Schüler „Erlaubniskarten" (Hinweiskarten), mit denen sie dieses – auch vielleicht vom den Mitschülern kritisch gesehene - Verhalten ohne Sanktionsandrohung in der Klasse zeigen können. Die Mitschüler werden gebeten, für die Trainingszeit weiter die Störungen hinzunehmen. Es gibt aber keine weiteren Unterbrechungen des Unterrichts durch die Ermahnungen oder Sanktionen der Lehrkraft mehr. Die Mitschüler erhalten für ihre gezeigte Toleranz am Ende der Woche eine kleine Belohnung. Aber: Auch ohne die besonderen pädagogischen Maßnahmen hätten sie die Störungen zu ertragen.

Beispiel zu den Erlaubniskarten:

Die qualitative und quantitative Analyse der Beobachtungsbögen ergibt eine maximale Anzahl der vormittäglichen Störungen. Zu Beginn der Trainingsphase erhalten die SchülerInnen eine ausreichende Anzahl von „Erlaubniskarten" auf den Schülertisch gelegt. In vielen Fällen genügt es, Blanko-Karten zu benutzen, weil Schüler und Lehrkraft die „Erlaubnis" kennen. Statt der Blancokarten kann man auch „schöne" Steine oder Halmakegel verwenden. Entscheidend bleibt das Symbol, das die Schüler die ganze Zeit daran erinnert, das nicht erwünschte Verhalten zu vermeiden.

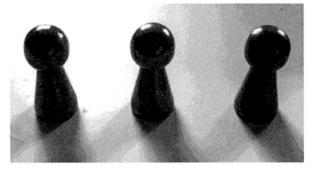

Ist die Anzahl der Karten (Steine, Halmakegel) in den ersten Tagen falsch eingeschätzt worden, werden weitere Karten

---

[113] Ideen von Franz Petermann/ Ulrike Petermann (Vortrag in Wittmund am 19.4.1994)

ausgegeben. Zeigt nun der Schüler das „erlaubte" Verhalten, nimmt die Lehrkraft – ohne weiteren Kommentar - eine Karte vom Schülertisch oder der Schüler selbst bringt – auf ein Zeichen der Lehrkraft - eine Karte zum Lehrerpult (legt sie in den Briefkasten usw.).

Die Lehrkraft kann gelassen auf das unerwünschte, aber „erlaubte" Verhalten reagieren und weitgehend entspannt weiter unterrichten, ohne auf die Störung „öffentlich" mit Sanktionen reagieren zu müssen.

Der betroffene Schüler merkt nach den ersten „Störungen", wie sich die Anzahl der vor ihm liegenden Karten nach und nach verringert. Von diesen weniger werdenden Karten geht für ihn das Signal aus, das unerwünschte, aber nun erlaubte Verhalten zu vermeiden, um möglichst einzelne „Erlaubnisse" noch zu behalten.

So behielt T., der seine Tischnachbarn durch lautes Reden störte, in der gesamten ersten Woche bis zum Unterrichtsschluss täglich mindestens noch zwei der sechs Erlaubniskarten. Weil er weniger als die „erlaubte" Anzahl störte, erhielt er bei der täglichen Verabschiedung ein mündliches Lob oder eine konkrete Belohnung (Briefmarken, Bonbons, Werbegeschenke usw.). Nach etwa 10 Tagen war er auch damit einverstanden, ab sofort eine Karte weniger zu bekommen. So konnte die Anzahl der Störungen über mehrere Wochen auf täglich zwei und weniger Störungen reduziert werden. Im Protokoll dieses Förderplanes konnte nach einem Vierteljahr vermerkt werden, dass T. diese „Störung" wohl bewusst abgebaut hat.

Nicht alle Änderungen können in dieser kurzen Zeit erreicht werden, entscheidend bleibt aber, dass in allen Fällen die Anzahl der Störungen reduziert wird.

Der Einsatz der „Erlaubniskarten" ermöglicht bei vielen auffälligen SchülerInnen eine <u>zählbare</u> Verhaltensänderung und beginnt immer mit der schwerwiegendsten Störung. Es ist wohl unmöglich, alle Störungen gleichzeitig zu verändern. Mit den Karten erreicht man die Änderungen in kleinen Schritten aber nacheinander. So werden andere Störungen eines Schülers in der Trainingszeit hingenommen. Oft reduziert sich aber auch deren Häufigkeit in der Trainingsphase. Ansonsten werden sie erst in den weiteren Wochen trainiert.

Die Erlaubniskarten lassen sich aber nur einsetzen, wenn es nicht um Belästigungen oder Störungen der Mitschüler geht. Bei diesen Auffälligkeiten sind „gelbe Karten" sinnvoller.

Gelbe Karten

Die gelbe Karte (Format Spielkarte) wird dem betreffenden Schüler nach einer Störung wortlos von der Lehrkraft auf den Tisch gelegt. Die auch von vielen Ballspielen her bekannte Verwarnungskarte signalisiert ihm, dass die Unterrichtsstörung bemerkt wurde. Dieses Verfahren hat den Vorteil, dass nur der Schüler selbst oder seine von ihm gestörten Tischnachbarn etwas von dieser Verwarnung erfahren und die übrigen Mitschüler in dieser Zeit in Ruhe weiter arbeiten können. Die Karte liegt dann jeweils für eine kürzere oder längere Zeit auf dem Tisch. Gibt es keine weiteren Unterrichtsstörungen, nimmt die Lehrkraft nach einer kurzen Zeit die gelbe Karte wieder weg. Häufige Verwarnungen einzelner Schüler werden im Beobachtungsbogen protokolliert.[114]

Die SchülerInnen, die innerhalb eines bestimmten Zeitraums keine Verwarnungen erhalten haben, bekommen von der Lehrkraft z.B. einen „Hausaufgaben-Gutschein", den sie einlösen, wenn sie die Hausaufgaben vergessen haben.

Für einzelne oft vorkommende Regelverstöße habe ich besondere „gelbe Karten" hergestellt, um die Zielrichtung dieser Trainingsmaßnahme zu betonen.[115]

AV **Ich will meine Hausaufgaben regelmäßig fertig stellen!** **AV**
Diese „Warnkarten" werden für SchülerInnen ausgegeben, die unregelmäßig ihre Hausaufgaben anfertigen oder bei der Lehrkraft vorzeigen. Zuvor wird ihnen verdeutlicht, dass die Kontrolle der Hausaufgaben durchgeführt wird, um möglichst schnell zu erfahren, ob richtige Lösungswege genutzt und die Aufgaben wirklich verstanden wurden. Werden die Schwierigkeiten rechtzeitig entdeckt, kann schnell und manchmal auch schon mit kleinen Tipps geholfen werden.

AD **Ich erledige zuerst meine Aufgaben, bevor ich spiele!** **AD**
In den „offenen" Arbeitsphasen, in der Freiarbeit, beim Werkstattunterricht usw. werden die SchülerInnen immer wieder angehalten, zunächst ihre Pflichtaufgaben zu erledigen, bevor sie mit dem Spielen anfangen. Einzelne SchülerInnen erhalten sonst eine kleine „Warninstruktion" mit dem Vermerk „Ich erledige zuerst meine Aufgaben, bevor ich spiele!"

AM **Ich arbeite so lange an einer Aufgabe, bis ich sie fertig gestellt habe!** **AM**
In den ersten Schulwochen des 1. Schuljahres lobe ich diejenigen Kinder besonders, die alle Aufgaben so lange bearbeiten bis sie fertig gestellt sind.[116] Schüler dürfen eine Aufgabe aus Zeitgründen (Pause, Unterrichtsschluss usw.) unterbrechen, sie sollen sie aber zeitnah (in der nächsten Stunde, zu Hause, am nächsten Tag, ...) fortsetzen. Steht am Schulvormittag noch Zeit für die Bearbeitung zur Verfügung, arbeiten sie konsequent daran weiter. Schüler, die zu häufig die Arbeit unterbrechen, erhalten eine kleine Instruktionskarte auf den Tisch geklebt, die sie daran erinnert, möglichst alle Aufgaben bis zum vorgesehenen Ende zu bearbeiten.

---

[114] Genutzt wurden die auf der beiliegenden CD gespeicherten „66 Beobachtungsbogen I oder II".
[115] Weitere Texte für „gelbe Karten" finden sie beim „Trainingsausweis" sowie bei den Lernzielen zum Arbeits- und Sozialverhalten.
[116] Vergleiche dazu auch das Kapitel „Loben, loben, loben".

Selbstbeobachtung

SR **Ich denke daran, vor der Schule oder in der Pause zur Toilette zu gehen!** **SR**
Gesunde SchülerInnen, die mehrfach im Laufe des Vormittages oder sogar innerhalb einer Schulstunde die Toilette aufsuchen, zeigen auch in anderen Situationen oft nur geringe Motivation für das schulische Lernen. Das nebenstehende Schild wird ihnen auf den Tisch geklebt und erinnert sie daran, rechtzeitig (vor der Schule, in der Pause) zur Toilette zu gehen.

SU **Ich verhalte mich in der Pause friedlich und provoziere oder ärgere niemanden!** **SU**
SchülerInnen, die in den ersten Schulwochen nach der Einschulung oder nach dem Wechsel auf unsere Schule durch kleinere Streitigkeiten auf dem Schulhof auffallen, erhalten nach einem Gespräch mit der Lehrkraft jeweils kurz vor der Pause diese Warninstruktion auf den Tisch gelegt bzw. für eine vereinbarte Zeit auf den Arbeitsplatz geklebt.

SH **Ich will etwas leiser sein!** **SH**
Die Arbeitsruhe störende SchülerInnen werden durch diese gelbe Karte ermahnt, etwas leiser zu werden.
Sobald sie eine mehr oder minder lange Zeit ruhig gearbeitet haben, wird die Karte wieder weggenommen.

SH **Ich muss noch lernen, mich zu melden!** **SH**
Gerade in den ersten Wochen des ersten Schuljahres haben viele SchülerInnen Schwierigkeiten damit, dass sie nur etwas sagen können, wenn sie sich zuvor gemeldet haben und von der Lehrkraft zum Sprechen aufgefordert werden. Aber auch später gibt es noch einzelne Schüler, denen das Einhalten der „Melderegeln" schwer fällt. Sie werden mit der Karte verwarnt.

SH **Ich will im Unterricht ruhig an meinem Platz sitzen!** **SH**
Immer mehr Kinder werden ins erste Schuljahr eingeschult, ohne dass sie es vorher gelernt haben, wenigstens eine kurze Zeit ruhig an ihrem Arbeitsplatz sitzen zu bleiben. Immer wieder bewegen sie sich am Platz, wackeln mit dem Stuhl oder gehen sogar eigentlich grundlos durch die Klasse. Die Warninstruktion erinnert sie daran, auf die MitschülerInnen Rücksicht zu nehmen.

SH **Ich beachte die Vorfahrt der anderen Schüler!** **SH**
In Phasen des differenzierenden Arbeitens in der Klasse arbeiten viele Schüler möglichst selbstständig, damit die Lehrkraft einzelne Kinder oder eine Gruppe besonders fördern kann. Dabei wird von allen Schülern Rücksicht gefordert, wenn mit den anderen gearbeitet wird und diese jetzt „Vorfahrt" haben.

Selbstbeobachtung

Wahrnehmungsdetektiv

Für SchülerInnen, die durch die bisherigen Maßnahmen wie Erlaubniskarten oder Warninstruktionen („gelbe Karten") ihr Verhalten noch nicht verändert haben, wurde die Protokollkarte „Wahrnehmungsdetektiv" entwickelt.
Auch in Einzelgesprächen zwischen SchülerIn und Lehrkraft führt das Suchen nach den Ursachen für die Störung oft zu keinem Ergebnis. Aber die dabei notwendige positive Grundstimmung der Lehrkraft signalisiert dem Kind, dass Hilfe angeboten wird, um gemeinsam eine Änderung des Verhaltens zu erreichen („Ich habe den Eindruck, du willst dich eigentlich ändern, aber das braucht wohl noch einige Zeit!").
Sie erhalten jetzt keine Verwarnungen (gelbe Karten) mehr auf den Tisch gelegt, sondern beobachten ihr Verhalten als „Wahrnehmungsdetektiv" zunächst einmal selbst.
In die von mir entwickelten Karten[117] wurden neben dem Namen nur das Ziel einer konkreten (der „schwerwiegendsten") aber immer positiv formulierten Verhaltensänderung eingetragen.
Jeweils zum Schluss einer Schulstunde oder eines Unterrichtstages geben die betreffenden SchülerInnen eine Selbsteinschätzung an, indem sie neben den betreffenden Wochentag ein lachendes, neutrales bzw. grimmiges Gesicht malen.
Die Arbeit als „Wahrnehmungsdetektiv" gilt zunächst nur in einzelnen Unterrichtsstunden. Nach den ersten Erfolgen im Unterricht können auch die übrigen Lehrkräfte in dieses System einbezogen werden. Der tägliche Eintrag wird dann von der Lehrkraft abgezeichnet, die jeweils in der letzten Schulstunde diesen Schüler unterrichtet.
Spätestens nach 10 Schultagen werden die Eintragungen überprüft, das Protokoll gemeinsam besprochen, das alte Ziel noch einmal oder vielleicht ein neues Ziel gemeinsam formuliert und in eine neue Karte[118] eingetragen.

Name:		
„Ich denke jeden Tag daran, was ich bei mir ändern will!" Ich arbeite leise an meinem Tisch![119]		
Montag		
Dienstag		
Mittwoch		
Donnerstag		
Freitag		
Selbsteinschätzung geschafft: ☺	noch üben: ☹	

☐Name:		
„Ich denke jeden Tag daran, was ich bei mir ändern will!" Es ist in Ordnung, wenn ich etwas falsch mache und nur einen Teil der Aufgaben schaffe!		
Montag		
Dienstag		
Mittwoch		
Donnerstag		
Freitag		
Selbsteinschätzung geschafft: ☺	noch üben: ☹	

---

[117] Kopiervorlagen finden sie auf der CD unter „82 Wahrnehmungsdetektiv Kopiervorlage"
[118] Mit dem „82 Trainingsausweis I" (siehe beiliegende CD) werden mehrere Eintragungen trainiert.
[119] Die verwendeten Formulierungen sind u. a. aufgelistet im Kapitel „Kinder brauchen Regeln".

SR Lernziele Regeln vereinbaren und einhalten SR

Pausenausweis

Auch für die Pausen habe ich eine Karte zur Selbstbeobachtung entwickelt. Die auffälligen SchülerInnen erhalten dazu den „Pausenausweis", in den das erwünschte und zu beachtende Verhalten[120] eingetragen wird.

Nach jeder Pause wird vom Schüler das eigene Verhalten mit den bekannten Symbolen beschrieben:

geschafft: ☺ neutral: 😐 noch üben: ☹

Alle Lehrkräfte, die diesen Schüler anschließend unterrichten, kontrollieren den Pausenausweis und kennzeichnen gegebenenfalls eine abweichende Meinung, wenn Mitschüler oder KollegInnen sich beschwert haben. Über mehrere Wochen wird das Pausenverhalten selbst beobachtet und protokolliert. Am Ende einer jeden Woche überlegen Lehrkraft und Schüler dann neu, die gleiche Beobachtung fortzusetzen, ein neues Ziel zu formulieren oder die Arbeit mit dem Pausenausweis (vorübergehend) einzustellen.

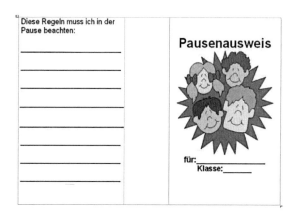

Trainingsausweis

Um die Arbeit für den „Wahrnehmungsdetektiv" oder mit dem Pausenausweis zu standardisieren und auf Formulierungen zurückgreifen zu können, habe ich einen Trainingsausweis entwickelt. Auf der Außenseite werden die häufigsten Trainingsziele[121] aufgelistet, die ich nach langjähriger Schülerbeobachtung als wichtigste Verhaltensweisen zusammengestellt habe.

Ich trainiere das gewünschte Arbeits- oder Sozialverhalten mit dem Trainingsausweis in kleinen Schritten, indem ich mit dem Schüler vereinbare, welches Verhalten in den nächsten 7 bis 14 Tagen besonders beobachtet und möglichst verändert wird.

Auf der Innenseite des Trainingsausweis wird das Trainingsziel noch einmal mit einem Kürzel (siehe vor der Lernzielbeschreibung auf der Außenseite) und dem Anfangsdatum des entsprechenden Trainings vermerkt.
Auch hier markieren die SchülerInnen jeweils mittags zum Unterrichtsschluss ihre

---

[120] Die von mir verwendeten Formulierungen sind u. a. aufgelistet im Kapitel „Kinder brauchen Regeln".
[121] Die Formulierungen wurden entnommen der Zusammenstellung im Kapitel „Kinder brauchen Regeln".

Selbstbeobachtung

eigene Einschätzung in symbolischer Form (lachendes, neutrales oder weinendes Gesicht) im entsprechenden Feld.

In mehreren Stufen wurde die Verbindlichkeit dieser Arbeit verändert:
- Jeweils zum Unterrichtsschluss beim Verabschieden wird der Ausweis der Lehrkraft vorgelegt, die durch das Namenszeichen das Schülerurteil bestätigt oder durch ein Lehrersymbol die eigene Einschätzung dagegen stellt und so dem Schüler eine tägliche Rückmeldung gibt.
- Eine größere Verbindlichkeit entsteht dadurch, einzelnen Schülern aufzutragen, den Ausweis jeweils nach einer Woche von den Eltern kennzeichnen zu lassen.

Der Vorteil für die Lehrkraft besteht darin, das Formular über mehrere Wochen verwenden zu können. Außerdem bleiben ältere, schon trainierte Verhaltensziele für längere Zeit sichtbar. Mit Schülern, deren Verhalten sich in dem trainierten Bereich positiv entwickelte, konnte auch vereinbart werden, dass der Ausweis erst am Ende einer vereinbarten Zeit der Lehrkraft für eine Rückmeldung vorgelegt wird.

Vorderseite

	Ideen für Regeln in der Schule
M	**Mitarbeit, Anstrengungsbereitschaft, Motivation**
M1	Ich gehe vor der Schule oder in der Pause zur Toilette!
M2	Ich schaffe möglichst viele Aufgaben schon in der Schule!
S	**Selbstständigkeit, Selbstbewusstsein**
S1	Ich versuche, meine Aufgaben alleine zu erledigen!
S2	Ich hole mir Hilfe, wenn ich etwas nicht verstanden habe!
D	**Durchhaltevermögen, Konzentration, Ausdauer, Fleiß**
D1	Ich erledige meine Aufgaben ohne Unterbrechung!
D2	Ich erledige zuerst meine Aufgaben, bevor ich spiele!
V	**Verlässlichkeit, Genauigkeit, Hausaufgaben**
V1	Sauberer arbeite ich, wenn ich vor dem Arbeiten nachdenke!
V2	Ich lege nur die Dinge auf den Tisch, die ich wirklich brauche!
V3	Ich räume auch einmal unter meinem Tisch auf!
V4	Jeden Tag erledige ich die restlichen Schulaufgaben zu Hause
V5	Ich erledige jeden Tag meine Hausaufgaben!
T	**Arbeitstempo**
T1	Ich erledige schon möglichst viele Aufgaben in der Schule!
T2	Ich fange sofort mit dem Arbeiten an, damit ich alles schaffe!
T3	Ich schaffe mehr, wenn ich an meinem Platz sitzen bleibe!
G	**Gewissenhaftigkeit, Selbstkontrolle**
G1	Ich kontrolliere selbst, ob meine Aufgaben richtig gelöst sind!
G2	Ich frage die Erwachsenen, wenn noch etwas unklar geblieben ist.
G3	Ich lerne für mich und nutze die Hilfen nur in einzelnen Fällen.
K	**Kontaktfähigkeit, Mitgestalten des Gemeinschaftslebens**
K1	Ich suche mir in der Pause ein Kind aus der Klasse zum Spielen.
K2	Ich spiele in der Pause auch mit Kindern, die ich kennen lernen will!
R	**Regeln vereinbaren und einhalten**
R1	Ich bleibe im Unterricht an meinem Platz sitzen!
R2	Ich bleibe beim Arbeiten ruhig an meinem Platz sitzen!
H	**Hilfsbereitschaft und Respektieren anderer**
H1	Ich will still an meinem Platz arbeiten!
H2	Ich will meine Tischnachbarn in Ruhe arbeiten lassen!
H3	Ich ermahne meine Mitschüler, etwas leiser zu arbeiten!
Z	**Ziel**
Z1	Ich bleibe so, wie ich bin!
	Sonstige Bemerkungen:

Trainingsausweis
für

Klasse 1

Ich denke jeden Tag daran, was ich bei mir ändern will und trage ein, wie ich mein Verhalten einschätze:
😊😐☹ !

Rückseite (verkleinert)

ab	Ich denke jeden Tag daran, was ich bei mir ändern will!	Montag	Dienstag	Mittwoch	Donnerstag	Freitag	gesehen

Selbstbeobachtung

AD **Übung zur Steigerung der Konzentrationsfähigkeit** AD

AD **Tagespläne für SchülerInnen mit schwachem Arbeitsverhalten** AD

In den ersten Schulwochen eines 1. Schuljahres gibt es manche SchülerInnen, die durch die Vielzahl der Symbole für den an der Magnetwand ausgehängten Tagesplan irritiert sind und dann nur wenige Aufgaben erledigen.
Sie erhalten in dieser Phase eine Arbeitskarte, auf der alle Aufgaben des Tages (wie auf einem „Tagesplan") mit Symbolen erläutert werden.
Je nach Leistungsvermögen und Konzentrationsfähigkeit gibt die Lehrkraft nun differenzierende Aufgabenstellungen:
- erledige die Aufgaben in selbst gewählter Reihenfolge
- bearbeite die Aufgaben zeilenweise von oben nach unten
- stelle die Aufgaben in der vom Lehrer durch Zahlen angegebenen Reihenfolge nacheinander fertig.
Nach Beendigung der einzelnen Aufgabe wird das Aufgabensymbol auf dem Plan jeweils durchgestrichen.[122]

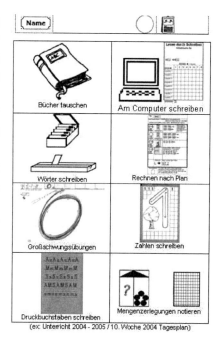
(ex: Unterricht 2004 - 2005 / 10. Woche 2004 Tagesplan)

AD **Lernzielpläne** AD

Ich arbeite in meinem Unterricht mit „Lernzielplänen", die für jedes Unterrichtsfach (Mathematik, Rechtschreiben, Grammatik, Vorlesen, aber auch in vielen Phasen des Sachunterrichts / Werkstattunterrichts) angefertigt werden, jeweils alle Aufgaben – immer stärker auch in unterschiedlichen Niveaustufen - zu einem Lernziel beinhalten.
Diese Pläne stelle ich bezogen auf die verwendeten Schulbücher und in der Schule vorgefundenen Unterrichtsmittel jeweils vor Beginn des Schuljahres (in den letzten Tagen der Sommerferien) her. Auf jedem einzelnen Plan sind zu einem Groblernziel alle Aufgaben, die in der Schule vorhandenen Materialien und meine Kopiervorlagen usw. zusammengefasst.

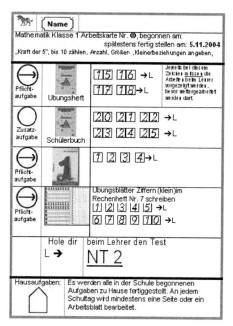

Während der erste Plan vielleicht noch gemeinsam angefangen wird, beginnen sie je nach dem individuellen Leistungsvermögen die weiteren Pläne zu unterschiedlichen Zeitpunkten. Daher wird auf der Karte vermerkt, dass sie „am... begonnen" wurde. Auch der späteste Fertigstellungstermin für alle Aufgaben dieses Planes wird mit dem konkreten Datum des laufenden Schuljahres versehen. Diese Termine werden entwickelt aus der für dieses Lernziel vorgesehene Schulwoche im Stoffverteilungsplan der Schule. Jeweils bei einem „→L" werden die Hefte zur Kontrolle

---
[122] Vergleiche dazu auch das Kapitel „Individualisierung der Anforderungen beim Lernen: Arbeitskarten für SchülerInnen mit Konzentrationsschwächen"

bei der Lehrkraft vorgelegt. Erst nach deren Freigabe darf weiter gearbeitet werden.
Bei der Herstellung der Arbeitskarten wird darauf geachtet, die „Pflichtaufgaben" und die „Zusatzaufgaben" (für SchülerInnen mit Schwierigkeiten oder für schnell arbeitende SchülerInnen) besonders zu kennzeichnen.[123]

Der Hinweis auf die Hausaufgaben ermöglicht auch eine individuelle Bearbeitung der Aufgaben zu Hause. Für zu langsam oder unkonzentriert arbeitende Schüler können zusätzliche Zwischendaten auch helfen, das regelmäßige Arbeiten in einem bestimmten Zeitraum zu trainieren.

Die leistungsstarken Schüler bearbeiten die Aufgaben alleine oder in selbst gewählten Gruppen. Da sie unterschiedlich schnell diese einzelnen „Lernzielpässe" bearbeiten, erledigen die SchülerInnen einer Klasse schon nach wenigen Wochen Aufgaben aus unterschiedlichen Lernzielen. Diese entsprechen aber dem individuellen Leistungsvermögen. So ermöglichen diese Lernzielpläne zeitversetztes, individualisiertes Arbeiten für die SchülerInnen, ohne dass Lehrkräfte Woche für Woche neue Pläne (Wochenpläne, Tagespläne) erstellen. Gleichzeitig erlaubt das selbstständige Arbeiten vieler SchülerInnen die gezielte Förderung einer Gruppe mit Kindern, die aktuelle oder länger andauernde Lern- oder Verhaltensschwierigkeiten haben (z. B. zusätzlich mit besonderen Arbeits- oder Übungsheften) gearbeitet werden kann).

Für die leistungsstarken, sehr schnell arbeitenden SchülerInnen werden nach Erledigung mehrerer Lernzielpläne zusätzliche Arbeitskarten (Mathematik: Strategieaufgaben, Logische Schulung, Känguru-Aufgaben usw.; Deutsch: „Freies Schreiben", Aufsätze, besondere Leseaufgaben usw.) eingeschoben, die nur von ihnen bearbeitet werden. Damit wird erreicht, dass immer wieder einmal im Laufe des Schuljahres alle SchülerInnen gemeinsam an einem Thema arbeiten können.

Zusammenfassung: Und immer wieder loben, loben, loben

Die Erlaubnis-, Mutmach- und Warnkarten dienen in erster Linie der Selbstbeobachtung und Verhaltenssteuerung der Kinder. Die Lehrkräfte können die quantitative (und qualitative) Veränderung der Nutzung dieser Karten analysieren. Jede kleine Verbesserung (= Gebrauch weniger Karten) wird beachtet und gegenüber dem Kind lobend anerkannt. Gerade die verhaltensauffälligen, störenden Kinder warten oft darauf, dass die Erwachsenen diese kleinen Veränderungen auch bemerken. Daher wird dieses Lob auch schriftlich den Erziehungsberechtigten mitgeteilt.
Beispiele:

- Tobias hat in den vergangenen Tagen nur noch viermal seine Mitschüler durch lautes Reden vom Arbeiten abgehalten. Vor vier Wochen geschah das an jedem Tag noch sieben Mal.
- Tobias hat es innerhalb von sechs Wochen gelernt, vor dem Unterricht oder in der Pause zur Toilette zu gehen.
- Tobias hat bei der neuen Werkstatt an vier Tagen schon sechs Aufgaben alleine bearbeitet. Vor einem Monat schaffte er – trotz häufiger Hilfe - oft nur eine Aufgabe.

---

[123] Mehr dazu im Kapitel „Individualisierung der Anforderungen beim Lernen: Lernzielpläne für den Mathematikunterricht".

Konsequenzen

Schüler, die sich durch Lob nicht beeinflussen lassen, die sich auch weiterhin nicht an die Regeln halten und bei denen auch das Training des Arbeits- und Sozialverhaltens und die Selbstbeobachtung zu keiner Änderungen des störenden Verhaltens geführt hat, müssen damit rechnen, dass die Lehrkräfte und die Schulleitung Maßnahmen ergreifen, die als „Erziehungs- und Ordnungsmaßnahmen" konsequent angewendet werden. Auf das Wort „Strafe" wird im Zusammenhang mit diesen Konsequenzen auf Unterrichtsstörungen ebenso verzichtet wie auf das Wort „Fehler" bei Falschschreibungen im Rechtschreibunterricht. Diese Wörter sind bei Kindern, Eltern und Lehrkräften mit besonderen Erinnerungen und Gefühlen verbunden und verhindern oft die Hilfsangebote. Für das Wort „FEHLER" verwende ich das Wort „HELFER" und das Wort „STRAFE" ersetze ich durch „KONSEQUENZ".

Ergebnisse einer Schülerbefragung

Im Kapitel „Kinder brauchen Regeln" wurde eine Umfrage vorgestellt, die Lehramtsstudenten im Rahmen eines Praktikums an unserer Schule durchführten. Dabei wurden die Schülerinnen und Schüler in einer zweiten Phase auch noch nach möglichen Konsequenzen befragt: „Was sollen Schüler tun, die gegen die Regeln verstoßen?" Es ergaben sich folgende Antworten:

Entschuldigungen, Streitschlichtung
- die Kinder müssen sich entschuldigen und sich dabei in die Augen sehen
- sie dürfen erst dann wieder mit den anderen spielen, wenn sie sich das Verhalten überlegt haben und sich entschuldigen wollen (sie müssen benennen, was sie falsch gemacht haben: "Ich habe einen Fehler gemacht")
- die Kinder müssen erklären, warum sie so etwas gemacht haben

Wiedergutmachung
- Sie sollen überlegen, wie sie ohne materiellen Einsatz etwas wieder gut machen können.

Spielverbot, -einschränkung in den Pausen
- sie müssen die restliche Pause (oder einige Pausen) vor dem Lehrerzimmer sitzen
- sie dürfen nicht in die Pause
- sie müssen in der Pause Hand in Hand mit der aufsichtsführenden Lehrkraft gehen

Eintragungen/ schriftliche Vermerke
- sie werden ins "schwarze Buch" eingetragen

sonstige Maßnahmen
- sie müssen nachsitzen
- es werden die Eltern angerufen
- kleine soziale Tätigkeiten (Schulhof fegen, Müll aufsammeln, andere zu Spielen anleiten..., aber möglichst Tätigkeiten, die im Zusammenhang mit dem Vorfall stehen)

Grundprinzipien für Erziehungsmaßnahmen

In den Schulgesetzen vieler Bundesländer sind ähnliche Erziehungsmittel wie in unserer Umfrage aufgelistet für Schülerinnen oder Schüler, die den Unterricht beeinträchtigen oder in anderer Weise ihre Pflichten verletzen. Die Schule darf nicht untätig bleiben, „wenn ihre Ordnung gestört und dadurch die Erfüllung ihres Erziehungs- und Bildungsauftrages gefährdet wird. Gegenüber Schülern, die die ihnen obliegenden Verhaltenspflichten verletzen oder einen geordneten Ablauf des Schulbetriebs beeinträchtigen, kann die Schule Maßnahmen ergreifen".[124]

Es gibt jedoch einige Grundprinzipien, die bei der Durchführung von Erziehungsmaßnahmen zu beachten sind:
- Die Reaktion auf ein Fehlverhalten erfolgt umgehend.
- Die Anweisungen sind verständlich und altersgerecht.
- Der „Täter" fühlt sich gerecht behandelt.
- Es wird immer ein Termin genannt, zu dem noch einmal gemeinsam über den Vorfall, die Erziehungsmaßnahme usw. gesprochen wird.

In einigen Schulen habe ich inzwischen auch Aushänge kennengelernt, die neben den Regeln auch die Konsequenzen auflisten, die nach Regelverstößen folgen:

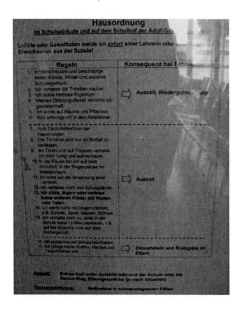
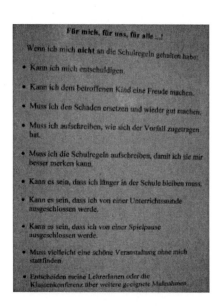

Bei allen Konsequenzen teilt die Lehrkraft aber dem Kind immer mit, dass die Maßnahmen sich nicht auf seine Person, sondern nur auf sein nicht hinnehmbares Tun beziehen. Die emotionale Ebene zwischen Lehrenden und Kindern darf nicht belastet werden, da sie in den nächsten Tagen und Wochen auch weiterhin gemeinsam im Unterricht arbeiten.

Aus den Schülerantworten haben mehrere Kollegien eine Folge von Maßnahmen entwickelt, die ich als „einfache" oder „ernste" Konsequenzen unterscheide.

Jede Lehrkraft und jedes Kollegium entscheidet aber auch weiterhin in eigener Verantwortung, welche Konsequenz auf das Verhalten eines Schülers folgt.

Die einfachen und ernsten Konsequenzen sind jeweils geordnet nach a) **Maßnahmen der Lehrkräfte in der Klasse** und b) **allgemeine Maßnahmen** sowie c) **Erziehungsmittel der Schule**.

---

[124] Erziehungsmittel in der Schule RdErl. des MK vom 26.5.1994 des Landes Sachsen-Anhalt.

Einfache Konsequenzen

Unter „einfachen" Konsequenzen sind diejenigen Maßnahmen zu verstehen, die zwischen dem betroffenen Schüler und den Lehrkräften bzw. Schulleitungen getroffen werden, um ihm möglichst umgehend das „falsche" Verhalten zu verdeutlichen. Die SchülerInnen erfahren dabei, dass sie mit ihrem Verhalten Grenzen überschreiten. Die angeordneten Maßnahmen sind als kurzfristige „Sofortmaßnahmen" zu verstehen.

Die Grundsätze der „einfachen" Konsequenzen müssen zuvor von der Gesamtkonferenz diskutiert und als „Schnellmaßnahmen" beschlossen worden sein.

a) Maßnahmen der Lehrkräfte in der Klasse

Rote Karten
Ein störender Schüler erhält eine gelbe Karte, die ihn daran erinnert, sein Verhalten zu verändern. Werden die Störungen aber weiter fortgesetzt, zeige ich ihm – ähnlich wie bei vielen Ballspielen – eine rote Karte. Diese wird ohne weitere Worte auf den Tisch gelegt und bedeutet, dass eine „Auszeit" beginnt. Dazu beendet der betreffende Schüler seine aktuellen Tätigkeiten und begibt sich zu einem vereinbarten Platz in der Nähe des Lehrerpults. Dabei darf er der Lehrkraft oder den von ihr betreuten SchülerInnen beim Arbeiten zusehen. Der „Störer" darf dort aber weder arbeiten noch sprechen.

Die vorher gestörten Mitschüler können nun einmal in Ruhe arbeiten. Die Auszeit bemisst sich nach der Dauer der vorherigen Störung der Mitschüler. Bei ruhigem Verhalten am Lehrerpult darf danach am Arbeitsplatz weiter gearbeitet werden. Durch die Auszeit nicht rechtzeitig beendete Aufgaben werden als zusätzliche Aufgaben zu Hause fertig gestellt.

Rote Karten mit gezielten Hinweisen
Für häufiger auftretendes Fehlverhalten habe ich „rote Karten" mit gezielten Hinweisen angefertigt. Im Normalfall reicht es allerdings aus, die einfachen roten Karten zu verwenden, da die betroffenen SchülerInnen selbst am besten Bescheid wissen, warum sie von der Lehrkraft verwarnt werden.

 Laute Störung der Klasse!

 Wiederholtes Hineinrufen von Lösungen ohne Aufforderung

Der „Stillestuhl"
In einer Schule habe ich einen „Stillestuhl" gesehen, auf den sich die unruhigen Schüler für eine bestimmte Zeit setzen. Der Stuhl steht an einem ruhigen, von den Mitschülern nicht einsehbaren Platz im Klassenraum (hinter einer Trennwand). Auf dem Tisch neben diesem Stuhl steht eine Sanduhr. Es wird dem unruhigen Schüler aufgegeben, diese entsprechend der Dauer der Störung, mehrmals umzudrehen. Anschließend dürfen sie selbstständig zu ihrem Arbeitsplatz gehen und ruhig weiter arbeiten.

Es bietet sich auch an, Stillestuhl und einen Tisch im Flur vor dem Klassenraum aufzubauen und den störenden Schüler dort bei offener Tür hinzusetzen.

Verweisung aus dem Unterrichtsraum

Das bei nachhaltigen Störungen an vielen Schulen übliche Verweisen aus dem Unterrichtsraum ist in den Bundesländern unterschiedlich geregelt. Da es keine eindeutigen Vorschriften gibt, habe ich folgendermaßen gehandelt:

Sobald ein Schüler trotz Ermahnung weiterhin den Unterricht erheblich stört und es keine andere Möglichkeit gibt, den ordnungsgemäßen Unterricht zu sichern, wird er aus dem Unterrichtsraum gewiesen. Der betreffende Schüler

- setzt sich im Flur auf einen Stuhl gegenüber der offenen Tür hin (auf diese Weise kann immer wieder nachgeschaut werden, ob der Schüler seinen Platz verlassen hat)
- oder geht direkt ins Sekretariat, zum Schulleiter oder einen anderen beaufsichtigten Ort (nach Vereinbarung des Kollegiums).

Im Prinzip müsste es aber auch möglich sein, einen Schüler aus dem Klassenraum zu verweisen und ihm die gezielte Anweisung geben: „Du bleibst hier vor der Tür stehen". Da es sich jedoch um einen Schüler handelt, der im Klassenraum schon aufgefallen ist und sich dort nicht an die Regeln gehalten hat, wird sich dieser Schüler auch vor dem Klassenraum nicht „beaufsichtigt fühlen".

Stundenweises Beaufsichtigen in der Nachbarklasse

Das stundenweise oder auch nur kurzfristige Beaufsichtigen in der Nachbarklasse lässt sich einfach durchführen, wenn die KollegInnen einer Klassenstufe sich als ein „Team" verstehen, mit offenen Klassentüren arbeiten und vielleicht neben gemeinsamen Elternabenden auch viele gemeinsame Aktionen unternehmen. Wenn diese KollegInnen dann auch noch jeweils in den anderen Klassen unterrichten, kann das stundenweise Beaufsichtigen in der Nachbarklasse auf den Elternabenden als eine einfache Möglichkeit vorgestellt werden, um in der abgebenden Klasse die Störungen zu vermindern.

In der Nachbarklasse erledigen die SchülerInnen die von der abgebenden Lehrkraft vorgegebenen Aufgaben weitgehend selbstständig, da sie nicht „am Unterricht teilnehmen" sondern nur die Aufgaben ihrer Klasse an einem anderen Ort und unter anderer Aufsicht erledigen. Die KollegInnen mit größerer Personalautorität und auch die ungewohnte Umgebung können den auffälligen Schüler „beruhigen" und wieder zum gewohnten Arbeiten bringen. Das stundenweise Beaufsichtigen in einer Nachbarklasse ist eine einfache Erziehungsmaßnahme und nicht zu verwechseln mit dem „Unterrichten in der Nachbarklasse".[125]

Nachholen der Hausaufgaben

Sind Hausaufgaben wenigstens begonnen (und wegen Schwierigkeiten beim Lösen abgebrochen) worden, so zeigt der Schüler damit, dass er sich Gedanken gemacht und bemüht hat. Diesen Schülern biete ich Hilfen an und fordere nur das Nachholen der Hausaufgaben. Ebenso werden die vor Unterrichtsbeginn bei mir gemeldeten, nicht erledigten Hausaufgaben nur zum nächsten Tag nachgearbeitet.

---

[125] Vergleiche dazu das Kapitel „Ernste Konsequenzen".

Konsequenzen

Wiederholt nicht angefertigte Hausaufgaben
Werden die „vergessenen" Hausaufgaben nicht vor Unterrichtsbeginn bei der Lehrkraft angemeldet, so trage ich diese in gesonderte Strichlisten (mit Datum), in den Beobachtungsbogen[126] oder ins Klassenbuch ein, auch um die mangelnde Sorgfalt des Schülers zu dokumentieren. Nach drei vergessenen Hausaufgaben werden die Erziehungsberechtigten schriftlich informiert.

Wiederholung nachlässig gefertigter Arbeiten
In der Schule lernen die SchülerInnen auch das sorgfältige Arbeiten: Aufgaben auf ihre Richtigkeit – soweit möglich – zu kontrollieren, gut lesbar zu schreiben, die Buchstaben und deren Verbindungen formrichtig zu gestalten und die Bücher, Hefte, Arbeitsblätter und Mappen vorsichtig zu behandeln. Diejenigen KollegInnen, die von Anfang an auf die Sorgfalt und Sauberkeit der Arbeiten achten, brauchen eine Wiederholung nachlässig gefertigter Arbeiten nur selten zu fordern.

Zusätzliche häusliche Übungsarbeiten
In seltenen Fällen gebe ich nach Störungen des Unterrichts oder nach Problemen mit MitschülerInnen auch zusätzliche häusliche Übungsarbeiten auf. Dabei stehen die Aufgaben und die Störungen in einem Zusammenhang.

- Nach einem heftigen Streit fertigt der Schüler eine Vorgangsbeschreibung an, die neben einer Schilderung der einzelnen Tätigkeiten auch eine Stellungnahme zu den Motiven und möglichst auch eine Entschuldigung beinhaltet: Was ist passiert? Wie siehst du das? Was könntest du tun?
- Nach der Beleidigung einer Mitschülerin wird aufgeschrieben, wie man sich fühlt, wenn man von jemandem beleidigt wird.
- Schülerinnen und Schülern der 1. Klasse kann auch aufgegeben werden, das Geschehen durch ein Bild darzustellen.

Auf diese Weise vermeidet man, dass die zusätzlichen Aufgaben zu mechanischen Schreib- oder Lernübungen werden. In jedem Fall werden die zusätzlichen Arbeiten von der Lehrkraft kontrolliert, die die Aufgaben gegeben hat.

Zeitweise Wegnahme von Gegenständen
In den vergangenen Jahren brachten nur einzelne SchülerInnen zeitweilig ein „klingelndes" Handy mit in den Unterricht, das dann jeweils bis zum Unterrichtsschluss abgestellt und ins Lehrerpult gelegt wurde. Aber immer wieder werden Spielsachen zur Schule mitgebracht. Diese verwahren sie dann für den Schulvormittag im Ranzen. Sobald sie aber mit den Spielsachen während des Unterrichts spielen, lege ich diese bis zum Schluss des Unterrichtsvormittages ins Lehrerpult und gebe diese erst bei der persönlichen Verabschiedung mit entsprechendem Kommentar zurück.

Hospitation der Erziehungsberechtigten im Unterricht
Ich kann es immer wieder nur empfehlen, die Eltern der „störenden" Kinder möglichst oft in den Unterricht einzuladen. Verhält sich das Kind in der Zeit der elterlichen Anwesenheit ruhig, können die Mitschüler ungestört ihre Aufgaben erledigen. Zeigt das Kind trotz Gegenwart der Erziehungsberechtigten das „störende" Verhalten, bieten diese Vorfälle bei den anschließenden Gesprächen eine handfeste Grundlage.

---

[126] Vergleiche dazu das Kapitel „Unterrichtsstörungen".

b) Allgemeine Maßnahmen

Ermahnungen / mündlicher Tadel
Um eine Einsicht in ein Fehlverhalten zu erlangen, werden die „Täter" mit den Auswirkungen ihres Verhaltens konfrontiert. In einem erzieherischen Gespräch schildern sie den Ablauf des kritisierten Verhaltens. Die Lehrkraft benennt das Fehlverhalten und missbilligt es deutlich. Die Ermahnung erfolgt in konstruktiver Form und nennt dem Schüler das in Zukunft von ihm erwünschte und erwartete Verhalten.

Entschuldigungen
Entschuldigungen sind für die „Täter" eine erste Möglichkeit, Einsicht in das falsche Verhalten zu zeigen. Wer die Grenzen der Mitschüler überschreitet, muss sich entschuldigen. Ein einfach dahin gesagtes „Entschuldigung" reicht in der Regel nicht aus. Die Entschuldigung muss ehrlich und ernst gemeint sein.
Wer sich entschuldigt, sagt ausdrücklich, wofür er sich entschuldigt. Er zeigt damit, dass er einen Fehler gemacht hat und bereit ist, sich in Zukunft anders zu verhalten. Wer sich um eine Entschuldigung drückt, ist feige. Einige Beispiele für glaubhafte Entschuldigungen:

- „Ich entschuldige mich aufrichtig für meine gestrige Bemerkung. Ich hätte das so nicht sagen dürfen. Das war falsch und ich kann nur hoffen, dass du meine Entschuldigung annimmst."
- "Es tut mir wirklich Leid, ich wollte dir damit wirklich nicht wehtun."
- "Es war mein Fehler, ich habe das Buch verlegt, entschuldige bitte."
- "Ich habe dich angelogen. Es soll nicht wieder vorkommen. Es tut mir Leid, ehrlich."
- …

Streitschlichtung / Mediation
Viele Streitigkeiten in der Schule werden schnell und unbürokratisch in einem Gespräch der Beteiligten gelöst. Aber manchmal sind die Standpunkte so verhärtet, dass die „Streithähne" einander nicht mehr zuhören. In solchen Fällen ist eine Vermittlung durch Streitschlichter sinnvoll. Es handelt sich dabei um eine neutrale Person, die von beiden Parteien als Vermittler anerkannt wird. Die Streitschlichtung braucht Zeit, die im Unterricht selten zur Verfügung steht. Daher holen die Streitschlichter (Lehrkräfte oder besonders ausgebildete Schüler) die Streitenden in der Pause oder nach dem Unterricht zu einem Gespräch.

Um dem Schlichtungsgespräch eine besondere Bedeutung zu geben, werden die streitenden Schüler zur Teilnahme verpflichtet und es wird zum Schluss des Gesprächs ein Protokoll von allen Gesprächsteilnehmern unterschrieben.

Ziel der Mediation ist es, eine Lösung ohne Verlierer zu finden. Dazu schildern die streitenden Schüler ihre Sicht des Streits und finden möglichst gemeinsam eine Übereinkunft. Eine erfolgreiche Streitschlichtung kennt dann nur Gewinner. Die Mediatoren versuchen nur, in diesem Gespräch zu vermitteln, Verständnis für beide Seiten aufzubringen, aber auch deutlich zu machen, dass bestimmte Verhaltensweisen in einer Gemeinschaft unakzeptabel sind.

Konsequenzen

Wiedergutmachen eines Schadens
SchülerInnen, die Materialien eines Mitschülers oder der Schule bewusst zerstören, wegnehmen oder „verlieren", sind verpflichtet, die Gegenstände zu ersetzen.

In den meisten Fällen genügt es, dem Schüler aufzugeben, den Vorfall seinen Eltern zu schildern und gemeinsam eine Wiedergutmachung zu ermöglichen. In den meisten Fällen wurde so eine unbürokratische Lösung erreicht und die weiteren Erziehungsmaßnahmen in die Hände der Eltern gelegt.

Weigern sich die Eltern des „Täters", die Ansprüche eines Mitschülers zu befriedigen, klären die Erziehungsberechtigten beider Kinder untereinander der Schule die bestehenden Ansprüche. Nach solchen Vorfällen habe ich im Unterricht immer darauf hingewiesen, dass eine Wiedergutmachung eines Schadens selbstverständlich ist.

Es sollte auf Elternversammlungen darauf hingewiesen werden, dass die Wiedergutmachung eines Schadens auch bedeuten kann, Teile des Schulgeländes oder auch die Toiletten zu reinigen.

c) Erziehungsmittel

Spielverbot für die Pausen
SchülerInnen, die während der Pause auf dem Schulhof gegen Regeln verstoßen, werden von der aufsichtsführenden Lehrkraft bis zum Ende der Pause in den Flur vor dem Lehrerzimmer verwiesen. Dort stehen immer einige Stühle, auf die sich die Schüler dann setzen. Sie verhalten sich dort ruhig und werden dadurch beaufsichtigt, dass die Tür zum Lehrerzimmer, Sekretariat oder Schulleiterzimmer geöffnet wird und die Lehrkräfte „ab und zu" einmal auf die im Flur sitzenden SchülerInnen achten. Auf schnelle Weise können bei Streitigkeiten die „Täter" von den „Opfern" isoliert werden.

Aufenthaltsverbot für die „attraktiven" Zonen des Schulhofs
Das obige Spielverbot für die Pausen betrifft in den meisten Fällen Schüler, die sich besonders viel in den Pausen bewegen sollten, damit sie im anschließenden Unterricht vielleicht dann ruhiger sind. Günstiger erscheint es, dass diese für eine vereinbarte Zeit ein Aufenthaltsverbot für bestimmte Teile des Schulhofs bekommen, z. B. für die Spielzone mit den Spielgeräten. Während dieser Zeit spielen dort die vorher bedrängten Schüler unbeschwert, während der „Täter" sich nur in der „Lauf-" oder „Ruhezone" aufhalten darf. Diese Maßnahmen werden mit den MitschülerInnen besprochen, damit auch sie auf die Einhaltung der Verbote achten.

Übertragen von Aufsicht
Eine weitere Erziehungsmaßnahme kann für die Pausen darin bestehen, dem „Täter" aufzugeben, das „Opfer" für eine bestimmte Zeit auf dem Schulhof zu „beschützen". In den Zeiten der gemeinsamen Pause dürfen sie auch miteinander spielen. Diese als Sanktion gedachte Maßnahme führt manchmal auch dazu, dass die Kontrahenten sich besser kennen lernen und vertragen.

Mündlicher Tadel mit schriftlichem Vermerk
Hat eine Ermahnung keine Verhaltensänderung bei dem Schüler bewirkt, wird im Wiederholungsfall der mündliche Tadel durch einen schriftlichen Vermerk in den Unterlagen der Lehrkraft (Lehrerkalender etc.) ergänzt.

Eintragungen ins „schwarze Buch" der Schule

Im Schulleiterzimmer fand ich bei der Übernahme der Schulleitung ein Buch „Körperliche Züchtigungen". In diesem Buch protokollierten die Lehrkräfte seit 1945 bis Anfang der 60er Jahre alle Vorfälle, bei denen ein Schüler „geschlagen" wurde. Dieses Buch brachte mich auf die Idee, ein „schwarzes Buch" anzulegen. Darin schreibe ich alle Vorfälle auf, bei denen Schülerinnen oder Schüler trotz mehrfacher Ermahnung wiederholt Klassen- oder Schulregeln übertreten oder Mitschüler psychisch oder physisch bedrängt haben.

Vor diesen Eintragungen schildern Täter und Opfer das Geschehen nacheinander mit der Maßgabe, dass jeder nur einmal den Vorfall erzählen darf. Ergeben sich dabei unterschiedliche Darstellungen, werden weitere Zeugen gehört. Da ich in den meisten Fällen vor diesem Gespräch schon mit den aufsichtsführenden Lehrkräften sowie mit weiteren Zeugen des Vorfalls spreche, kann ich oft den „Wahrheitsgehalt" gut einschätzen und schon während der Schilderungen auf Unstimmigkeiten hinweisen. Nach den Schilderungen aller Beteiligten wird ein Kurzprotokoll ins „schwarze Buch" eingetragen und diese Eintragung mit dem Datum und der Unterschrift aller versehen. Die eigentliche „Drohung" besteht darin, dass dieses Buch „auf Dauer" in der Schule aufbewahrt wird und auch in 20 oder 30 Jahren noch eingesehen werden kann. Ansonsten haben die Schüler nach ehrlichen Gesprächen nur „milde" Maßnahmen zu erwarten: Abschreibzettel schreiben, Täter-Opfer-Ausgleich, Pflicht zum gemeinsamen Pausenspiel für eine Schulwoche, 14-tägige Wohlverhaltensphase ohne weitere Eintragungen usw.

„Geschönte" Darstellungen oder Lügen führen dagegen zu mündlichen oder schriftlichen Informationen der Eltern und Maßnahmen nach dem Erlass über Erziehungs- und Ordnungsmaßnahmen.

Abschreibzettel[127]

Fallen Schülerinnen und Schüler auf dem Schulhof oder im Gebäude durch unangemessenes Verhalten gegenüber ihren Mitschüler auf, erhalten sie einen Abschreibzettel. Darauf sind je nach Klassenstufe in unterschiedlichem Umfang Auszüge aus der Schulordnung abgedruckt, die zu Hause ausgemalt (Klasse 1) bzw. abgeschrieben werden.

Diese Texte liegen kopiert im Lehrerzimmer und werden sofort nach einem Vorfall dem Schüler übergeben. Am nächsten Tag geben die Schüler den bearbeiteten und von den Eltern unterschriebenen Zettel an die Klassenlehrer zurück. Diese sammeln sie u.a. als Unterlagen für später notwendige Klassenkonferenzen. Eine verspätete Rückgabe verdoppelt täglich die Arbeitsmenge.

Beispiel: Text für Klasse 4
1. Beim Verlassen und Betreten des Schulgebäudes beachte ich die Verkehrsschilder.
2. In den Fluren und in der Pausenhalle <u>gehen</u> wir und nehmen Rücksicht auf Mitschüler, Lehrer und Besucher.
3. Zur Spielpause gehen wir durch den Ausgang zur Schüttingstraße.
4. In der Pause nutze ich die Zeit um mit anderen Kindern zu spielen und zu reden. Auf dem Schulhof gibt es verschiedene Spielmöglichkeiten. Ich kann mir auch Spielsachen ausleihen.
5. Ich spiele in der Pause auch mit Kindern, die ich noch nicht so gut kenne.

---

[127] Auf der beiliegenden CD sind die vollständigen Zettel der verschiedenen Klassenstufen gespeichert unter „84 Abschreibtexte Schulpause"

Freunde gewinne ich nur, wenn ich mich anderen gegenüber freundlich verhalte. Den kleineren Schülern gegenüber verhalte ich mich hilfsbereit, vielleicht brauche ich auch einmal Hilfe von den größeren Schülern. Es ist gut, wenn ich viele Mitschüler kenne und mit ihnen spielen und reden kann.

6. Nach dem Ende der Spielpause warte ich im Bereich zwischen der Schule und Turnhalle.
7. Auf dem gesamten Schulgelände gilt die STOPP-Regel: Fühle ich mich bedroht, sage ich „Stopp" und mein Gegenüber achtet meine Gefühle. Ich höre auf das „Stopp" meiner Mitschüler und vermeide so weiteren Streit.
8. Im Bereich zwischen Turnhalle und Schule halte ich mich nur auf, um Spielgeräte zu holen oder von den Lehrern am Pausenende abgeholt zu werden.
9. In der Pause gehe ich nur in das Gebäude, um zur Toilette zu gehen.
10. Bei Problemen mit meinen Mitschülern gehe ich zuerst zu der Lehrkraft, die auf dem Schulhof die Aufsicht führt.

Wegnahme von Waffen
Ohne Diskussion werden Waffen und waffenähnliche Gegenstände eingesammelt und von der Schulleitung eingeschlossen. Alle Eltern unterschreiben bei der Aufnahme in die Schule ein Formular mit dem abgedruckten Erlass „Verbot des Mitbringens von Waffen usw. in Schulen".
Die Waffen werden nur den Erziehungsberechtigten zurückgegeben, wenn diese sie persönlich in der Schule abholen. Um den Verstoß gegen den Erlass noch einmal zu betonen, wird auf dem Formblatt der Schule zusätzlich vermerkt: „Am ... wurde eine Waffe zum Schutz der Mitschüler und Lehrkräfte dem Schüler ... weggenommen und am heutigen Tag den Erziehungsberechtigten auf Anforderung übergegeben." Die Erziehungsberechtigten unterschreiben dann den Erlass mit der zusätzlichen Formulierung noch einmal. Im Wiederholungsfall folgen „Ordnungsmaßnahmen" der Schule.

Soziale Tätigkeiten/ Auferlegen besonderer Pflichten
In Einzelfällen werden den SchülerInnen, die in extremer Weise gegen die Regeln der Schule verstoßen „besondere Pflichten" auferlegt. Diese bestehen immer in Diensten für die Schulgemeinschaft und sind zudem geeignet, die Schülerin oder den Schüler die Fehler im Verhalten erkennen zu lassen.

- Läuft ein Schüler auf dem Schulhof mehrfach durch die Beete und beschädigt dabei Blumen und Pflanzen, werden in den Pausen (oder nach Absprache mit den Eltern nach Unterrichtsschluss) neue Pflanzen (auf Kosten der Schule oder der Eltern) gepflanzt oder die Beete gepflegt.
- Verschmutzt ein Schüler bewusst die Toiletten, wird ihm aufgegeben, den Hausmeister für die ihm zusätzlich aufgebürdete Arbeit dadurch zu entlasten, dass der Klassenraum oder Flur eine Woche lang von diesem Schüler nach Unterrichtsschluss sauber gefegt wird.

Ausschluss eines Schülers von einzelnen Schulveranstaltungen
Dies ist eine extreme Maßnahme, die in der Grundschule nur bei Wiederholungen oder schlimmen Verstößen angewandt wird. Nur in einem einzigen Fall habe ich zum Beispiel einen Schüler von einem Ausflug der Klasse ausgeschlossen. Im Unterricht wurde das Verhalten bei einem Ausflug besprochen und dieses Verhalten auch bei den kurzen Lehrwanderungen der Klasse im Bereich um die Schule eingefordert. Der Schüler ging jedoch immer wieder grundlos vom Fußweg auf die Straße und stieß

Mitschüler so an, dass sie auf die Straße stolperten. Er gefährdete damit seine eigene und die Sicherheit der übrigen Schüler. Daher wurde er wegen des nachhaltig uneinsichtigen Verhaltens vom nächsten Klassenausflug ausgeschlossen. In dieser Zeit nahm er am Unterricht einer anderen Klasse der Schule teil. Die Erziehungsberechtigten wurden vorher informiert und waren mit der Maßnahme einverstanden.

Nachbleiben schuldhaft versäumten Unterrichts
Das Nachholen versäumter Unterrichtsstunden – Nachbleiben – ist eine weitere Konsequenz, die möglich ist, in der Grundschule allerdings nur selten angewandt wird. Grundschüler versäumen den Unterricht unbegründet nur in Ausnahmefällen, fast immer können die Fehlzeiten mit Krankheitsgründen, Arztbesuchen usw. erklärt werden. Die Ursachen für unentschuldigte Fehlzeiten liegen fast immer bei den Erziehungsberechtigten, die auch in anderen Bereichen selten oder nie mit der Schulleitung oder den KlassenlehrerInnen zusammen arbeiten. Maßnahmen des Ordnungsamtes, wie z.B. Bußgelder, sind bei diesen Eltern oft erfolglos, da in vielen Fällen die begrenzten finanziellen Mittel der Familie die Zahlung von Bußgeldern ausschließen.

Hilfe erhält die Schulleitung in solchen Fällen nur von Jugendamt, wenn die Vernachlässigung der elterlichen Pflichten (die Kinder müssen zum Schulbesuch angehalten werden) das Kindeswohl beeinträchtigt. Die zuständigen Sozialarbeiter überzeugen die Eltern leichter, ihr Kind regelmäßig zur Schule zu schicken.

Zudem ist zusätzlicher Unterricht (Nachbleiben) nach Unterrichtsschluss der zuständigen Klasse nur sehr selten möglich, da die Ressourcen der Schule keine zusätzlichen Lehrerstunden enthalten und nur SchülerInnen der 1. und 2. Klassen an einigen Tagen in Randstunden der 3. / 4. Klassen beaufsichtigt werden können.

Ernste Konsequenzen

Für SchülerInnen, die ihr Arbeits- oder Sozialverhalten nicht in absehbarer Zeit ändern und weiterhin nachhaltig den Unterricht stören oder das Zusammenleben in der Schule gefährden, liste ich einige Maßnahmen auf, die u. a. auch in den Erlassen über Erziehungs- und Ordnungsmaßnahmen aufgeführt sind.

Ziel aller Sanktionen muss es sein, ein soziales und gewaltfreies Verhalten im Umgang miteinander zu erreichen und zu sichern sowie die SchülerInnen zur Einhaltung der Schulordnung und zum Befolgen von Anordnungen der Schulleitung oder Lehrkräfte anzuhalten.

Die nachfolgend aufgeführten „ernsteren" Konsequenzen nach einem störenden Verhalten sind langfristig angelegt, d.h. sie wirken nicht nur einmalig. Daher werden die Eltern über alle Maßnahmen informiert und von ihnen möglichst ihr (schriftliches) Einverständnis eingeholt.

a) Maßnahmen der Lehrkräfte in der Klasse

Eintragungen in das Klassenbuch
Bei Verstößen gegen die Klassen- und/ oder Schulregeln erfolgt in schwerwiegenden Fällen eine Eintragung ins Klassenbuch. Dabei wird der Vorfall kurz beschrieben. Die Eintragungen ins Klassenbuch können sich auf die Beurteilung des Arbeits- und Sozialverhaltens im Zeugnis auswirken. Die Eltern werden – nach einem Grundsatzbeschluss der Gesamtkonferenz - spätestens nach der dritten Eintragung schriftlich durch die Klassenlehrer informiert.

Isolieren des störenden Schülers an einem Einzeltisch

In der Nähe des Lehrerpults bzw. direkt vor dem Lehrerpult wird ein Schülertisch hingestellt. An diesem Tisch arbeiten längerfristig diejenigen SchülerInnen, die nachhaltig die Mitschüler stören. Sie sitzen im direkten Einflussbereich der Lehrkraft, haben keine Partner und dürfen ihren Platz nur nach ausdrücklicher Erlaubnis der Lehrkraft verlassen.

Nach einer „Wohlverhaltensphase" dürfen sie sich auch wieder zwischen die Mitschüler setzen. Manchmal fordern einzelne Schüler auch diese gesondert sitzenden Schüler als Sitznachbarn. Es hat sich aber gezeigt, dass auch die wohlwollenden Schülerinnen oder Schüler manche extrem verhaltensauffälligen Mitschüler nur kurze Zeit neben sich ertragen.

Der Einzeltisch wird so aufgebaut, dass der Schüler mit dem Rücken zu seinen Mitschülern sitzt. Außerdem schränken mehr oder minder offene Regale die Sichtmöglichkeit zu den anderen Kindern ein.

Schriftliche Missbilligung/ schriftlicher Tadel
Eine besondere Form der Reaktion auf Störungen des Unterrichts oder der schulischen Abläufe ist die schriftliche Missbilligung. Dazu fertigt die Lehrkraft, die von dem Fehlverhalten besonders betroffen ist, einen schriftlichen Tadel an. Der Tadel benennt

neben der genauen Zeitangabe, eine Beschreibung des Vorfalls sowie anwesende Zeugen. Abschließend wird darauf hingewiesen, dass das gezeigte Verhalten in Zukunft nicht mehr hingenommen werden kann. Der Tadel wird dem Schüler mit dem Auftrag mitgegeben, am nächsten Schultag die Kopie des Tadels mit der Unterschrift der Erziehungsberechtigten zur Schule zurück zu bringen.

Ein größeres Gewicht erhält dieser schriftliche Verweis, wenn dieser von der Schulleitung unterschrieben und per einfacher Post (Steigerungen: per Einschreiben, per Einschreiben mit Rückschein) an die Erziehungsberechtigten geschickt wird. Ein schriftlicher Tadel wird je nach Schwere des Sachverhalts auch mit einem Konferenzbeschluss verbunden.

Gespräche mit den Eltern von „Problemschülern"
Bei „ProblemschülerInnen" muss möglichst früh das Gespräch mit den Eltern gesucht werden. Ich mache gute Erfahrungen damit, den Erziehungsberechtigten die Entscheidung über den Ort des Gesprächs (Wohnung, Schule) zu überlassen. Den Eltern wird dadurch signalisiert, dass das Gespräch zwischen gleichberechtigten Partnern (Lehrkraft – Erziehungsberechtigte) geführt wird. Für die Zeit der Schilderung von Vorfällen aus der Schule kann auch der betroffene Schüler im Gespräch dabei sein. Zunächst einmal wird erkundet, ob die Probleme auch im häuslichen Umfeld auftauchen, ob die Eltern „mit dem Jungen auch nicht fertig werden" usw..

Spätestens zum Zeitpunkt der Erörterung und Abwägung der Erwachsenen über mögliche Folgen des Vorfalls verlassen die Kinder oder Jugendlichen den Raum. Die Erziehungsberechtigten werden über die Hilfsangebote und Adressen der Erziehungsberatung und des Jugendamtes informiert. Zum Abschluss dieses Gespräches wird eine Zielvereinbarung protokolliert. Ich verwende dazu den „Förderplan Arbeits- und Sozialverhalten" und halte darin fest
- die Unterrichtsstörungen oder das beobachtete Verhalten in der Schule
- die möglichen Ursachen des unerwünschten Verhaltens
- das erwünschte, vorbildliche Verhalten
- die Fördermaßnahmen sowie evtl.
- weitere Maßnahmen.

Zum Abschluss des Gesprächs darf der Schüler auch wieder zum Gespräch hinzugezogen werden, um ihm die gemeinsame Vereinbarung vorzustellen und zu erläutern. Eine größere Verbindlichkeit erhält das Gespräch auch dann, wenn Schüler, Eltern und Lehrkraft das Protokoll unterschreiben.[128]

b) Allgemeine Maßnahmen

Therapeutische Maßnahmen
Erweisen sich die „pädagogischen" Maßnahmen als weitgehend wirkungslos, sind in besonders schwerwiegenden Fällen therapeutische Maßnahmen angesagt, mit deren Hilfe ein besonders störendes Verhalten im Unterricht oder gegenüber MitschülerInnen verändert wird.

Sobald in Gesprächen mit den Erziehungsberechtigten deren Hilflosigkeit sichtbar wird, da ein ähnlich störendes Verhalten auch im häuslichen Umfeld immer wieder gezeigt

---

[128] Vergleiche dazu das Kapitel „Stärken und Schwächen erkennen".

wird, rate ich ihnen zu therapeutischen Maßnahmen wie
- **Ergotherapie**: Heilmittel bei eingeschränktem Bewegungsverhalten, bei mangelnder Steuerung und Kontrolle des Zusammenspiels zwischen optischen und akustischen Wahrnehmungen und der Bewegungen eines Menschen, bei Störungen im Nervensystem oder bei Störungen in der kindlichen Entwicklung.

- **Psychotherapie**: Behandlung von psychosomatischen Krankheiten oder Verhaltensstörungen mittels psychologischer Methoden.

- **Märchentherapie**: Beim Hören von Märchen vergessen die Kinder die Welt um sich herum und ihr Unterbewusstsein wendet sich ganz der Handlung zu. In therapeutischen Märchen geht es um Problembewältigungen, bei denen sich das Kind mit den handelnden Personen identifiziert und Lösungen erlebt.

- **Gestalttherapie**: Dabei nehmen die Kinder ihre vorhandenen Gefühle, Empfindungen, Verhaltensweisen sowie Kontaktstörungen wahr und überwinden Schwierigkeiten unter Einsatz unterschiedlicher Medien wie Handpuppen, Tonarbeiten, Malanlässe, Geschichten usw.

- Eine Bündelung der Kompetenzen hat für unseren Landkreis eine Beratungsstelle für Eltern, Kinder, Jugendliche und junge Erwachsene übernommen.

Viele dieser Therapien setzen die Diagnose eines Arztes voraus, der eine entsprechende Behandlung verordnen muss. Einige Ärzte und Therapeuten halten anschließend sogar Rücksprache mit den Lehrkräften, um die Diagnosen und Behandlungen zusätzlich abzusichern.

c) Erziehungsmittel

Besondere schulische Arbeitsstunden unter Aufsicht [129]

Manche SchülerInnen zeigen an mehreren Tagen die Hausaufgaben nicht vor. Sie geben oft auch keine Begründung dafür an, warum die Aufgaben nicht fertig gestellt wurden. Diese Schülerinnen und Schüler brauchen dann Hilfen für die Hausaufgaben. Ich informiere die Erziehungsberechtigten mit der „roten Karte", dass ihr Kind zu oft die Aufgaben in der Schule nicht geschafft und zum Unterrichtsschluss abgegeben oder auch nicht die Hausaufgaben am nächsten Morgen vorgezeigt hat. Das Kind soll in den nächsten Wochen nach Unterrichtsschluss zur „Hausaufgabenbetreuung" gehen und dort seine Aufgaben unter Aufsicht erledigen. In den meisten Fällen sind die Eltern froh und dankbar, dass sie sich weniger um die Hausaufgaben zu kümmern brauchen.

> **„rote Karte"**
>
> Du hast in den letzten Wochen zu oft deine Aufgaben nicht in der Schule geschafft und zum Unterrichtsschluss abgegeben oder auch nicht die Hausaufgaben am nächsten Morgen vorgezeigt. Du gehst ab sofort montags bis donnerstags von 12.30 bis 13.30 Uhr zur Hausaufgabenbetreuung.
>
> Varel, _____
>
> gesehen:

Leider sind die Plätze in der Hausaufgabenbetreuung oft schon besetzt, so dass Alternativen gesucht werden müssen. So können die SchülerInnen an den Tagen, an denen eine Lehrkraft noch in der Schule Aufgaben zu erledigen hat (Hefte kontrollieren, Arbeiten nachsehen, Arbeitsmittel bereitstellen usw.), noch über den Unterrichtsschluss

---

[129] Die Hausaufgabenhilfe ist eine Einrichtung des Fördervereins der Schule, der mit Hilfe von Spenden oder Arbeitsbeschaffungsmaßnahmen eine Betreuung der Kinder (keine Nachhilfe) ermöglicht, während diese ihre Hausaufgaben erledigen.

hinaus beaufsichtigt werden. Da einzelne Lehrkräfte regelmäßig jeweils an bestimmten Wochentagen länger in der Schule bleiben, besteht die Möglichkeit, die Schüler beim Arbeiten zu beaufsichtigen.

Für die Grundschulkinder gilt, dass sie nur dann länger in der Schule verbleiben dürfen, wenn die Eltern am gleichen Tag telefonisch oder an den vorhergehenden Tagen schriftlich informiert werden und die Erziehungsberechtigten ihr Einverständnis gegeben haben.

Zeitweiliges Unterrichten in der Nachbarklasse

Mit Beschluss der Klassenkonferenz (aber auch mit Einverständnis der Erziehungsberechtigten) werden störende Schüler zeitweilig in der Nachbarklasse unterrichtet. Dort nehmen sie vollständig am Unterricht dieser Klasse teil und kommen nur in den Pausen mit den Mitschülern der abgebenden Klasse zusammen. Diese Maßnahme ist besonders hilfreich, wenn in der neuen Klasse LehrerInnen mit größerer Personalautorität unterrichten. Zudem wird der Schüler wenigstens in den ersten Tagen durch eine neue Umgebung und neue Mitschüler verunsichert und Störungen bleiben aus. Einerseits wird der „störende" Schüler durch diese Maßnahme erzieherisch beeinflusst, in jedem Fall bringt sie jedoch eine Verringerung der Störungen für die MitschülerInnen der abgebenden Klasse.

Zusammenarbeit mit dem Jugendamt/ mit der Polizei

Bei einem schwerwiegenden Fehlverhalten (z.B. strafbares Fehlverhalten in der Schule, schwerwiegende Verstöße mit unmittelbarem schulischen Bezug, Grafittischmierereien an den Häuserwänden oder Diebstähle in der Schule) ist es neben dem ordnungsrechtlichen Handeln (Ordnungsmaßnahmen) der Schule auch erforderlich, das zuständige Jugendamt sowie die Polizei zu informieren. Dem erzieherischen Auftrag der Schule entspricht es dann vor allem auch, das Wohl der Schülerin bzw. des Schülers und vor allem den Schutz der Mitschülerinnen und Mitschüler im Blick zu behalten. Die Erziehungsberechtigten werden dazu fortlaufend informiert und ebenso wie evtl. der schulpsychologische Dienst in die Entscheidungsprozesse einbezogen.

Zeitversetztes Verlassen der Schule nach Unterrichtsschluss

Bei Bedrohungen von Mitschülern auf dem Schulweg beschließt die Klassenkonferenz eine Erziehungsmaßnahme, die den Eltern im folgenden Wortlaut mitgeteilt wird:

„Da Ihr Sohn auf dem Schulhof und auch auf dem Schulweg wiederholt Mitschüler angegriffen hat, wird er ab sofort nach Unterrichtsschluss erst dann aus der Schule (etwa 10 Minuten später) nach Hause entlassen, wenn alle Mitschüler sich bereits auf den Heimweg gemacht haben. Werden weitere Beeinträchtigungen von Mitschülern festgestellt, müssen Sie Ihr Kind täglich auf dem Weg von und zur Schule begleiten."

Meldung zur Überprüfung durch die „Schule für Erziehungshilfe"

Auch „schwierige" Schüler werden zunächst integrativ, d.h. gemeinsam mit den gleichaltrigen Kindern aus dem Einzugsbereich der Schule unterrichtet. Lassen sich diese Störungen mit den herkömmlichen Mitteln der Schule nicht verringern, können KollegInnen der „Schulen für Erziehungshilfe" stundenweise auch in die Klasse eingeladen werden, damit sie Tipps und Tricks für einen entspannteren Umgang geben. Auch die Stunden aus der sonderpädagogischen Grundversorgung der Schule können vorübergehend auch schwerpunktmäßig für eine Klasse oder einen Schüler genutzt werden.
In einigen Fällen haben die KollegInnen der Förderschulen empfohlen, den betreffenden

Schüler für eine Überprüfung durch die „Schule für Erziehungshilfe" zu melden. Notwendig für die Einleitung eines solchen Verfahrens ist immer ein Beschluss der Klassenkonferenz. Dazu fertigt die Klassenlehrkraft ein Gutachten an, das detailliert sowohl die schulischen Leistungen als auch möglichst handlungsbeschreibend die einzelnen Störungen auflistet.

Nach der Überprüfung durch die Förderschule gibt deren Gutachten eine Empfehlung über die weitere Beschulung. Die Entscheidung über eine Umschulung soll möglichst immer im Einvernehmen mit den Erziehungsberechtigten getroffen werden, da nur deren wenigstens neutrale Haltung gegenüber der neuen Schule eine erfolgreiche Beschulung ermöglicht. In vielen Fällen bringt eine solche Umschulung auch eine Entlastung der häuslichen Abläufe, wenn die SchülerInnen ganztags unterrichtet und von und zur Schule transportiert werden.

Ablaufplan „Ordnungsmaßnahmen"
Bei groben Pflichtverletzungen der Schülerinnen und Schüler – insbesondere gegen rechtliche Bestimmungen -, nachhaltigen oder massiven Störungen des Unterrichts sowie Verweigerung von Leistungen oder Unterrichtsteilnahme ist die gesamte Schule gefordert, Ordnungsmaßnahmen zu treffen. Die Klassenkonferenz unter Vorsitz der Schulleitung entscheidet in der Regel darüber, was gemacht werden soll.

Da auch die Erziehungsberechtigten der betroffenen SchülerInnen eingeladen werden, sind Einladungsfristen zu beachten (im Normalfall mindestens 7 Tage, im Eilverfahren auch kurzfristiger). Zur Vorbereitung der Klassenkonferenz wird der Klassenlehrer oder die von dem Vorfall betroffene Lehrkraft von der Schulleitung aufgefordert einen schriftlichen Bericht zu verfassen (Ort, Datum, Zeitpunkt des Vorfalls, möglichst genauer Handlungsablauf und genaue Beschreibung des Schülerverhaltens, gegebenenfalls auch Zeugen).
In der Klassenkonferenz erhalten der Schüler oder seine Erziehungsberechtigten (und eventuell ein weiterer Vertreter ihres Vertrauens) Gelegenheit, sich zu den Vorwürfen und zur Verteidigung zu äußern.

Zum Zeitpunkt der Diskussion über mögliche Entscheidungen werden die Erziehungsberechtigten gebeten, dass ihr Kind den Raum verlässt. Diese Maßnahme dient dem Schutz des Kindes, das durch die in der Diskussion notwendige Vorstellung und Abwägung verschiedener Ordnungsmaßnahmen nicht belastet werden soll. Kommen die Eltern dieser Bitte nicht nach (wie in einem einzigen Fall geschehen), wird die Konferenz unterbrochen, damit die Lehrkräfte und Elternvertreter in einem anderen Raum die Diskussion ohne das Kind – aber auch leider ohne die betroffenen Erziehungsberechtigten - führen. In jedem Fall wird dem Kind und den Erziehungsberechtigten zum Ende der Klassenkonferenz die Entscheidung über die Ordnungsmaßnahme mit einer Begründung vorgestellt.

Es darf aber grundsätzlich nur wenig Zeit mit dem Vorlauf für Klassenkonferenzen vergehen. Die SchülerInnen müssen spüren, dass das eigene, „falsche" Tun und die Beschlüsse der Konferenz in einem engen Zusammenhang stehen. Aus falsch verstandener Rücksichtnahme darauf,
- dass die eigenen pädagogischen Fähigkeiten nicht ausgereicht haben könnten,
- dass man selbst etwas vorher „falsch" gemacht haben könnte,
- dass der „Ruf" der Schule leiden könnte, …

wird oft zu lange gewartet, überhaupt eine Konferenz einzuberufen.

Mögliche Ordnungsmaßnahmen

Die Wahl der jeweiligen Ordnungsmaßnahme ist eine pädagogische Ermessensentscheidung der zuständigen Klassenkonferenz. Die Klassenkonferenz hat aber wie auch sonst bei Wertbeurteilungen im pädagogischen Bereich einen gerichtlich nur eingeschränkt überprüfbaren Wertungsspielraum. Daher ist strengstens darauf zu achten, dass die bestehenden Verfahrensvorschriften eingehalten werden, die zuständige Klassenkonferenz in der richtigen und vollständigen Zusammensetzung fristgemäß tagt, die Tatsachengrundlagen richtig und vollständig sind, keine sachfremden Erwägungen der Entscheidung zu Grunde liegen und vergleichbare Fälle nicht anders behandelt worden sind.

Um Rechtsstreitigkeiten vorzubeugen, sollten Klassenkonferenzen – soweit keine sehr schwerwiegenden Gründe eine sofortige Entscheidung fordern - alle Ordnungsmaßnahmen zunächst einmal androhen, damit auch die Erziehungsberechtigten und die betroffenen SchülerInnen erkennen, dass die nächsten Konferenzbeschlüsse sehr schwerwiegende Auswirkungen haben können. Für die konkreten Entscheidungen bedeutet es, dass alle Lehrkräfte bei auffälligen SchülerInnen gehalten sind, auch kleine Vorkommnisse schriftlich festzuhalten. Diese Aufzeichnungen werden bei den folgenden Entscheidungen immer als Anlage zum Protokoll der Klassenkonferenzen genommen.

1) Überweisung in eine Parallelklasse

Mit Beschluss der Klassenkonferenz und möglichst auch mit dem Einverständnis der Erziehungsberechtigten wird der massiv störende Schüler in eine Nachbarklasse überwiesen. Sie gehören dann dauerhaft zu dieser Klasse und können nur – ausnahmsweise nach einem neuen Konferenzbeschluss - wieder zurück in die abgebende Klasse. Diese Maßnahme ist nur dann sinnvoll, wenn die beiden Parallelklassen in der Schule räumlich getrennt untergebracht sind und keine klassenübergreifende Arbeit stattfindet. Wichtig ist weiterhin, dass die Lehrkräfte der aufnehmenden Klasse von dem überwiesenen Schüler akzeptiert werden. Die Lehrkräfte brauchen eine größere Personalautorität und reagieren auf Störungen des Unterrichts möglichst schon über längere Zeit anders als in der abgebenden Klasse.

Die Überweisung in die Parallelklasse beseitigt keine Probleme, die auf dem Schulhof oder im Schulgebäude bestehen. Sie können ebenso wie Angriffe auf die ehemaligen Mitschüler in den Pausen oder nach Unterrichtsschluss weiter gehen (was weitere Ordnungsmaßnahmen bewirken würde). Ansonsten bewirkt der Unterricht in der Parallelklasse, dass die MitschülerInnen der abgebenden Klasse in Zukunft weniger gestört werden.

Wichtig: Die Überweisung in eine Parallelklasse bedarf der Zustimmung der Schulleitung. Auch die Lehrkräfte der aufnehmenden Klasse sollten in den Entscheidungsprozess einbezogen werden, um wenigstens eine neutrale Aufnahme in der neuen Klasse zu gewährleisten.

2) Überweisung an eine andere Schule derselben Schulform

Die Klassenkonferenz kann als Ordnungsmaßnahme auch die Überweisung in eine andere Schule mit dem gleichen Bildungsabschluss beschließen. Dabei nimmt die Schulleitung aber zuvor mit den in Frage kommenden Nachbarschulen Kontakt auf und klärt, ob eine Überweisung wegen der Zusammensetzung der dortigen Klasse überhaupt möglich und sinnvoll ist. Die Überweisung soll den Schulfrieden gewährleisten und das für den erforderlichen Lernfortschritt notwendige Schulklima herstellen.

Wichtig: Die Überweisung an eine andere Schule derselben Schulform bedarf der Zustimmung der vorgesetzten Schulbehörde (z. B. in Niedersachsen: Landesschulbehörde).
Eine solche Ordnungsmaßnahme einer Grundschule habe ich im Laufe meiner aktiven Lehrerzeit nur ein einziges Mal mitgetragen, als ein Drittklässler mehrfach seine Klassenlehrerin sexuell belästigte und beleidigte sowie den Unterricht massiv störte. Das gesamte Verfahren dauerte von der ersten Klassenkonferenz bis zur endgültigen und rechtskräftigen Entscheidung allerdings fast ein ganzes Jahr.

3) Weitere Ordnungsmaßnahmen
Die weiteren möglichen Maßnahmen werden in der Grundschule wohl nur in absoluten Ausnahmefällen überhaupt erwogen:
- Androhung des Ausschlusses vom Unterricht bis zu drei Monaten
- Ausschluss vom Unterricht bis zu drei Monaten

- Androhung der Verweisung von allen Schulen sowie
- Verweisung von allen Schulen.

Diese möglichen Sanktionen werden hier nur der Vollständigkeit halber aufgeführt aber nicht näher erläutert.

Zusammenfassung und Schlussbemerkung

In diesem Buch habe ich meine Erfahrungen als Lehrer und Schulleiter im Umgang mit verhaltensauffälligen Schülern geschildert. Jede Gemeinschaft braucht Regeln, die das Zusammenleben steuern. Diese sollten handlungsorientiert und positiv formuliert sein. Bei der Übernahme einer neuen Klasse sind besondere Regelungen für viele SchülerInnen nicht notwendig. Sie achten die Grenzen ihrer Mitschüler und vermeiden Schäden oder Behinderungen.

Aber in vielen Klassen gibt es einzelne SchülerInnen, die ihre Arbeiten nicht wie eigentlich gewünscht erledigen, die über die Grenzen der Mitschüler hinaus gehen, diese belästigen, behindern und auch körperlich beeinträchtigen. Nach solchen Vorfällen müssen dann die Lehrkräfte gemeinsam mit den Schülern Regeln für das Arbeits- und Sozialverhalten erarbeiten.[130]

Für die dann notwendigen Verhaltensänderungen einzelner SchülerInnen habe ich ein Training in drei Doppelstufen entwickelt und praktiziert.

1	Loben	a) Aufbau emotionaler Beziehungen b) Vorbilder loben	grün[131]
2	Abweichung verdeutlichen	a) pädagogisches Gespräch b) Selbstbeobachtung	gelb
3	Konsequenzen	a) einfache Konsequenzen b) ernste Konsequenzen	rot

Zu 1a) Ein positiv gestimmtes Lernen in der Grundschule setzt voraus, dass sich die SchülerInnen und die Lehrkraft mögen. Wenn dann noch die Lernfortschritte anerkannt werden und Mut auch dann gemacht wird, wenn kleine Rückschläge oder Misserfolge auftreten, stärkt die Lehrkraft das Selbstbewusstsein der SchülerInnen für ein weiterhin erfolgreiches Lernen.[132]

Zu 1b) Grundlage allen Lernens ist das Loben. Lehrkräfte sollten möglichst viele SchülerInnen häufig loben. Die Gelobten sind die Vorbilder für die Kinder, deren Arbeits- und Sozialverhalten noch nicht den Anforderungen der Schule entspricht.[133] Förderpläne dokumentieren die Störungen und deren Ursachen, das gewünschte Verhalten und die notwendigen Trainingsmaßnahmen.

---

[130] Siehe dazu auch das Kapitel „Kinder brauchen Regeln".
[131] Für alle Materialien der verschiedenen Trainingsstufen wurden verschiedene Grundfarben genutzt.
[132] Siehe dazu das Kapitel „Loben, loben, loben".
[133] Vergleiche dazu das Kapitel „Stärken und Schwächen erkennen".

Manchmal werden dann auch von der Lehrkraft methodische Veränderungen des Unterrichts gefordert.[134] Die Optimierung der Unterrichtsorganisation, ein professionelleres Lehrerverhalten und die Individualisierung der Anforderungen bringen vielleicht erste Erfolge. Die Schüler brauchen zum erfolgreichen Lernen aber auch viel Zeit und Raum sowie gute Lernmittel.

In den Förderplänen werden für den Schüler besonders die Trainingsmaßnahmen aufgeführt, die eine Änderung des Verhaltens bewirken sollen.[135] Je nach den festgestellten Defiziten wird dann das Arbeits- oder Sozialverhalten für alle Kinder der Klasse, in einer Gruppe oder im Einzelunterricht trainiert.

Zu 2a) Nach weiterhin mehr oder minder massiven Unterrichtsstörungen wird dem Schüler in einem „Pädagogischen Gespräch" das abweichende Verhalten gespiegelt.[136] Dabei werden auch das erwünschte, positive Verhalten und die vorhandenen Defizite benannt.

Zu 2b) Mit verschiedenen Hilfsmitteln beobachtet und reflektiert der Schüler sein eigenes Verhalten.[137] Dabei können ihm zunächst noch Hinweise der Lehrkraft (z.B. gelbe Karten) helfen, das abweichende Verhalten zu erkennen. Eigenprotokolle oder Trainingsausweise dienen dann dazu, täglich das eigene Verhalten selbst einzuschätzen (☺ ☻ ☹).

Zu 3a) SchülerInnen, die sich durch alle bisherigen Maßnahmen nicht „beeindruckt" zeigen, müssen die Folgen für ihr Verhalten tragen.[138] Zunächst sind das „einfache Konsequenzen", die von der Lehrkraft kurzfristig im Unterricht umgesetzt werden können.

Zu 3b) Bei schweren Verstößen gegen das Zusammenleben folgen auch „ernste Konsequenzen", die sich längerfristig auswirken. In vielen Fällen ist dabei die Zusammenarbeit mit den Erziehungsberechtigten und ein Beschluss der Klassenkonferenz notwendig.

Meine Erfahrungen zum Umgang mit Unterrichtsstörungen sind – bis auf Einzelfälle – durchaus positiv. Ich führe das aber auch darauf zurück, dass eine konsequent im Unterricht umgesetzte Binnendifferenzierung - das differenzierende Arbeiten mit einer großen Gruppe selbständig lernender Schüler und einer kleinen Gruppe angeleitet lernender Schüler - wesentlich die Behinderungen des Unterrichts vermindert. Die meisten SchülerInnen einer Klasse wollen lernen und arbeiten dabei mit großem Einsatz und auch großer Rücksichtnahme auf die Mitschüler. Die kleinere Gruppe lernschwacher aber auch verhaltensschwieriger Schülerinnen und

---

[134] Siehe auch das Kapitel „Unterricht verändern".
[135] Vergleiche dazu das Kapitel „Fördern und Fordern".
[136] Siehe auch das Kapitel „Selbstbeobachtung".
[137] Ebd.
[138] Vergleiche dazu das Kapitel „Konsequenzen".

Schüler wird von der Lehrkraft jederzeit überblickt und diese kann schnell auf beginnende Störungen reagieren. Zudem stören Schüler seltener, wenn sie Anforderungen im Unterricht erhalten, die ihrem Lernvermögen entsprechen.

Ich hoffe, den Leserinnen und Lesern mit dieser Zusammenstellung Ideen und praktikable Tipps an die Hand zu geben, mit denen sie machbare Veränderungen im Unterricht beginnen können. Einfacher gehen Sie diesen Weg gemeinsam mit KollegInnen (auch aus den Nachbarschulen), einzelkämpfend fehlt Ihnen vielleicht der Mut oder die Unterstützung. Fordern Sie aber konsequent die Einhaltung der gemeinsam vereinbarten Klassen- oder Schulregeln von allen KollegInnen. Klare Strukturen helfen sowohl den SchülerInnen als auch den Lehrkräften.
Seien Sie im Unterricht möglichst gut gelaunt, freuen sie sich auf die vielen lernwilligen und unproblematischen Kinder in der Klasse und nehmen sie Störungen niemals persönlich, denn für professionell arbeitende Lehrkräfte gilt:

**Es gibt keine Probleme –
nur Herausforderungen**

Anhang: Inhaltsverzeichnis zur CD

Alle Dateien lassen sich öffnen über das Programm „Microsoft word ®", erstellt wurden sie mit „Word 2003 ®". Eventuell müssen sie über „Datei / Seite einrichten/ Seitenränder" die Maße der Seitenränder anpassen. Viele Dateien wurden auch in das pdf-Format schon umformatiert, weil nicht alle verwendeten Schriften auf allen Computern zur Verfügung stehen.
Die Cliparts können Sie verwenden über „Einfügen/ Grafik/ Aus Datei/ ...", dann Laufwerk mit CD aufrufen und gesuchte Clipart anklicken.
Bei Problemen oder Fragen wenden Sie sich bitte an den Verfasser.
Bitte seien Sie so fair, dass Sie diese Materialien nur persönlich verwenden. Das Kopieren der CD oder einzelner Dateien sollte mit mir abgesprochen werden.

76 Cliparts Symbole (weitere Unterordner)
40 Lernzielkatalog Arbeit* und Sozialverhalten
50 Belohnung Ausweis für Arbeiten außerhalb der Klasse
50 Entdeckerurkunde
50 Lob für vorbildliches Verhalten
50 Lob Leiser Schüler Tischreiter
50 Lob Leiser Tisch Tischreiter
50 Lob Schleichen Tischreiter
50 Urkunde I Mathe Klasse 1
50 Urkunde 3 Mathe Klasse 1
50 Urkunde 4 Mathe Klasse 1
50 Urkunde 5 Mathe Klasse 1
50 Urkunde 6 Mathe Klasse 1
50 Urkunde Fleißiges Arbeiten
50 Urkunde Klasse 1 Leseurkunde
50 Urkunde Klasse 2 Rechtschreibung Großschreibung
50 Urkunde Klasse 2 Sachunterricht Zeit
50 Urkunde Meldelob
50 Urkunde Streitschlichter
50 Urkunde Umweltfreund
50 Urkunde Spielgeräteausgabe
66 Beobachtungsbogen I
66 Beobachtungsbogen II
66 Einstufungstest Konzentration
66 Einstufungstest Mathematik Klasse 1
66 Förderplan Arbeits- und Sozialverhalten
66 Klasse 1 Vierzehn-Wörter-Diktat
66 Konzentrationstest
71 Kopiervorlage Toilettenschilder
72 Formblatt Vorfall ankreuzen
72 Überblick haben Auswertung Einstufungstest
75 Kopiervorlagen Ausweis für Arbeiten außerhalb der Klasse
76 Symbole Sammlung A5
78 Klassenregeln
78 Klassenregeln mit Symbolen
78 Kopiervorlage Schild Bitte nicht stören

78 Kopiervorlagen Vorfahrt achten Zeit Stopp Ruhe
78 Leitbilder für Lehrer, Eltern und Schüler gegenübergestellt
78 Regeln für Eltern, Lehrer und Schüler gegenübergestellt
78 Schild Verbot für Eltern mit Ranzen
78 Schulvertrag
78 Text wichtige Regelzeichen im Schulgebäude
78 Weitere Regeln der Schule
79 Anlautwürfelspiele
79 erprobte Lernmittel einsetzen (Text aus alter Auflage)
79 Linienblatt Briefe Klasse 3
79 Linienblätter Klasse 1
79 Linienblätter Klasse 2
79 Linienblätter Klasse 4
79 Schmetterlingsspiel
79 Spiel Silben ärgern uns nicht
79 Text Fadenbuch
81 Hilfen für Gedicht Das beleidigte Christkind
8l Hilfen für Gedicht Die drei Spatzen
81 Hilfen für Lied 18 brave Kinder seh' ich gehn
81 Hilfen für Lied A sagt der Affe
81 Hilfen für Lied Drei Chinesen mit dem Kontrabass
81 Hilfen für Lied Drei Schweine saßen an der Leine
81 Hilfen für Lied Mein Weg zur Schule
81 Hilfen für Lied Rot und grün
81 Hilfen für Lied Was zieh ich an
81 Hilfen für Lied Wide wide wenne
81 Hilfsbereitschaft Helfertafel
81 Kopiervorlage Großes Lob Leiser Schuler
81 Kopiervorlage Großes Lob Leiser Tisch
81 Übungen zum Vermeiden von Konflikten
81 Übungen zur Verbesserung der Arbeitsgeschwindigkeit
81 Übungen zur Verbesserung der Arbeitsmotivation
81 Übungen zur Verbesserung der Freundlichkeit
81 Übungen zur Verbesserung der Gewissenhaftigkeit
81 Übungen zur Verbesserung der Kontaktfähigkeit
81 Übungen zur Verbesserung der Selbstständigkeit
81 Übungen zur Verbesserung der Sorgfalt
82 Arbeitsausweise Rechtschreibtraining MM Muster
82 gelbe Karten mit diversen Verwarnungen
82 Pausenausweis Kopiervorlage
82 Trainingsausweis I
82 Trainingsausweis II,
82 Wahrnehmungsdetektiv Kopiervorlage
83 Übungsheft Konzentration
84 Abschreibtexte Schulpause
84 rote Karte Hausaufgaben I
84 rote Karte Meldetadel
84 rote Karte Ruhestörung

Ich biete an

Lehrerfortbildungskurse
zu einem
veränderten Unterricht Schwerpunkt: Grundschule

Die Veranstaltungen können kurzfristig als schulinterne Lehrerfortbildungen / Abrufkurse vereinbart werden.

1. **Kleine Schritte zur Veränderung meines Unterrichts**
   – Unterrichtsorganisation zur individuelle Förderung

   In diesem Kurs beschreibe ich kl(m)eine Schritte zur Veränderung des Unterrichts.
   Zunächst werden Ideen zum häufigeren Motivieren und Stärken des Selbstbewusstseins angesprochen. Einstufungstests stellen das Leistungsvermögen fest. Für das differenzierende Arbeiten in der Klasse gibt es Tipps, wie die SchülerInnen möglichst häufig selbstständig arbeiten können. Eine effektive Förderung einzelner oder mehrerer schwacher, verhaltensschwieriger oder leistungsstarker SchülerInnen bedingt Veränderungen bei den Unterrichtsmethoden (Unterrichtsorganisation, Lehrerverhalten, Klassenraumgestaltung, Klassen- und Schulregeln sowie erprobter Arbeitsmittel). Eine Ausstellung von Unterrichtsmaterialien sowie Dokumentationen meines Unterrichts gibt viele Anregungen zur Veränderung der eigenen Arbeit.
   Der Kurs ist buchbar als Einführungskurs I oder als Kurs II für fortgeschrittene KollegInnen.

2. **„Tobias stört"**
   - Vom richtigen Umgang mit schwierigen Schülern

   Nach 35 Dienstjahren habe ich begonnen, die Maßnahmen zu sammeln, zu ordnen und neu zu gliedern, die ich erfolgreich eingesetzt habe, um Verhaltensänderungen bei Schülern zu erreichen.
   Neben Ideen zum Erkennen und Beschreiben des Arbeits- und Sozialverhaltens geht es in diesem Lehrgang um die Förderung von Grundschulkindern mit verhaltens- und leistungsbedingten Besonderheiten, die den Unterrichtsablauf behindern, die Mitschüler belästigen oder sogar die Gesundheit der Lehrkräfte gefährden Für die notwendigen Verhaltensänderungen einzelner SchülerInnen wurde ein Training in drei Stufen entwickelt und praktiziert:
   Loben – Selbstbeobachtung - Konsequenzen
   Hier werden nicht nur Ratschläge gegeben, wie man mit schwierigen Kindern umgeht, sondern es wird auch eine Einführung in „offenen Unterricht" vermittelt. Je mehr Kinder selbstständig arbeiten können, umso mehr Zeit bleibt der Lehrkraft, sich intensiv um störende und schwächere als auch um besonders begabte SchülerInnen zu kümmern.
   Der passende Fortbildungskurs zu diesem Buch.

3. **Unterricht (nicht nur in der Grundschule) anders denken**

   Auch im Hinblick auf den geforderten inkludierenden Unterricht gebe ich in diesem Kurs meine Erfahrungen und Ideen weiter, wie sich Unterricht weiter entwickeln sollte.
   Lehrkräfte stellen das Können der Schüler mehr in den Vordergrund und loben möglichst oft die Lernfortschritte. Qualitative Beurteilungen von Schülerleistungen – auch mit Hilfe von Einstufungstests- geben den Lehrkräften Hinweise für individuelle und gezielte Hilfen. Möglichst viele Schülerinnen und Schüler arbeiten dann weitgehend selbstständig
   Eine Erleichterung der Lehrerarbeit bringt die Planung von Unterrichtseinheiten. Dann kann man sich Zeit verschaffen, auf einzelne Schüler oder Gruppen einzugehen.
   Je nach vorgesehenem Zeitaufwand kann dieser Fortbildungskurs ergänzt werden um eine Einführung in die qualitative Fehleranalyse und/ oder Hinweisen zum gezielten Einsatz von Arbeitsmitteln.
   Zu diesem Thema erschienen meine Aufsätze auch in verschiedenen pädagogischen Zeitschriften.

Bitte nehmen Sie Kontakt mit mir auf unter hp@boyken.de, ich werde mich schnellstmöglich bei Ihnen melden.